"十二五"国家重点图书出版规划项目——
国家物流业振兴规划前沿理论与技术创新丛书

协同物流运作管理

张　宁　左玉洁　著

中国财富出版社

图书在版编目（CIP）数据

协同物流运作管理/张宁，左玉洁著．—北京：中国财富出版社，2015.12

（国家物流业振兴规划前沿理论与技术创新丛书）

“十二五”国家重点图书出版规划项目

ISBN 978-7-5047-5997-9

Ⅰ.①协…　Ⅱ.①张…②左…　Ⅲ.①物流—物资管理　Ⅳ.①F252

中国版本图书馆 CIP 数据核字（2015）第 304738 号

策划编辑　郑欣怡　　**责任编辑**　孙妍峰

责任印制　方朋远　　**责任校对**　杨小静　　**责任发行**　斯　琴

出版发行　中国财富出版社

社　　址　北京市丰台区南四环西路 188 号 5 区 20 楼　　**邮政编码**　100070

电　　话　010-52227568（发行部）　　010-52227588 转 307（总编室）

010-68589540（读者服务部）　　010-52227588 转 305（质检部）

网　　址　http://www.cfpress.com.cn

经　　销　新华书店

印　　刷　中国农业出版社印刷厂

书　　号　ISBN 978-7-5047-5997-9/F·2525

开　　本　787mm×1092mm　1/16　　**版　　次**　2015 年 12 月第 1 版

印　　张　12.75　　**印　　次**　2015 年 12 月第 1 次印刷

字　　数　272 千字　　**定　　价**　35.00 元

前 言

自从有人类活动以来，就存在着各种各样的物流活动，但直至20世纪才形成了目前人们所熟知的物流概念和对应的物流产业。目前发展现代物流业已成为我国发展现代服务业的主导方向，准确了解和把握物流的内涵、理解和掌握物流管理所涉及的各项物流功能、认清现代物流的发展趋势正是本书编写的初衷。

本书是一本向高等院校经济管理类学生介绍物流协同管理的基础性教材，以此引导学生更好地进行专业学习，为后续培养既懂物流理论知识，又具备一定的物流实践能力的复合应用型人才奠定了坚实基础。

本书吸收和汲取了国内外各物流学科的思想精髓和理论体系精华，也充分考虑和结合了我国物流业发展现状和运作实际。在内容编排上共分为10章：第一章主要说明了物流相关概念的发展和演变、物流的内涵与特征、协同学理论的发展及其在物流中的应用；第二章为制造企业的物流作业系统；第三章为制造企业的物流信息系统；第四章为制造企业的物流外包；第五章为制造企业的协同化物流管理模式；第六章为制造企业的物流流程；第七章为制造企业物流流程再造；第八章为制造企业物流流程协同模式设计；第九章为制造企业协同物流成本管理；第十章为制造企业协同物流人力资源管理。

本书主要面向高等院校管理学类相关专业，特别是物流管理、工商管理、市场营销等近年来国内高校优先发展的新兴和交叉学科专业的学生，也可作为MBA（工商管理硕士）教材和从事物流管理领域相关工作者的自学读物。

在本书编写过程中，我们参考了诸多物流领域内前辈和同行的思想和方法，借鉴和引用了大量的中外文献和许多鲜活的案例，在此深表谢意，参考文献中可能会有个别遗漏之处，敬请谅解。

由于作者水平有限，书中难免有疏漏之处，敬请广大读者批评指正，以便未来的修订版更趋于完善。

作 者
2015年9月

目 录

第一章 绪 论

第一节 物流的产生与发展

一、“物流”一词的由来

1915 年，阿奇·萧（Arch Shaw）在哈佛大学出版的《市场流通中的若干问题》一书中明确地将企业的流通活动分为创造需求的活动和物品的配送活动，即商流与物流的关系，文中强调两者之间的平衡性、依赖性和协调性，这是物流理论与实践的早期认识。书中最早提到实物配送（Physical Distribution）一词。

1918 年，英国的利费哈姆勋爵成立了“即时送货股份有限公司”。该公司在全国范围内，把商品及时送到批发商、零售商及用户手中。此举被物流界称为“物流活动的早期文献记载”。

1935 年，美国市场学协会对 Physical Distribution 定义为“包含于销售之中的物质资料和服务从生产地到消费地过程中伴随的种种活动”。

第二次世界大战期间，美国从军事需要出发，引入“Logistics Management”一词，指对军火运输、补给、屯驻等后勤保障进行全面管理。第二次世界大战后，该词被美国人借用到企业管理中，称作“Business Logistics”。企业物流包括了对企业的供应、销售、运输、存储等活动进行的综合管理。

20 世纪 50～70 年代，人们对物流的认识一直基于 Physical Distribution 这一狭义的物流概念，即流通过程中的商品实体运动。直到 1985 年美国物流管理协会正式采用 Logistics Management 作为现代物流，并定义为“以满足客户需求为目的，对原材料、在制品、产成品以及相关信息从供应地到消费地的高效率、低成本流动和储存而进行的计划、实施和控制过程”。中国的物流专家经常引用美国物流管理协会的最新定义。以下英文来自美国物流管理协会网站：

The Council of Logistics Management has adopted this definition of Logistics: Logistics is that part of the supply chain process that plans, implements, and controls the efficient , effective flow and storage of goods, services , and related information from the point of origin to the point of consumption in order to meet customer requirements.

美国物流管理协会关于物流定义的大致意思是：物流是供应链流程的一部分，物流有效率和有效力地计划、执行和控制商品的储存和流动、服务和相关信息，以满足从原产地到消费地的过程中消费者的需要。

2002年，美国物流管理协会对物流的最新定义为“物流是供应链过程的一部分，它是对商品、服务及相关信息在起源地到消费地之间有效率和有效益的正向和反向移动与存储进行的计划、执行与控制，其目的是满足客户要求”。

《中华人民共和国国家标准：物流术语（GB/T 18354—2006）》对物流的定义是：“物品从供应地向接收地的实体流动过程。根据实际需要，将运输、储存、装卸、搬运、包装、流通加工、配送、信息处理等基本功能实施有机结合。”

二、物流的发展

物流的发展经历了四个阶段，即储运时代、配送时代、综合物流时代、供应链时代。

1. 储运时代

物流伴随流通的出现而发展。人类社会开始商品生产之后，生产与消费便逐渐分离，流通应运而生，成为联结生产与消费的中间环节。基于社会对农业的依赖，由于季节所限，形成了重储思想。我国早在先秦时期就形成了仓储理论和重储观念，并且将商储分离，成为早期的“商物分离”。由于远距离的流通依赖运输工具，海洋运输拓展了贸易领域的空间，造就了物流的储运时代。

在这个时期，物流的各个活动按不同的功能、不同的场所互不联系地分别进行，商品主要是根据销售部门和采购部门的要求进行保管和运输。直到1901年美国经济学家约翰·克罗威尔在美国政府《农产品流通产业委员会报告》中首次提出了农产品的物流问题。企业逐渐意识到物流费用问题，主要依靠保管部门和发货部门降低费用。

2. 配送时代（物流系统化）

20世纪60年代，美国的Raytheon公司建立了最早的配送中心，结合航空运输系统为美国市场提供物流服务。1963年，美国成立了国家实物配送管理委员会（National Council of Physical Distribution Management ）。在这个阶段，物流快速发展，企业重视物流实践以及物流活动的管理，尤其是研究影响物流成本的主要因素，具体有以下几点。

（1）配送成本的增加。由于顾客购买需求的变化，顾客不仅注重品牌，而且对商品的大小、形状、颜色等的选择性增强，需求向多品种、小批量、高频率方向发展，这种变化，使企业必须扩大库存、增加运输成本，并且用于预测需求的费用提高，使公司总配送成本增加。

(2) 运输成本的增加。由于运输企业市场风险加大，政府限制运输市场竞争，提高了运输费率，使商品流通的运输成本大大增加。

(3) 附加成本增加。由于美国消费水平的提高，企业开始生产高附加值的产品，所以使企业的库存、包装、运输等高附加成本大大提高。

企业通过物流成本分析，认识到物流功能之间的效益互换关系，通过系统的方法，从物流管理中减少库存、运输、包装、装卸等成本，降低总成本。由此出现企业联合、成组技术、动态物流、物流配送中心等一系列新技术和新模式。

3. 综合物流时代（物流合理化）

20 世纪 70 年代，美国的物流政策、规模和结构发生了很大变化，扩大了物流服务供给者与需求者的选择空间，从而有力地推动了全社会物流合理化的开展。美国物流管理的内容由企业内部延伸到企业外部，管理重点是物流战略。20 世纪 80 年代，欧洲国家开始探索新的联盟型或合作式的物流新体系，即综合物流管理。它的目的是实现最终消费者和最初供应商之间的物流与信息流的整合，将分散的物流管理方式，通过合作形式形成更高的物流综合效率。因此，在物流管理方法上不断开发和应用先进的技术与方法，如电子数据交换技术（EDI）、准时制生产（JIT）、配送计划、条码、计算机技术等。

4. 供应链时代

1985 年，威廉姆·哈克斯和斯托克·吉姆斯在密西根州立大学发表了题为“市场营销与物流的再结合——历史与未来展望”的演讲，提出物流近代化的重要标志是商物分离，而营销与物流的再结合是现代物流的本质。20 世纪 90 年代以来，人们逐渐从理论上、实践中认识到现代物流对创造需求的重要作用。

随着电子计算机技术和物流软件的发展日益加快，基于互联网和电子商务的电子物流、智能化物流越来越受到企业的重视，物流管理随着经济全球化的发展而趋于国际化，跨国界、跨行业的物流供应链管理成为发展方向。所谓供应链是指商品到达消费者手中之前各相关者的连接或业务的衔接。供应链管理是指优化这些供应链业务的经营管理技巧和方法。供应链管理是从更广阔的视野来考虑提高整体业务的效率，而不是局限于某个企业。供应链管理的实践是真正的业务流程再造活动。通过灵活运用信息技术，供应链管理能进行各种活动。在商业企业中运用销售终端（Point of Sale，POS）可以提高备品效率和降低库存；通过采用电子数据交换（Electronic Data Interchange，EDI）实现交易信息的电子化；导入有效客户反应（Efficient Consumer Response，ECR）能提高备货、补货、促销、新产品开发的效率；采用运输组装方式，使库存实现极小化；产品货物跟踪上采用射频技术等以满足客户越来越苛刻的物流需求，实现“7R”管理目标——即 Right Product、Right Time、Right Quantity、Right Quality、Right Status、Right Place、Right Customer。

第二节　现代物流的特征

一、现代物流简介

现代物流是泛指工业、农业、商业领域除原材料、零配件、产成品等货物的采购、生产、制造、销售活动之外，所有货物从起点到终点包括运输（含货运代理）、仓储、搬运装卸、加工（含整理）、包装、配送以及相关的信息传递等活动的总称。从行业分类来看，运输、仓储、搬运装卸、配送均属运输服务行业范畴，加工、包装属加工行业范畴，信息传递则属电信服务行业范畴。从产业分类来看，运输服务行业与电信服务行业均属第三产业范畴，而加工行业则属第二产业范畴。

二、现代物流的特征

现代物流的特征可以理解为物流的现代化特征。随着现代物流的发展，现代物流表现出许多特征，而这些特征又具有不同属性。物流的现代化特征或者说现代物流的特征具有以下属性：即科学属性、技术属性、经济属性、管理属性、社会属性。

现代物流的各种属性相互影响、相互促进、相互交叉、相互包含，既有区别又有联系，形成了复杂多变的现代物流。

1. 科学化

现代物流的发展经历了从 Physical Distribution 到 Logistics 再到 3PL 和 4PL 的历程，物流已经成为一门学科。物流的科学化表现为在发达国家拥有专门的物流科学机构和从事物流科学的专业人员，并已经建立了完整的、系统的、全面的物流科学研究、教育、培训体系。

在物流科学的发展过程中，物流作为一门年轻的学科不断从其他学科中汲取营养，不断地采用和应用其他学科的成果（如分销管理、运输管理、物资管理和其他技术学科等），从而形成了一个相对独立的学科；与此同时，物流又与其他学科如市场营销、运作管理、供应链管理、电子商务等融会贯通，促进整个管理科学的发展。但是，由于种种原因，中国物流发展尚未进入物流科学全面发展的时期。

2. 系统化

物流系统化是系统科学在物流管理中应用的结果。系统科学在物流管理领域中得到了广泛的应用，人们利用系统科学的思想和方法建立物流系统，包括社会物流系统和企业物流系统。从系统科学的角度看，物流也是社会大系统的一个组成部分。

3. 自动化

物流自动化是指物流作业过程的设备和设施自动化，包括运输、装卸、包装、分拣、识别等作业过程。比如，自动识别系统、自动检测系统、自动分拣系统、自动存取系统、自动跟踪系统等。

物流自动化可以方便物流信息的实时采集与追踪，提高整个物流系统的管理和监控水平等。物流自动化的设施包括条码自动识别系统、自动导向车系统（AGVS）、货物自动跟踪系统（GPS）等。

4. 智能化

伴随着科学技术的发展和应用，物流管理从人工化的手工作业，到半自动化、自动化，甚至智能化，这是一个渐进的发展过程。从这个意义上讲，智能化是自动化的继续和提升。因此，可以这样理解，自动化过程中包含更多的机械化的成分；而智能化中包含更多的电子化成分，包括集成电路、计算机硬件和计算机软件等。智能化在更大范围内和更高层次上实现物流管理的自动化，智能化不仅用于作业，而且用于管理。比如，库存管理系统、成本核算系统等。智能化不仅可以代替人的体力而且可以运用或代替人的脑力，因此，和自动化相比，智能化可更大程度地减少人的脑力和体力劳动。

5. 标准化

在物流管理的发展过程中，从企业物流管理到社会物流管理，不断地制定和采用新的标准。从物流的社会角度，物流标准可以分为企业标准和社会标准；从物流的技术角度，物流标准可以分为产品、技术和管理等标准。

6. 准时化

准时化也被称为及时化（Just In Time），准时化也是一种生产方式，通过准时供应减少生产环节以外的库存，从而降低生产成本。所谓准时化是指上游产品在规定的时间内准确及时地满足下游产品生产的需求，除了数量和质量之外，强调的是时间，既不能超前（提前），也不能滞后（落后）。无论是在上游生产之后还是在下游生产之前都不应存在超出规定的或者不合理的库存。

准时化生产方式的基础是与之相适应的卓越的物流管理，物流是生产准时化能否实现的关键，满足准时化生产方式或者与准时化生产同步的协同运作的物流就是准时化物流。

7. 柔性化

在工业化进程中，制造业实现了规模化和多样化。多样化乃至个性化的需求进一步加剧了市场竞争。为了降低生产成本，企业建立了柔性化生产线。在企业柔性化制造的条件下，需要与之相适应的企业内部和外部柔性物流以及企业内部和外部的物流的柔性化。柔性化制造要求包括整个供应链环节的物流管理的柔性化、仓储和运输等诸多环节的物流管理的柔性化，物流服务商必须适应用户的柔性化物流需求。

8. 敏捷化

1991 年，里海大学的 Iacocca 研究所给美国国会的报告《21 世纪制造企业战略》中首次提出了“敏捷制造”概念，报告中提出了“动态联盟”和“虚拟企业”的敏捷制造模式。敏捷制造旨在提高企业的快速应变能力和主动创新能力，强调企业的适应能力。敏捷制造是一种哲理或管理哲学，是企业管理的战略性变革。敏捷制造系统必然要求一个与之相适应的敏捷物流系统。

9. 精益化

精益生产方式是由日本企业创立的生产方式。精益生产涉及准时化生产、全面质量管理、并行工程、团队作业等工作方式，其特点就是多品种、小批量、低消耗和高质量。精益的核心思想就是用尽可能少的生产要素（如人力、物力、财力、时间和空间等）创造出尽可能多的满足用户需要的价值。精益思想在物流管理的运用主要体现在降低成本、提高价值，这是物流的基本原则。精益物流的内涵包括：降低成本、顾客至上或者以客户为中心（市场链）、创造价值（价值链）、作业过程无缝连接、供应链。

10. 电子化

由于现代电子技术和产品在物流管理中的广泛运用，因而，实现了物流的电子化。许多物流技术都是建立在电子技术基础之上的，物流自动化、物流智能化、物流实时化和物流可视化都包含着电子技术，这些物流技术是电子技术的更加专业化和具体化。同样，电子计算机、信息技术的核心是电子技术，互联网也是电子网络等，而所有电子化的基础是不断发展的电子材料（半导体材料）、集成电路（CPU）、电子计算机及其软硬件等电子技术和产品。电子化的几个层次，从计算机静态管理，到点对点信息交换的动态管理，形成网络信息交换，网络化是电子化目前的较高层次。而其他实时化和可视化都是在网络化基础上进一步发展的。

11. 实时化

物流信息交换至少经历了这样的几个阶段：滞后性阶段、及时性阶段以及今天的实时性阶段。电子信息技术的发展为物流信息的实时化提供了可能。在物流管理中，由于计算机、通信和网络技术的应用，人们可以时时刻刻获得反映商品仓储和运输等状态的真实、准确、连续的各种动态信息，包括文字、数字、图形、图片、图像以及声音信息。

12. 可视化

随着现代物流技术特别是电子信息技术和光电技术的发展和应用，无论是用户还是服务商，不再为看不到货物移动而担心或烦恼，用户可以在办公室（随着移动通信技术的应用，甚至可以随时随地）看见货物存储和运输的状态，以文字、数字、图形、图片、图像等信息形式，看见反映货物的物流、商流、资金流和信息流的各种信息，物流管理不再是经济的“黑暗地带”，供应链管理也不再是“看不见的手”。

13. 规模化

物流规模化是指物流企业的规模化经营。随着物流社会化和专业化的发展、市场需求的增加，企业开始规模化经营，出现具有规模化的大型物流企业，资产扩大，员工增加，营业额扩大，市场占有率提高，少数规模化经营的企业占据市场的大部分或者绝大部分份额。

14. 集约化

集约化经营是物流企业内涵型发展的模式。企业经营不是粗放式经营或分散经营，而是集中优势资源从事集约化经营，包括资本、基础设施、公司网络以及人力资源等。物流企业为了适应市场竞争的需要，对企业内部和外部资源进行整合（企业兼并和收购）建立新的部门或者企业实现物流集约化。

这里需要说明的是集约化和集成化的区别。集约化主要是企业资源层面，而集成化更多地表现为业务层面。对于规模比较小的物流企业而言，主要问题是企业的业务集成化，而对于规模较大的物流企业，除了集成化问题以外，主要问题是资源的集约化，在国内物流发展过程中，那些大型物流企业主要精力都放在集约化经营上面。

15. 产业化

专业化的发展形成众多的物流企业，而物流企业规模化的发展产生了一些在市场中处于主导地位的领先企业，物流的全面发展产生了与之相适应的研究开发、指标评价体系，使得物流业成为影响国民生产总值的一种产业，发达国家已经形成了物流产业。但是，客观地说，中国的物流产业尚在发育过程中。

16. 网络化

在讨论物流网络时，“网络”有两种含义或者说人们对“网络”有两种理解。一种是指物流网络或实体网络；另外一种是指信息网络，这是利用电子网络技术进行物流信息交换，根据物理网络的发展需要，企业应用网络技术建立起来的信息网络。在网络化问题上，这里所探讨的是物流网络。

那么，为何形成物流网络，至少有以下几个原因。

（1）社会交通运输网络的建立使工商企业的公司网络和业务网络的形成成为可能。

（2）企业规模的扩大，用户增加，市场扩大，包括空间的扩展和占有率的提高，形成了企业的业务网络和公司网络，物流需求不断增加。

（3）各种限制（交通管制）和贸易壁垒的取消和解除，统一的国内市场、区域市场以及全球市场的形成。

物流网络是在工商企业网络和交通运输网络基础上建立起来的，并在此基础上形成的全国性、区域性乃至全球性的分销和物流配送网络。

17. 国际化

自然资源的分布和国际分工导致了国际贸易、国际投资、国际经济技术合作，在上述国际化过程中，产生了货物和商品的转移，从而带动了国际运输和国际物流的产生和发展。物流的国际化至少表现为两个方面的内容，一方面，其他领域的国际化产生的国际物流需求即国际化的物流；另一方面，物流领域本身的国际化。

18. 全球化

全球化是国际化的产物，全球化加快、加强了物流国际化，是国际化的更高层次。国际化主要是立足本国的国际物流；而全球化是跨国经营，包括与目的国企业的国际合作和国际投资，在目的国设立分支机构，开展物流业务，伴随着全球化与之相适应的就是本地化。在国际化阶段，国际化物流业务是间接的或者说通过与其他的企业合作完成的；而在全球化阶段，由于跨国物流企业的出现，国际化物流业务是可以直接实现的。跨国物流企业可以利用公司的全球网络独立完成国内和国际物流业务，实现综合化物流业务。同时，与物流国际化相比，物流全球化是在更大范围内开展国际物流业务的。

19. 综合化

在现代物流的发展过程中，由于各种壁垒和限制以及企业规模，更多的物流企业要么从事国际物流，要么从事国内物流。随着物流全球化的发展，将会有越来越多的跨国物流企业开展综合物流业务，从而实现国内物流和国际物流一体化或者进口物流和出口物流一体化。综合化是国际化和全球化共同作用的结果。

20. 集成化

随着物流专业化和社会化的发展，物流企业提供的功能和服务不断地增加，制造业和商业企业的物流不断地转移（外包）。特别是在供应链的条件下，现代物流从传统的仓储和运输延伸到采购、制造、分销等诸多环节。物流功能的增加必然要求对物流环节或过程进行整合集成，通过集成，优化物流管理，降低运营成本，提高客户价值。另外，由于科学技术的发展和在物流领域的广泛应用，提高了物流管理水平的同时，大量技术的采用也面临着各种技术之间的集成问题。

因此，集成化至少包括两个方面的内容，管理集成和技术集成。由于现代物流管理越来越依赖于先进的技术，因此甚至会出现管理和技术交叉的集成问题。

21. 多样化

在供应链的范畴内，物流的功能在逐步延伸，使得物流的功能在不断增加，物流可提供更多的服务功能，实现物流功能多样化。

22. 多元化

专业化基础上的规模化，规模化基础上的多元化，多元化基础上更大的规模化。

23. 协同化

在传统的供需关系中更多的是买卖关系，而在现代物流中，供需关系包括了更多的合作因素，甚至战略合作关系。现在的企业竞争，是企业供应链之间的竞争，这种

竞争密切了供应链环节中的企业关系。企业从传统的买卖关系演变成合作关系。协同化的思想既不仅仅是传统意义上的合作，也不仅仅是企业之间的合作。物流的协同化是指在供应链中的各个企业以及企业内部围绕着核心企业的物流协调同步运作，可以形象地比作“步伐步调”的统一。在供应链的企业群体中形成企业协作社区，而这个社区由于采用电子信息技术使之成为虚拟社区。

传统的合作和协作是不同的。合作是横向的，协作是纵向的；合作是共同目标，而协作各方均有自己的利益。

24. 最优化

现代物流的最优化包括物质资源最优化、客户资源最优化、业务流程最优化、操作规程最优化、供应链最优化、组织结构最优化、功能最优化、运输线路最优化等。

25. 信息化

信息化至少包含两方面的含义：一方面，信息本身的特性决定了其具有一种载体的功能；另一方面，实现信息交换的信息技术作为一种先导技术广泛地应用于包括物流行业在内的诸多行业。基于这种理解，物流信息化至少有两个层面的含义：信息成为物流业务中商流、物流、资金流的载体，通过信息交换实现物流业务，反映物流资源的信息成为信息资源，甚至成为企业的竞争情报和一种财富；信息技术和产品应用于物流领域，物流管理全面信息化。

26. 个性化

物流个性化是指个性化需求和个性化服务。在大规模、多样化的基础上，人类期望实现更高层次的个性化。与人类早期活动中的个性化不同，今天的个性化是标准化基础上的个性化，大规模定制的个性化。而个性化需求使得物流的流程发生了变化，从推动式转变成拉动式。

27. 社会化

社会化是指社会中的任何组织机构对物流的需求不再单纯地由自己内部完成而是由社会的其他专门的物流组织机构完成（主要是物流企业），物流从自给自足的生产方式转变成在一定社会分工条件下的专业化和社会化的生产方式。社会化进一步分化和发展的结果，不但社会非物流组织机构的物流需求实现了社会化，而且，物流组织机构的物流需求也实现了社会化（第三方物流），从而实现了更加广泛意义上的物流社会化。

第三节 协同学理论的产生与发展

一、协同学理论的产生

协同论（Synergetics）亦称“协同学”或“协和学”，是 20 世纪 70 年代以来在多学科研究基础上逐渐形成和发展起来的一门新兴学科，是系统科学的重要分支理论。其创立者是联邦德国斯图加特大学教授、著名物理学家哈肯。1971 年他提出协同的概念，1976 年系统地论述了协同理论，发表了《协同学导论》，还著有《高等协同学》等。

协同学理论主要研究远离平衡态的开放系统在与外界有物质或能量交换的情况下，如何通过自己内部协同作用，自发地出现时间、空间和功能上的有序结构。协同学理论以现代科学的最新成果——系统论、信息论、控制论、突变论等为基础，汲取了结构耗散理论的大量营养，采用统计学和动力学相结合的方法，通过对不同的领域进行分析，提出了多维相空间理论，建立了一整套的数学模型和处理方案，在微观到宏观的过渡上，描述了各种系统和现象中从无序到有序转变的共同规律。协同论是研究不同事物共同特征及其协同机理的新兴学科，它着重探讨各种系统从无序变为有序时的相似性。协同论的创始人哈肯说过，他把这个学科称为“协同学”，一方面是由于我们所研究的对象是许多子系统的联合作用，以产生宏观尺度上结构和功能；另一方面，它又是由许多不同的学科进行合作，来发现自组织系统的一般原理。

客观世界存在着各种各样的系统；社会的或自然界的，有生命或无生命的，宏观的或微观的系统等，这些看起来完全不同的系统，却都具有深刻的相似性。协同论则是在研究事物从旧结构转变为新结构的机理的共同规律上形成和发展的，它的主要特点是通过类比对从无序到有序的现象建立了一整套数学模型和处理方案，并推广到广泛的领域。它基于“很多子系统的合作受相同原理支配而与子系统特性无关”的原理，设想在跨学科领域内，考察其类似性以探求其规律。哈肯在阐述协同论时讲道：“我们现在好像在大山脚下从不同的两边挖一条隧道，这个大山至今把不同的学科分隔开，尤其是把‘软’科学和‘硬’科学分隔开。”

协同论认为，千差万别的系统，尽管其属性不同，但在整个环境中，各个系统间存在着相互影响而又相互合作的关系。其中也包括通常的社会现象，如不同单位间的相互配合与协作，部门间关系的协调，企业间相互竞争的作用，以及系统中的相互干扰和制约等。协同论指出，大量子系统组成的系统，在一定条件下，由于子系统相互作用和协作，这种系统会研究内容，可以概括地认为是研究从自然界到人类社会各种系统的发展演变，探讨其转变所遵循的共同规律。应用协同论方法，可以把已经取得的研究成果，类比拓宽于其他学科，为探索未知领域提供有效的手段，还可以用于找出影响系统变化的控制因素，进而发挥系统内子系统间的协同作用。

协同论揭示了物态变化的普遍程式：“旧结构不稳定性新结构”，即随机“力”和决定论性“力”之间的相互作用把系统从它们的旧状态驱动到新组态，并且确定应实现的那个新组态。由于协同论把它的研究领域扩展到许多学科，并且试图对似乎完全不同的学科之间增进“相互了解”和“相互促进”，无疑，协同论就成为软科学研究的

重要工具和方法。

协同论具有广阔的应用范围，它在物理学、化学、生物学、天文学、经济学、社会学以及管理科学等许多方面都取得了重要的应用成果。比如我们常常无法描述一个个体的命运，但却能够通过协同论去探求群体的“客观”性质。又如，针对合作效应和组织现象能够解决一些系统的复杂性问题，可以应用协同论去建立一个协调的组织系统以实现工作的目标。

自然，协同论的领域与许多学科有关，它的一些理论是建立在多学科联系的基础上的（如动力系统理论和统计物理学之间的联系），因此协同论的发展与许多学科的发展紧密相关，并且正在形成自己的跨学科框架。协同论还是一门很年轻的学科，尽管它已经取得许多重大应用研究成果，但是有时所应用的还只是一些定性的现象，处理方法也较粗糙。但毫无疑问，协同论的出现是现代系统思想的发展，它为我们处理复杂问题提供了新的思路。

二、协同学理论的发展

（一）协同理论的主要内容

协同理论的主要内容可以概括为三个方面：①协同效应；②伺服原理；③自组织原理。

协同效应是指由于协同作用而产生的结果，是指复杂开放系统中大量子系统相互作用而产生的整体效应或集体效应。对千差万别的自然系统或社会系统而言，均存在着协同作用。协同作用是系统有序结构形成的内驱力。任何复杂系统，当在外来能量的作用下或物质的聚集态达到某种临界值时，子系统之间就会产生协同作用。这种协同作用能使系统在临界点发生质变产生协同效应，使系统从无序变为有序，从混沌中产生某种稳定结构。协同效应说明了系统自组织现象的观点。

伺服原理用一句话来概括，即快变量服从慢变量，序参量支配子系统行为。它从系统内部稳定因素和不稳定因素间的相互作用方面描述了系统的自组织的过程。其实质在于规定了临界点上系统的简化原则——“快速衰减组态被迫跟随于缓慢增长的组态”，即系统在接近不稳定点或临界点时，系统的动力学和突现结构通常由少数几个集体变量即序参量决定，而系统其他变量的行为则由这些序参量支配或规定，正如协同学的创始人哈肯所说，序参量以“雪崩”之势席卷整个系统，掌握全局，主宰系统演化的整个过程。

自组织是相对于他组织而言的。他组织是指组织指令和组织能力来自系统外部，而自组织则指系统在没有外部指令的条件下，其内部子系统之间能够按照某种规则自动形成一定的结构或功能，具有内在性和自生性特点。自组织原理解释了在一定的外部能量流、信息流和物质流输入的条件下，系统会通过大量子系统之间的协同作用而形成新的时间、空间或功能有序结构。

协同论告诉我们，系统能否发挥协同效应是由系统内部各子系统或组分的协同作用决定的，协同得好，系统的整体性功能就好。如果一个管理系统内部，人、组织、环境等各子系统内部以及他们之间相互协调配合，共同围绕目标齐心协力地运作，那么就能产生1＋1＞2的协同效应。反之，如果一个管理系统内部相互掣肘、离散、冲突或摩擦，就会造成整个管理系统内耗增加，系统内各子系统难以发挥其应有的功能，致使整个系统陷于一种混乱无序的状态。

现代管理面临着一个复杂多变、不可预测、竞争激烈的环境，如全球经济一体化的趋势渐趋明显，企业间的竞争变得激烈纷呈；高新技术的出现和更迭越来越快，产品的生命周期越来越短；消费者导向的时代已经到来，消费趋向多样化、个性化，给企业的生产方式带来了新的挑战；市场环境变化和人们生活质量的提高，对企业的生产与服务提出了更高的要求，等等。在这样的背景下，企业系统要生存和发展。除了协同好内部各子系统之间的关系外，还需协同一切可以协同的力量来弥补自身的不足，提高自身的竞争优势。

序参量是协同论的核心概念，是指在系统演化过程中从无到有的变化，影响着系统各要素由一种相变状态转化为另一种相变状态的集体协同行为，并能指示出新结构形成的参量。因此，在现代管理中，尽管影响管理系统的因素很多，但只要能够区分本质因素与非本质因素、必然因素与偶然因素、关键因素与次要因素，找出从中起决定作用的序参量，就能把握整个管理系统的发展方向。因为序参量不仅主宰着系统演化的整个进程，而且决定着系统演化的结果。

序参量概念对现代管理提供了新的理论视角，解释了系统如何在临界点上发生相变以及序参量如何主导系统产生新的时间、空间或功能结构。序参量的特征决定了它是管理系统发展演化的主导因素，只要在管理过程中审时度势，创造条件，通过控制管理系统外部参量和加强内部协同，强化和凸显我们所期望的序参量，就能使管理系统有序、稳定地运行。

协同论的自组织原理旨在解释系统从无序向有序演化的过程，实质上就是系统内部进行自组织的过程，协同是自组织的形式和手段。由此可以认为，现代管理系统要想从无序的不稳定状态向有序的稳定状态发展，实现自我完善和发展，自组织是达到这一目的的根本途径。

当然，管理系统要实现自组织过程，就必须具备自组织实现的条件。首先，管理系统必须具有开放性。能与外界进行物质、能量和信息的交流，确保系统具有生存和发展的活力；其次，管理系统必须具有非线性相干性，内部各子系统必须协调合作，减少内耗，充分发挥各自的功能效应。

（二）基于协同理论的企业能力整合

企业综合能力的提升不是能力要素的简单叠加，而是能力要素的协同。合理促进

产业选择能力、资源控制能力、技术创新能力、制度激励能力和市场拓展能力动态整合，优化企业能力结构，是企业持续成长重要环节，只有将企业能力要素进行有效的整合，使企业获取的一定的能力要素得到有效的利用和发挥，才能促进企业的不断成长。

产业选择力、资源控制力、技术创新力、制度激励力以及市场拓展力是企业持续发展能力要素的基本构成，企业可持续发展能力的形成过程是企业系统内部要素的协同运动过程，它们之间互为前提、相互作用、相互协作。

企业持续发展的能力结构和外部环境的协调，决定了企业持续发展能力、速度和水平。企业协同机理在于促进产业选择、资源控制、技术创新、制度变革和市场拓展能力的动态整合和交互协同，驱动企业系统协同的形成和有效运行，不断提升和拓展企业可持续发展能力。

（三）基于协同理论的企业供应链整合

基于协同理论的供应链整合管理是以实现供应链的交互式协同运作为根本目标，以供应链动态联盟为组织对象，实施全球网络供应链资源整合的一种组织管理形式。它与纵向一体化不同，纵向一体化是上下游企业在所有权上的纵向合并，涉及产权关系问题；而供应链的整合集成是通过在各成员企业之间建立战略性的合作伙伴关系，或者达成某种合作意向的激励或约束性契约关系，并通过信息整合、功能重组、组织整合、过程重组、文化整合及战略资源重组等过程，努力实现各节点企业之间的无缝连接，以提升供应链整体竞争力。

1. 快速响应，提高客户服务水平，提升企业竞争力

随着全球市场的激烈竞争及顾客期望的不断提高，市场竞争已从传统的成本领先竞争模式转为时间领先的竞争模式，快速反应正在成为供应链竞争的焦点。快速反应的核心思想就是缩短供应链反应提前期，这就要求企业必须进行充分协同，要求企业之间合理地共享有关信息，提高信息共享的程度，从而有效地缩短供应链的提前期，降低安全库存水平，节约库存投资，提高服务水平，很好地满足供应链在时间上的竞争要求。高效协同的供应链使客户定制化成为可能。

同时，通过借助现代通信技术让客户实时了解订单的状态，迅速识别并解决问题，确保准时交付，最终提高交货能力，提高按时履行订单的比例，使供应链成员企业更关注于客户满意度的提升。

通过供应链成员企业的协同合作能够及时发现并解决供应链中存在的问题，降低供应链的牛鞭效应，消除供应链中的盲点，及时地评测供应链投资回报，优化资源配置，从而提升企业的竞争力。

2. 提高预测精度，降低不确定性

供应链管理中有一个可怕的恶魔，就是“不确定性”。供应链中的很多问题的发生

都是由于“不确定性”造成的，包括预测错误、交货延迟、机器宕机、订单取消等。这些问题的发生导致企业中不必要的库存增加，企业甚至不知道到底需要多少库存，也不知道库存应该放在哪里。为了应对市场需求的变化，供应链企业通过共享库存信息，共享销售数据及用户订货等信息可大大提高供应链企业在生产销售方面的预测准确度，降低供应链生产的安全库存，消除或减少由于预测不准确给供应链企业带来的损失。

3. 整合资源，降低产品研发难度

越来越多的企业认识到新产品开发对企业创造收益的重要性，因此许多企业不惜成本予以投入，但是资金利用率和投入产出比却往往不尽如人意。原因之一是，产品研制开发的难度越来越大，特别是那些大型、结构复杂、技术含量高的产品在研制中一般都需要各种先进的设计技术、制造技术、质量保证技术等，不仅涉及的学科多，而且大都是多学科交叉的产物，因此如何能成功地解决产品开发问题是摆在企业面前的头等大事。

而通过企业之间的协同可以有效地解决这一问题，供应链整合优化配置内外部资源，将各种资源统一到企业的战略之下，避免出现研发过程中资源分配与工作重点的冲突，各企业从事自己擅长的事情，群策群力，从而加快新产品的研发速度，降低研发成本。

4. 提升管理水平，加快异常事件处理速度

供应链管理涉及上下游的供应商、制造商、批发商、零售商以及最终用户。作为供应链企业的领导者，不仅要注重本企业的发展，还要关心其他节点企业的运营状况，需要和这些节点企业进行充分的交流与协作，以使供应链向着既定的目标健康发展。协同的供应链是集信息技术、网络技术、库存技术、物流技术及其他先进管理技术于一体的，供应链企业管理者在运用这些技术时，提高了自身的素质，更新了个人的管理理念，有利于企业进一步向前发展。由于先进技术的运用，企业员工必须加强自身素质的培养，以适应企业的变化，因此，企业员工素质提高会进一步加快企业的创新。

同时，在供应链节点企业协同较好的情况下，面对供应链管理实施过程中遇到一些异常事件，诸如订单的取消、错误的订单等，供应链企业可以启动已商定的默认的异常事件处理策略，并借用先进的网络通信技术，将这个信息发送到特定的几个节点或广播到供应链的所有节点，以便采取进一步的应对措施。事先协同定义的异常事件处理策略及先进的信息处理技术加快了异常事件处理的速度，使供应链的运营更加可靠和稳定。

第四节 协同学在物流领域的应用

一、物流与协同学理论的相互关联

随着经济增长方式由量的扩张到质的提高的转变，以及物流市场需求不断扩大，物流业已逐步成为一个独立产业。从系统的观点来看，它是一个由“单位”（即它的成员）组成的多分量系统。在这个系统中不仅存在着内部各子系统间相互作用，而且还与周围环境进行着能量、物质、信息等多种形式的外部作用，因此，物流系统是一个开放系统是毫无疑义的。同时，这种开放系统作为一个有机整体，其内部各实体的机制功能必须相互协调合作，具备同等的应变能力，从而提供高效率、低成本的优质服务。高的协同性是效率化的体现，也是物流供应链生存的必要条件。将协同学引入物流领域，目的在于提高物流系统的协同性。

哈肯（协同学提出者及创始人）方法的最大优点在于他的富于成果的序参量分析。序参量是朗道为描述连续相变而引进的一个概念，并非哈肯首创。但是与相交理论相比，协同学中的序参量概念更为丰富和深刻，是为描述系统整体行为而引入的宏观参量，序参量的大小标志着系统宏观有序的程度。并且，序参量是微观子系统集体运动的产物，协同效应的表征和度量。序参量的形成，不是外部作用强加于系统的，它来源于系统内部。当多组分系统处于无序的旧结构状态时，众多子系统独立运动，各行其是，不存在合作关系，无法形成序参量；当系统趋近阈值时，子系统发生长程关联，形成合作关系，协同行动，导致序参量的出现。

哈肯的序参量分析不仅可以被用来指明物流系统内部诸要素、各层次要素和结构，结构和功能，功能和环境等，都是对立统一关系，必须创造条件形成协同效应，推动系统从无序状态向有序状态转化，才能发挥物流系统的总体功能，而且指出系统诸要素在其运行过程中，具有不同的功能，其中有居于主导地位，起着序参量作用的一个或几个要素。当这种起序参量作用的要素的性能加强，各子系统就会产生协同效应，使物流系统处于有序状态。当物流系统与环境失去平衡，起序参量作用的要素无法产生，就会出现某种混乱无序状态，如供应链环节太多；渠道网的结合部行政障碍太多；不同运输方式不同的技术标准；物流成本占国民生产总值的比例过高等。其根本原因就在于物流系统内部关系不协同，结构不合理，自组织水平低，整体功能差。物流系统长期处于无序状态，会导致社会资源的巨大浪费甚至影响国民经济的发展。

“物流协同”与物理、化学、生物意义上的自然协同的一个根本性区别在于：后者是一个目的性极强的主体行为，即在适当的边界条件下，在自然界可以从混沌中自发形成有序结构；而在物流系统中有序性结构的形成，必须通过人们有目的、有计划的社会实践来进行构建。将协同学原理应用于物流领域，不仅可以帮助我们深入理解和解释物流系统，而且可进一步得出有益结论，使系统中的重要构造部分——执行者更好地发挥决策指导作用。

二、协同学在多级库存系统分析中的应用

多级库存系统作为一个复杂的大系统，它是由人参与的有控制的组织，同时它具有自组织的性质，基于此试图用协同学理论方法来研究多级库存系统的一些问题。系统变量分析如下：

外生变量：协同学中的外生变量就是控制参数，它是系统外部环境向系统内部输入的物质流、参量流、信息流的总称。通过研究发现，多级库存系统的变化发展主要受到三类外部因素的影响。①经济因素，主要包括国民经济发展、内外贸发展、产业结构变化、区域经济发展格局等；②制度因素，主要包括经济体制的变化、仓储政策、供应链服务理念等影响因素；③技术因素，主要是库存控制技术和信息技术。在实际中，许多影响因素不是相互严格地独立的，而是相互关联和作用的，它们的作用大小也不尽相同。根据协同学的建模原则，仅选取对供应链多级库存系统的变化发展影响最直接、最重要的外生变量作为系统的控制参数，即系统的投资总额和技术的应用。系统的投资总额是指来自系统外部的投资，它是一个绝对值。而来源于系统内部的企业为自身发展所积累的投资，在此不作为外生变量处理。对库存的投资会促使库存量的增加，比如库场面积、仓库的设备、管理人员的增加，都将会使库存容量增加。

内生变量：按照协同学理论，内生变量是指由系统内部子系统之间的协同作用所决定的，反映系统特征和状态的变化的变量。通过对构成系统中的三个子系统，即供应商库存、生产商库存、销售商（零售商）库存子系统之间关系的分析，决定选取系统级库存量作为供应链中多级库存协同系统的内生变量。

内生变量还可进一步划分为对系统演变起支配作用的慢变量（又称序参量）和受序参量支配的快变量。对多级库存系统来说，系统总库存量是对系统演变起决定和支配作用的内生变量，它是由供应链中供应商库存、生产商库存、销售商库存三个子系统间的协同作用所决定的，它是系统的慢变量。而各节点的库存量变化是系统有序化演变不可缺少的动力，但是相对于总库存量而言，它们是快变量。这里的系统总库存，具体指整个系统在特定时间内所持有的库存总量。它可以作为标志系统有序化程度的序参量，因为总库存量越低，则表明系统内部三个子系统之间的协同性越好，系统就越有序。为了反映协同效果，我们引入级库存的概念，在一个销售系统中，每一阶段或层次（如仓库或零售商）称为一级。因此，系统每一阶段或层次的级库存等于该级现有库存加上所有下游的库存。

三、协同学理论应用于ITS

ITS是由人、车、路、环境四要素组成的高度开放的复杂巨系统，它的变量数目以百万计，它具有如下系统特征。

（1）系统是开放的，并且处于远离平衡的非平衡状态。

（2）当路网上车流量达到一定阈值时，原定态失稳，出现临界状态，进而出现新的定态。过程是自发进行的，即自组织的。

（3）当系统接近临界点时，因涨落而偏离定态后，出现交通拥堵，恢复至交通畅通的定态所需时间（弛豫时间）无限增长，即存在“临界减慢”现象。

（4）系统的有序结构靠交通控制与交通流诱导系统输入控制信息和诱导信息等来维持。而且，ITS又不同于一般的系统，其最大特点具有显著的自主性与合作性特点，自主性表现在没有其他智能体直接干涉的情况下能够持续运行，合作性则表现在智能体之间可以进行信息交互、协同与合作。一般的系统理论用来研究ITS也无能为力。

协同学研究的对象是非平衡开放系统中的自组织及形成的有序结构。协同学研究的系统通常具有如下共同特征。

（1）系统都是开放的，并且处于远离平衡的非平衡状态。

（2）当某一参量增长到达一定阈值时，原定态失稳，出现临界状态，进而出现新的定态。过程是自发进行的，称为自组织。

（3）新的定态是无序到有序的突变，称为非平衡状态下的有序化转变。

（4）系统接近临界点时，因涨落而偏离定态后，恢复至定态所需时间（弛豫时间）无限增长，称为“临界减慢”现象。

（5）新的有序结构靠能量流和物质流来维持。

对比上述ITS系统特征和作为协同学研究对象的系统的共同特征可知，ITS的系统特征与协同学研究的系统所具有的共同特征相符合。ITS是开放的自组织系统，其开放性、非线性、不平衡性以及内部涨落等特征是协同学理论所强调和研究的。作为协同学研究对象的ITS系统，当外界的控制参量，即车流量不断改变时，在一定条件下会经历一个从无序到有序、从有序到混沌的演化系列。协同学理论为研究ITS子系统相互作用与相互合作提供了有力的基础理论和方法论思想。因此，协同学理论完全可以用来对ITS进行分析，指导ITS的实际开发，并且可以为ITS相关策略的制订提供有效的理论支持。

ITS是一个复杂系统，包括多个子系统，如交通控制系统，交通流诱导系统，交通需求管理系统，停车管理系统，高速公路管理系统，收费系统，紧急事件管理系统，道路维护管理系统，公交运营管理系统等。利用协同学理论对其进行分析。

1. 系统的序参量——城市交通控制系统（UTCS）与城市交通流诱导系统（UTFGS）

要得到在系统演化过程中起主导作用的变量，就必须把次要的、暂时起作用的但不影响系统演化整个进程的参数，即快驰豫变量（简称快变量）消去。一般来说，一个系统只有很少几个序参量。序参量支配着系统的行为，主宰整个系统的演化过程。在城市交通系统中，由人、车组成的交通流子系统构成了交通需求，道路网络子系统构成了交通供给。随着社会经济的快速发展，车辆保有量的不断增加，道路交通需求增长迅速，交通拥挤、交通事故也不断增多。在车流量这一控制参量的影响下，城市交通流系统的内部不稳定性逐渐增加，交通流趋向于自组织临界状态。交通流逐渐趋于不稳定，不稳定性在新旧结构转换中起重要的媒介作用，由此产生了序参量，为了避免交通流系统稳定性的丧失，相互冲突交通流的协同作用导致了序参量 UTCS 的产生，而 UTCS 反过来支配着交通流系统的行为，将冲突交通流在时间上进行分离，役使交通流系统处于有序状态。随着汽车大量涌入城市，城市路网上的交通流量的继续升高，因而不稳定性依然存在，城市交通流系统仍然需要继续演化到新的宏观有序结构。同向交通流与道路网络子系统间的协同作用导致了序参量 UTFGS 的产生，而 UTFGS 反过来支配着交通流系统的行为，将同向拥挤的交通流在空间上进行分离，役使交通流系统处于有序状态。UTCS 与 UTFGS 是在城市交通流的子系统的合作中产生的，它们产生后又会反过来命令子系统参与到整体性的合作行为中，UTCS 与 UTFGS 在交通流系统自组织演化过程中起着支配系统行为的主导作用。为了抓住在演化过程中起支配作用的序参量，本书根据协同学的役使原理，忽略快驰豫变量的变化对城市交通流系统演化的影响。

2. 系统的控制参量——车流量

控制参量的变化驱使系统经历一系列临界点，导致序参量的出现、竞争和合作，从而形成各类不稳定模和有序结构。城市交通系统的演化过程同样受控制参量的影响，从协同学看 ITS，车流量是交通系统的控制参量，路网上车流量增加引起的城市交通流的不稳定性是 UTCS 与 UTFGS 产生的重要原因，如果没有车流量的变化，城市交通流系统即使失稳也能够重新建立一个相类似的结构。然而车流量增加，城市交通流向拥堵的方向演化，使得城市交通流系统不稳定性增加，不稳定性的产生意味着原有的系统结构必须进行调整，产生序参量，在新的流量点形成有序结构。

3. 系统的随机涨落

交通管理系统经常会受到外界的干扰。比如人、车、路、环境的变化，都会对交通管理系统有一定的干扰。当车辆数增加时，城市交通流就会出现比较难于治理的交通拥堵状态，随着交通策略的调整，交通流又会回到畅通状态。当某一路段处有事故发生时，交通管理系统也会受到一定的干扰。

4. 绝热消去原理和役使原理的运用

在系统中，特别对交通流即将出现堵塞交通的临界行为，系统参量可分为两类：绝大多数参量仅在短时间起作用，它们临界阻尼大，衰减快，对系统的演化过程、临界特征和发展前途不起明显作用，即快驰豫变量。另一类参量只有一个或少数几个，它们起着支配子系统 UTCS 与 UTFGS 的作用。这两类参量是城市交通管理中最重要的两种手段，起着支配子系统行为的主导作用，因此是系统的序参量。

5. 利用协同学理论研究 ITS

近年来，随着路网上交通流量的增加，拥堵加剧，在城市交通流接近饱和状态时，独立的 UTCS 与 UTFGS 不能役使交通流系统处于有序状态，从而导致 UTCS 与 UTFGS 协同研究成为交通领域的热点和难点。此例利用协同学理论，基于其役使原理建立以 UTCS 与 UTFGS 交通管理性能强度为变量的序参量方程，用于进行 UTCS 与 UTFGS 协同研究。首先，把具体问题“翻译”成数学，通常是建立系统的数学模型和相应的方程组。其次，对系统的方程组，在参考态附近进行线性稳定性分析，由此确定线性稳定性丧失的条件，并且区分稳定模式和不稳定模式，后者即为相应于参考态的序参量。再次，运用役使原理，消去快驰豫变量，得到系统演化最主要的序参量方程。最后，分析和求解这个方程，并将所得结论与实验比较，以检验模型的正确性。

第二章　制造企业物流作业系统

第一节　包装管理

一、包装的产生与发展

包装是人类生产活动及生活消费对物资提出的客观要求，是为了完成物资的运输、保管等活动所采取的必然活动。随着人类社会的进步及生产技术的发展，包装从无到有、从简到繁，如今已经发展成为人们生产生活不可缺少的一部分。

原始社会末期，人们利用自然界的天然材料作为最早的包装物。例如，用藤蔓捆扎猎物，用树皮、竹皮、荷叶等包装农产品。随着生产的进步，人们发明并制作了一些简单的包装工具，如用葫芦做瓢、用兽皮做袋子、把木头挖空后制成容器。

到了奴隶社会，开始出现了用金属制造的容器。我国秦代以前就出现了用木材制作的木箱、木桶等容器。随着人类社会分工的不断细化，商业活动日益频繁，远距离的运输活动也逐渐发展起来，这对包装服务提出了旺盛的需求。在这个时期，密封不漏的桶或篓等容器类包装在商品运输中发挥了十分重要的作用。

包装工业开始于 19 世纪末 20 世纪初。工业革命使生产力水平得到大幅度的提高，企业需要大批量向外销售产品。同时，生产的发展也使消费者对商品的质量和数量要求随之提高。为了保证流通领域的商品安全，使之在从生产者流向消费者的过程中保持卫生无毒、无污染且保质保量，包装成了必不可少且行之有效的一种手段。在 20 世纪的三四十年代，包装由原来的单纯保护商品的作用逐渐发展到具有推销商品的作用，即销售包装。由此，商品包装发展成为独立于商品生产之外的一个新兴工业部门。

现在，新型包装材料、新型包装形式和新型包装技术的出现为包装工业拓展了新的发展空间。随着物流新技术的不断开发和应用，物流对包装又提出了更新更高的要求。

二、包装的定义

关于包装的定义，不同的国家有不同的解释。

美国对包装的定义为："包装是使用适当的材料、容器并施以技术，使其能将产品安全送达目的地——即在产品输送过程中的每一个阶段，不论遭到怎样的外来影响，均能保护内装物，不影响产品的价值。"

日本对包装的定义为："包装是指物品在运输、保管等过程中，为保护其价值和状态而对物品施以适当的材料、容器等的技术以及实施的状态。"

我国《包装通用术语国家标准》（GB/T 4122.1—2008）对包装的定义为："包装是指为了在流通中保护产品、方便储运、促进销售，按一定技术方法而采用的容器、材料及辅助物等的总称，也指为了达到上述目的而在采用容器、材料和辅助物的过程中施加一定技术方法等的操作活动。"

理解商品包装的含义，包括两方面意思：一方面，包装是指盛装商品的容器，通常称为包装物，如箱、袋、筐、桶、瓶等；另一方面，包装是指包扎商品的过程，如装箱、打包等。而我国对包装所下的这个定义不仅明确指出包装是在产品生产、流通和消费过程中共有的一种通用器具，并且这种通用器具必须对产品在流通过程的各个环节中具有盛装、保护、便利和效益等属性，而且指明包装是具有劳动形态的技术操作活动过程，这在内容上全面、完整和确切地概括了包装的基本概念。

三、包装的功能

在市场经济条件下，商品要在激烈的市场竞争中脱颖而出，不仅要有良好的质量，还要有好的包装。良好的包装可以保护商品、便于流通、吸引顾客购买。大量实践证明，商品在流通中如无良好的包装，则会使商品受到损害，使用价值降低甚至完全丧失。包装的具体作用表现在以下几个方面。

1. 保护功能

据统计，商品有效期与流通期的比值为 2∶1，也就是说商品有效期的一半消耗在了流通过程中。商品在流通中要经受各种环境的影响和危害，如要经过多次的装卸、存取、运输，甚至拆卸和再包装，会受到各种各样的外力冲击、碰撞和摩擦，也有可能在恶劣的环境中受到有害物质的侵蚀。所以，保护功能是包装的首要功能。

具体来说，包装的保护功能包括以下几方面：

（1）防止商品的破损变形；

（2）防止商品发生化学变化；

（3）防止有害生物对商品的影响；

（4）防止异物混入、污物污染、丢失和散失。

2. 方便功能

合理的包装可以为物流全过程的所有环节提供操作上的方便，从而提高物流的效率和降低物流成本。

（1）方便物资的装卸搬运。适当的商品包装能够为商品的装卸搬运作业提供方便。包装的结构造型、辅助设施若能适合装卸搬运机械的使用，就有利于提高装卸搬运机械的效率。包装的规格尺寸标准化为集合包装提供了条件，从而能极大地提高装卸搬运的效率。

（2）方便物资的运输。包装的规格、形状、重量等与货物运输的效率密切相关。如果包装的尺寸与车辆、飞机、船舶等运输工具的载货空间相吻合，就能极大地方便运输。

（3）方便商品的储存。因为包装能方便商品的装卸搬运，所以可以提高商品出入仓库的作业速度。包装的尺寸利于商品的堆码，提高商品的仓容利用率和储存效率。包装物的各种标识利于商品的识别和盘点。

3. 促销功能

精美的包装能美化商品、宣传商品、刺激消费者的购买欲望，起到促进销售的作用。美国最大的化学工业公司杜邦公司的一项调查表明：63%的消费者是根据商品的包装来选购商品的，这一发现就是著名的“杜邦定律”。另据英国市场调查公司报告，在超级市场购物的妇女，一般由于受精美包装的吸引，所购物品通常超出进门时打算购物数的45%。从以上分析可以看出，除了包装的促销功能主要是出于商流目的外，包装的保护功能和方便功能都是与物流密切相关的。

四、包装的分类

1. 按包装的功能分类

（1）商业包装。商业包装又称销售包装，是以促进商品销售为主要目的的包装。这种包装外形美观，有必要的装潢，包装单位能适应顾客购买批量和商店设施的要求。

（2）运输包装。运输包装又称工业包装，是以方便运输、储存和保护商品为主要目的的包装。运输包装管理的目标是：在满足物流要求的基础上，包装费用越低越好。

商业包装强调营销，是把商品分装成方便顾客购买和易于消费的商品单位，其目的是向消费者显示商品的内容，吸引消费者，但对于物流系统却并不适宜。运输包装强调物流，是作为把运输、装卸、保管等相关的物流过程有机、顺利地联系起来的一种手段，具有保护货物、便于运输和处置等作用。

2. 按包装的层次分类

（1）个包装。个包装是指以一个商品为一个销售单位的包装形式。个包装直接与商品接触，随同商品一起销售给顾客。个包装上均有印贴商标，便于消费者识别、购买和使用，起到美化、宣传和促进销售的作用。

（2）中包装。中包装又称内包装，是指由若干个单体商品或包装组成一个小的整体包装。中包装是个包装的组合形式，以便在销售过程中起到保护商品、简化计量和

利于销售的作用。

（3）外包装。外包装又称运输包装或大包装，是指商品的最外层包装，其目的是在流通过程中保护商品，方便运输、储存、装卸搬运等。

3. 按包装的使用范围分类

（1）专用包装。专用包装是指专供某种或某类商品使用的一种或一系列的包装。采用专用包装是根据商品某些特殊的性质来决定的，这类包装都有专门的设计制造，如各种压缩和液化气体需要耐压和密封的钢制气瓶装运。

（2）通用包装。通用包装是指一种包装能盛装多种商品，被广泛使用的包装容器。通用包装一般不进行专门设计制造，是根据标准系列尺寸制造的，可包装各种无特殊要求的或标准规格的产品。例如，各种瓦楞纸箱、塑料箱、木箱、木桶等，既可装运各种日用百货，也可用来装运各种电器、食品、化妆品等。

4. 按包装容器的质地分类

（1）硬包装。硬包装又称刚性包装，是指包装材料质地坚硬，充填或取出内装物之后，容器形状基本不发生变化的包装。

（2）半硬包装。半硬包装又称半刚性包装，是介于硬包装和软包装之间的包装。

（3）软包装。软包装又称挠性包装，是指包装内的充填物或内装物取出之后，容器形状会发生变化，且材质较软的包装。

5. 按包装使用的次数分类

（1）一次用包装。一次用包装是指只能使用一次，不再回收利用的包装。这种包装往往随商品一起销售或在销售过程中被消耗掉。大多数销售包装都属于一次用包装。

（2）多次用包装。多次用包装是指回收后经适当加工整理仍可重复使用的包装。大部分商品的运输包装和一部分中包装可多次使用。

（3）警告性标志。对于危险物品，例如易燃品、有毒品或易爆炸物品等，常在外包装上以特殊的色彩醒目标明，并指出商品的危险等级，以示警告。

五、包装标识

包装标识主要分为两类，一类是销售包装标识，另外一类是运输包装标识。销售包装标识主要通过包装图案、文字、条码等信息形式传达商品的信息，能够方便消费者识别、选购，起到促进销售的作用。运输包装标识主要是应用图形或文字在运输外包箱上对内装物在运输过程中的注意事项进行标识。

1. 销售包装标识

销售包装是直接接触商品并随商品进入零售店和消费者直接见面的包装（GB/T 18354—2006 物流作业服务术语）。这类包装除必须具有保护商品的功能外，更应具有促销的功能。因此，对销售包装的造型结构、装潢画面和文字说明等方面，都有较高的要求。

（1）包装的图案。销售包装的图案要美观大方，富有艺术上的吸引力，并突出商品特点，图案和色彩应适应有关国家的民族习惯和爱好，在设计画面时，应投其所好，以利于扩大销售。

（2）文字说明。在销售包装上应有必要的文字说明，如商标、品名、产地、数量、规格、成分、用途和使用方法等，文字说明要同画面紧密结合，互相衬托，彼此补充，以达到宣传和促销的目的，使用的文字必须简明扼要，并让销售市场的顾客能看懂，必要时也可以中外文同时并用。在销售包装上使用文字说明或制作标签时，还应注意有关国家的标签管理条件的规定。

（3）条码。商品包装上的条码由一组带有数字的黑白及粗细间隔不等的平行条纹所组成，这是利用光电扫描阅读设备为计算机输入数据的特殊的代码语言。目前，世界许多国家都在商品上使用条码。只要将条码对准光电扫描器，计算机就能自动地识别条码的信息，确定品名、品种、数量、生产日期、制造厂商、产地等，并据此在数据库中查询其单价，进行货款结算，打出购货清单，这就有效地提高了商店的效益和准确性，也方便了顾客。目前，许多国家的超级市场都使用条码技术进行自动扫描，如商品包装上没有条码，即使是名优商品，也不能进入超级市场，而只能当作低档商品进入廉价商店。

2. 运输包装标识

运输包装是以满足运输、仓储要求为主要目的的包装（GB/T 18354—2006 物流作业服务术语）。运输包装标识主要是应物流管理的需要而产生的。商品在物流流动中要经过多环节、多层次的运输和中转，要完成各种交接，这就需要标识来识别货物。包装货物通常为密封容器，经手人很难了解内装物是什么，同时内部产品性质不同，形态不一，轻重有别，体积各异，保护要求也就不一样。物流管理中许多事故和差错常常是因为标识不清或错误而造成的，如错发、错运、搬运装卸操作不当、储存保管不善等。所有这些都说明包装标识对有效地进行装卸、运输、储存等物流活动起着重要作用。

运输包装标识就是指在运输包装外部采用特殊的图形、符号和文字，以赋予运输包装件传达功能。其主要作用有：一是识别货物，实现货物的收发管理；二是明示物流中应采用的防护措施；三是识别危险货物，提示应采用的防护措施，以保证物流安全。因此，运输标识也分为 3 类：一是收发货标识，或叫包装识别标识；二是储运图示标识；三是危险货物标识。

（1）运输包装收发货标识。收发货标识是外包装件上的商品分类图示标识和其他文字说明排列格式的总称。运输包装收发货标识是为在物流过程中辨认货物而采用的。它对物流管理中发货、入库以及装车配船等环节起着特别重要的作用。它也是发货单

据、运输保险件以及贸易合同中有关标志事项的基本部分。

（2）包装储运图示标识。包装储运图示标识是根据产品的某些特性，如怕湿、怕震、怕热、怕冻等确定的，其目的是为了在货物运输、装卸和储存过程中，引起作业人员的注意，使他们按图示的标识要求进行操作。包装储运图示标识图形应按规定的颜色印刷。涂打的标志，如因货物包装关系不宜按规定的颜色涂打时，可根据各种包装物的底色，选配与其底色不同的符合明显要求的其他颜色。印刷时外框线及标志名称都要印上；涂打时外框线及标志名称可以省略。印刷标志用纸应采用厚度适当、有韧性的纸张印刷。

包装储运图示标识使用时，对粘贴的标识，箱状包装应位于包装两端或两侧的明显处，袋、捆包装应位于包装明显的一面，桶形包装应位于桶盖或桶身。对涂打的标志，可用油漆、油墨或墨汁，以镂模、印模等方式按上述粘贴标识的位置涂打或者书写。对于钉附的标志，应用涂打有标志的金属板或木板，钉在包装的两端或两侧的明显处。对于“由此起吊”和“重心点”两种标识，要求粘贴、涂打或钉附在货物外包装的实际位置。

（3）危险货物包装标识。危险货物包装标识是用来标明化学危险品的，此类标识为了引起人们特别警惕，采用特殊的彩色或黑色菱形图示。1985 年，国家标准局参照联合国、国际海事组织、国际民航组织和国际铁路合作组织的有关货物运输规则，制定了《危险货物包装标志》标准，对 16 种危险货物包装标识作了具体规定。这 16 种标识为爆炸品标识、易燃气体标识、不燃压缩气体标识、有毒气体标识、易燃液体标识、易燃固体标识、自燃物品标识、遇湿危险标识、氧化剂标识、有机过氧化物标识、有毒品标识、剧毒品标识、有害品标识、感染性物品标识、放射性物品标识、腐蚀性物品标识。标准还对危险品货物的标识尺寸、颜色、印刷、使用等做出了具体的规定。

第二节 装卸搬运管理

一、装卸搬运概述

装卸搬运在物流活动中起承上启下的联结作用，装卸搬运是改变“物”的存放、支撑状态、空间位置的活动，这一活动在整个物流过程中是不断出现和反复进行的，其出现频率远远高于其他各种物流活动。同时，装卸搬运还要占用很多的时间并消耗很多的劳动，其作业水平的高低不仅成为决定物流速度的关键，而且是影响物流费用高低的重要因素。因而装卸搬运往往成为整个物流的“瓶颈”，是物流各功能之间能否形成有机联系和紧密衔接的关键。本节首先介绍了装卸搬运的概念、作用及装卸搬运在流通领域和生产领域的不同特点，然后分析了搬运系统，强调如何根据搬运系统分析设计出最优的装卸搬运方案并制定合理的装卸搬运原则。

装卸搬运是物流的基本功能之一，是随着运输和储存活动的进行而发生的一种辅助作业。运输可以产生空间效应，储存可以产生时间效应，而装卸本身并不产生任何价值。装卸搬运是整个物流环节不可或缺的一环，从生产到消费的整个流通过程中，无论是商品的运输、储存和保管，还是商品的配送、包装和流通加工，都离不开装卸搬运。装卸要进行多次，因此装卸的合理化对物流合理化是非常重要的。因而，装卸搬运往往成为整个物流的“瓶颈”，是物流各功能之间能否形成有机联系和紧密衔接的关键。

二、装卸搬运的内涵

按照 GB/T 18354—2006，装卸是指：“物品在指定地点以人力或机械装入运输设备或从运输设备上卸下的活动。”搬运是指：“在同一场所内，对物品进行以水平移动为主的物流作业。”装卸搬运是物流的基本功能之一。装卸搬运是指各种运输工具，如汽车、铁路、货车、船舶等装载物品的装卸和搬运，或在仓库内保管物品的出入库、库内搬运，以及和上述有关对物品进行处理的操作等。一般来说，可将装卸搬运作业分解为装卸、搬运、入库、出库、分拣和备运等项，以及与这些作业有关的附属作业。“入库”是指将物品移至保管设施的固定设备所指定的场所，按规定的位置和形态堆码物品的作业。“出库”是从保管地点，将物品取出。“分拣”是按物品的种类发送方向和顾客需求，将物品分类。“备运”是指为出库的物品做好准备，使之能立即装于运输工具的作业。

“装卸”是指在同一地域范围内以改变“物”的存放、支承状态的活动，是将商品装入运输工具或从运输工具上卸下的总称。对于集装箱而言，也可把将物品装入集装箱称为装箱，而把从集装箱内取出物品叫拆箱。改变“物”的空间位置的活动称为搬运。“装卸”与“搬运”的主要区别是：“装卸”是指在物品空间上发生的以垂直方向为主的位移，而“搬运”则是指物品在区域内所发生的以短距离水平方向为主的位移。物品在空间上发生绝对的垂直位移或发生绝对的水平位移的情况不多，多数情况则是两者的复合运动，有时以垂直位移为主即“装卸”，有时以水平位移为主即“搬运”。两者全称装卸搬运，有时在特定场合，单称“装卸”或单称“搬运”也包含了“装卸搬运”的完整含义。在习惯使用中，物流领域常将装卸搬运这一整体活动称为“货物装卸”，在生产领域中常将这一整体活动称为“物料搬运”。实际上，活动内容都是一样的，只是领域不同而已。在实际操作中，装卸与搬运是密不可分的，两者是伴随在一起发生的。因此，在物流科学中并不过分强调两者的差别，而是作为一种活动来对待。

装卸搬运贯穿于物品实体运动的全过程。无论是物品的运输、储存、保管，还是物品的配送、包装或流通加工都伴随着装卸搬运。在整个物流活动中，装卸搬运所占的比重很大。因此，装卸效率的高低、装卸质量的好坏、装卸成本的大小，都与整个物流活动关系密切。可以说，装卸搬运合理化也是物流合理化的一个重要问题，改善装卸搬运是加快物品运达速度、减少资金占用、简化包装、减少货损的重要手段，对提高物流总体效益具有重要作用。

三、装卸搬运的作用与特点

1. 装卸搬运的作用

物流各个环节的先后或同一环节的不同活动都离不开装卸搬运，它是物的不同运动过程之间互相转换的桥梁。装卸搬运是不断出现和重复进行的，它的出现频率通常都会高于物流的其他功能要素。而且，由于装卸搬运会花费较多的作业时间，所以装卸搬运的效率往往成为决定物流总体效率的关键。同时，由于装卸搬运也会消耗大量的人力、物力和财力，其成本在物流总成本中占有相当大的比重，所以装卸搬运合理化也是降低物流总成本的重要手段。因此，不断提高装卸搬运合理化的程度，无疑对提高物流系统整体功能有极为重要的意义。装卸搬运系统在物流中的作用主要表现在以下几个方面。

（1）装卸搬运既是伴随生产过程和流通过程各环节所发生的活动，又是衔接生产各阶段和流通各环节之间相互转换的桥梁。装卸搬运不仅把货物运动的各个阶段连接成为连续的“流”，而且把各种运输方式连接起来，形成各种运输网络，极大地发挥其功能。装卸搬运是伴随运输和仓储而产生的必要的物流活动，但是和运输产生空间效用和仓储产生时间效用不同，它本身不产生任何价值。但这并不说明装卸搬运在物流过程中不占有重要地位，物流的主要环节，如运输和仓储等是靠装卸搬运活动联结起来的，物流活动其他各个阶段的转换也要通过装卸搬运联结起来。

（2）装卸搬运直接影响着物流的成本、质量等性能指标。装卸搬运是劳动力借助于劳动手段作用于劳动对象的生产活动。为了进行此项活动，必须配备足够的装卸搬运人员和装卸搬运设备。由于装卸搬运作业量比较大，它往往是货物运量和库存量的若干倍，所以所需装卸搬运人员和设备的数量亦比较大，即要有较多的活劳动和物化劳动的投入，这些劳动消耗要计入物流成本。装卸搬运不仅发生次数频繁。而且其作业内容复杂，又是劳动密集型、耗费人力的作业，它所消耗的费用在物流费用中也占有相当大的比重。如能减少用于装卸搬运的劳动消耗，就可以降低物流成本。据统计，俄罗斯经铁路运输的货物少则有 6 次装卸搬运，多则有几十次装卸搬运，其费用占运输总费用的 20%～30%。装卸搬运会改变货物的存放状态和空间位置。货物在移动过程中会受到各种外力的影响，如震动、撞击、挤压等，容易使货物包装和货物本身受损。如袋装水泥纸袋破损和水泥散失主要发生在装卸过程中，其装卸搬运损失在物流费用中占有一定的比重。因此，装卸搬运损失的多少直接影响着物流质量的高低。

（3）装卸搬运是物流过程中的一个重要环节，它制约着物流过程的其他各项活动，是提高物流速度的关键。无论是在生产领域还是在流通领域，装卸搬运功能发挥的程度都直接影响着生产和流通的正常进行，其工作质量的好坏关系到物品本身的价值和使用价值。由于装卸搬运是伴随着物流过程其他各环节的一项活动，它自身不产生任何新价值，主要是改变货物的垂直位移或者水平位移，因而往往不能引起人们的足够重视。可是，一旦忽视了装卸搬运，生产和流通领域轻则发生混乱，重则造成停顿，如在货物运输过程完成一次运输循环所需时间中，在发运地的装车时间和在目的地的卸车时间占有不小的比重。特别是在短途运输中，装卸时间所占比重更大，有时甚至超过运输工具运行时间。所以缩短装卸搬运时间，不但对加速车船和货物周转具有重要作用，而且有利于疏站疏港。在仓储活动中，装卸搬运效率对货物的收发速度和货物周转速度也产生直接影响。由此可见，改善装卸搬运作业，提高装卸搬运合理化对加速车船周转，发挥港、站、库功能，加快物流速度，减少流动资金占用，降低物流费用，提高物流服务质量，发挥物流系统整体功能等都具有重要的意义。

2. 装卸搬运的特点

生产和流通两个领域的生产规律不同，相应的装卸搬运也有各自不同的特点。在流通领域中，一方面，物流过程各环节之间的衔接是通过装卸搬运活动有机结合起来的，从而使物品能在各环节之间形成“物流”；另一方面，各种不同的运输方式，也是依赖装卸搬运活动才能形成联合运输。而在生产领域，装卸搬运活动已经成为生产过程中不可缺少的组成部分，成为直接生产的保障系统。装卸搬运活动在生产、流通领域的特点主要表现在以下几个方面。

（1）均衡性与波动性。生产领域的装卸搬运活动必须与生产活动的节拍一致，而均衡性是生产的基本原则，因此在生产领域中的装卸搬运活动基本上也是均衡的、平稳的、连续的。而流通领域的装卸搬运活动是随车船的到发和货物的出入库而进行的，装卸搬运的突击性、波动性和间歇性较多，因此流通领域的装卸搬运活动是突击的、波动的、间歇的。

（2）稳定性与多变性。生产领域的装卸搬运活动是稳定的，这是与生产过程的相对稳定相联系的，特别是在大量生产的情况下更是如此，或略有变化但也具有一定的规律性。在流通领域里，由于物质产品本身的品种、形状、尺寸、重量、包装、性质等各不相同，输送工具类型又各异，再加上流通过程的随机性等，所有这些决定了流通领域装卸搬运活动的多变性。

（3）单纯性与复杂性。生产领域的装卸搬运活动主要是单纯性的，因为大多数的活动都只是单纯地改变货物的存放状态或空间位置。而流通领域的装卸搬运活动与运

输、存储紧密衔接，出于安全和输送的经济性原则，需要同时进行堆码、满载、加固、计量、取样、检验、分拣等作业。因此，装卸搬运作业必须具有适应这种复杂性的能力，这样才能加快物流的速度。

四、装卸搬运的合理化

（一）装卸搬运的原则

由于装卸搬运是物流过程中的重要环节，因此人们在长期的生产实践中通过不断总结经验，探索装卸搬运活动规律，总结出了装卸搬运的基本原则和实现装卸搬运合理化的基本途径，这对于提高物流系统整体效用具有重要的作用。在装卸搬运活动中应遵循以下各项基本原则。

1. 装卸搬运省力、节能原则

现代装卸搬运作业强调要把装卸搬运成本费用控制到最低，其中省力节能是最关键的因素。在可能的情况下，装卸搬运时应尽可能消除货物重力的不利影响；同时，尽可能利用重力进行装卸搬运，以减轻装卸搬运中劳动力和其他能量的消耗。例如，在装卸时考虑重力因素，可以利用货物本身的重量，进行有一定落差的装卸，以减少或根本不消耗装卸的动力，这是合理化装卸的重要方式。

2. 装卸搬运次数最少原则

尽管装卸搬运是物流过程不可避免的作业，但是应该将装卸搬运的次数控制在最小的范围内。装卸搬运活动的本身并不增加货物的价值和使用价值，它只能使货物在空间上产生某种位移，不能提高也不能增加物品的使用价值；相反，多次的装卸搬运还容易造成货物的损坏，降低甚至完全丧失其使用价值。同时，物品装卸中活劳动和物化劳动的消耗要追加到该物品的价值中去，这就增加了货物损坏的可能性和成本。应当充分分析装卸搬运作业的实施是否具有必要性，应尽量避免进行不必要的搬运装卸作业。因此，通过合理安排作业流程、采用合理的作业方式、仓库内合理布局及仓库的合理设计等，来实现货物装卸搬运次数最小化；同时，通过分析各项装卸搬运作业环节的必要性，尽可能地取消、合并装卸搬运作业的环节和次数，避免重复无效、可有可无的装卸搬运活动。

3. 装卸搬运距离、时间最短原则

距离最短原则，是指任何两点之间物品的搬运，应取最短距离；同时在搬运作业量一定的情况下，使发生的搬运的总距离最短，尽量避免搬运作业中的对流、迂回、重复和不必要的远距离搬运。搬运距离的长短与搬运作业量大小和搬运作业效率高低是联系在一起的，在货位布局、车辆停放位置、出入库作业程序等设计上应该充分考虑物品移动距离的长短，以物品移动距离最小化为设计原则。时间最短原则是指货物从开始装卸搬运到完成装卸搬运的时间要短。在装卸搬运作业中，通过机械化、自动化作业，尽量缩短装卸搬运时间，不但能节约费用、提高效率，而且能提高物流速度。

4. 装卸搬运机械化原则

机械化原则是指在装卸搬运活动中用机械作业替代人工作业的原则。装卸搬运活动的机械化是实现省力化和效率化的重要途径。利用装卸搬运设备，可以将工人从繁重的体力劳动中解放出来，大大提高作业效率及安全性。对于超重、搬运量大、耗费人力、粉状或液体的物料搬运、速度太快或距离太长、装卸作业高度差太大等情况，都要利用装卸搬运设备，通过机械化，可改善装卸搬运作业环境，大大减轻劳动强度，增强作业的安全性，提高作业的效率和效益。同时机械化的原则也包含将人与机械合理地组合到一起。

5. 装卸搬运“活化”原则

装卸活性是装卸搬运专用术语，是指货物的存放状态对装卸搬运的方便程度。如果很容易转变为下一步的装卸搬运而不需过多进行装卸搬运准备工作，则活性就高；如果难于转入下一步的装卸搬运，则活性低。在装卸搬运活动中，下一步比前一步的活性指数高而更便于作业时，称为“活化”。装卸搬运的工序工艺设计应步步活化，以便节省劳力，降低能耗，尽量利用现场条件进行水平滚动装卸。

6. 装卸搬运单元化原则

就是把商品先汇集成一定的单位数量，然后再进行装卸，这样既可避免损坏、消耗、丢失，又容易查点数量。其中最大的优点是使装卸、搬运的单位加大，使机械装卸成为可能，以及增加装卸搬运的灵活性等。这种单元化方式是把商品装在托盘、集装箱和搬运器具中原封不动地装卸、搬运，并进行输送、保管。

7. 装卸搬运系统化原则

装卸搬运系统化原则是指将各个装卸搬运活动作为一个有机的整体实施系统化管理。也就是说，运用综合系统化的观点，提高装卸搬运活动之间的协调性，提高装卸搬运的柔性，以适应多样化、高度化的物流需求，从而提高装卸搬运效率。此外，应同时考虑到作业质量、效率、安全、经济等各个方面，应综合考虑人员配备、设备购置、劳动组织、生产调度、作业方案等多种因素，使整个装卸搬运系统达到最优。装卸搬运活动除了遵循上述基本原则外，还要求装卸搬运合理化。事实上，装卸搬运的基本原则是装卸搬运合理化经验的总结，也是合理化的基本要求。因此，装卸搬运合理化，首先必须坚持装卸搬运的基本原则，其次是按照装卸搬运合理化的要求，进行装卸搬运活动。

（二）装卸搬运的合理化

装卸搬运合理化的内容包括以下几个方面。

1. 防止和消除无效的装卸搬运

所谓无效搬运，是指在装卸作业活动中超出必要的装卸、搬运量的作业。显然，

防止和消除无效作业对装卸作业的经济效益有重要影响。为了有效地防止和消除无效作业，可以从以下几个方面入手。首先，尽量减少装卸搬运次数，要使装卸次数最少，应避免没有物流效果的装卸作业。其次，提高被装卸物料的纯度，物料的纯度是指物料中含有水分、杂质与物料本身使用无关物质的多少。物料的纯度越高，则装卸作业的有效程度越高；反之，则无效作业就会增多。再次，包装要适宜。包装是物流中不可缺少的辅助作业手段。包装的轻型、简单、实用会不同程度地减少作用于包装上的无效劳动。最后，缩短装卸搬运的距离，物料在装卸搬运中，要实现水平和垂直两个方向的位移，选择最短的路线完成这一活动，就可避免超过这一最短路线以外的无效劳动。

2. 提高装卸搬运的活性

在堆放货物时，事先要考虑到物料装卸作业的方便性。装卸搬运的活性，根据物料所处的状态，即物料装卸、搬运的难易程度，可分为不同的级别。从 0～4 级，从理论上讲，活性指数越高越好，但也必须考虑到实施的可能性。例如，物料在储存阶段中，活性指数为 4 的输送带和活性指数为 3 的车辆，在一般的仓库中很少被采用，这是因为大批量的物料不可能存放在输送带和车辆上。

3. 实现装卸作业的省力化

装卸搬运使物料发生垂直和水平位移，必须通过做功才能实现，要尽力实现装卸作业的省力化。在装卸作业中应尽可能地消除重力的不利影响，在有条件的情况下利用重力进行装卸，可减轻劳动强度和能量的消耗。将设有动力的小型运输带斜放在货车、卡车或站台上进行装卸，使物料在倾斜的输送带上移动，这种装卸就是靠重力的水平分力完成的。在搬运作业中，不用手搬，而是把物资放在一台车上，由器具承担物体的重量，人们只要克服滚动阻力，使物料水平移动，这无疑是十分省力的。利用重力式移动货架也是一种利用重力进行省力化的装卸方式。重力式货架的每层格均有一定的倾斜度，货箱或托盘可沿着倾斜的货架层板自己滑到输送机械上。为了减小物料滑动的阻力，通常货架表面均处理的十分光滑，或者在货架层上装有滚轮，也可在承重物资的货箱或托盘下装上滚轮，这样将滑动摩擦变为滚动摩擦，物料移动时所受到的阻力就会更小。

4. 合理组织装卸搬运设备，提高装卸搬运作业的机械化水平

物资装卸搬运设备的运用和组织是以完成装卸任务为目的，并以提高装卸设备的生产率、装卸质量和降低装卸搬运作业成本为中心的技术组织活动。它包括下列 4 个方面的内容，首先确定装卸任务量，根据物流计划、经济合同、装卸作业不均衡程度、装卸次数、装卸车时限等，来确定作业现场年度、季度、月、日的平均装卸任务量。装卸任务量有事先确定的因素，也有临时变动的可能。因此，要合理地运用装卸设备，就必须把计划任务量与实际装卸作业量两者之间的差距缩小到最低水平。同时，装卸

作业组织工作还包括把装卸作业的物资对象的品种、数量、规格、质量指标及搬运距离等尽可能地做出详细的规划。其次根据装卸任务和装卸设备的生产率，确定装卸搬运设备需用的台数和技术特征。再次根据装卸任务、装卸设备生产率和需用台数，编制装卸作业进度计划。它通常包括：装卸搬运设备的作业时间表、作业顺序、负荷情况等详细内容。最后统计和分析装卸作业成果，评价装卸搬运作业的经济效益。

5. 推广组合化装卸搬运

在装卸搬运作业过程中，根据不同物料的种类、性质、形状、重量的不同来确定不同的装卸作业方式。处理物料装卸搬运的方法有 3 种：普通包装的物料逐个进行装卸，叫作“分块处理”；将颗粒状物料不加小包装而原样装卸，叫作“散装处理”；将物料以托盘、集装箱、集装袋为单位组合后进行装卸，叫作“集装处理”。对于包装的物料，尽可能进行“集装处理”，实现单元化装卸搬运，这样可以充分利用机械进行操作。

第三节　仓储运作管理

一、仓储的概念及作用

1. 仓储的概念与发展

在社会分工和专业化生产的条件下，为保持社会再生产过程的顺利进行，必须储存一定量的物资，以满足一定时期内社会生产和消费的需要。仓储是指通过仓库对暂时不用的物品进行储存和保管。“仓”即仓库，是存放物品的建筑物和场地，可以是房屋建筑、洞穴、大型容器或特定的场地等，具有存放和保护物品的功能。“储”即储存、储备，表示收存以备使用，具有收存、保管、交付使用的意思。

早期的仓储作业都是通过人工操作来完成的，由于缺乏“物流”理念的指导，仓储往往被看作是完成市场营销过程所必需的一种储存设施，是材料与产品供应线上的一个静止单位。没有注意到仓储活动在物流系统中的作业潜力，更没有按客户的需求对仓储的产品进行分类。忽视了仓储所具有的储存效率和搬运效率。尽管存在上述缺点，但早期的仓储依然在生产与消费之间发挥了桥梁的作用。

第二次世界大战以后，随着预测技术和生产技术的提高，广泛建立仓库的需要减少了。同时制造过程中延误时间的递减，也使生产也越来越容易调整。尽管季节性的生产仍然需要仓储，但支持制造过程所需的仓储总量已经减少。而销售环境的变化，又使得批发商必须储存越来越多的产品，导致仓库成了批发商向零售商提供适时而又经济的存货分类场所。这样，通过批发商和一体化的零售商的努力，仓储作业的工艺

流程和技术水平得到很大的提高。与此同时，与批发行业关联的仓储效率的提高，很快又在制造行业中又得到推广，使得仓储活动成为JIT和无储存生产战略的一个综合组成部分。在这个时期，对那些经营日益庞大的企业来讲，如何提高仓库的使用效率，如何在多个地点进行原材料和产品的储存和配送，如何降低仓库的存储水平和产品的运输成本，已成为企业必须考虑的问题。

20世纪60～70年代，仓储的注意力主要集中在新技术的应用上，以寻求更好的方法来代替传统的手工操作。该时期出现了许多新的储存和搬运技术，而伴随技术水平的提高又影响到了仓储管理的每一个环节。20世纪80～90年代，由于工业化水平的提高，仓储系统搬运技术的机械化、自动化得到很大发展。

2. 仓储的作用

仓储是现代物流不可缺少的重要环节。从供应链的角度来看，物流过程可以看作是由一系列的供给和需求组成，当供需不平衡，即供给和需求节奏不一致时，两个过程不能够很好的衔接。这时会出现生产的产品不能即时消费或者需求不能得到满足，就需要建立产品的储备，将不能即时消费的产品储存起来以备满足以后的需求，这也是仓储产生的重要原因。仓储能对货物进入下一个环节前的质量起保证作用。在货物仓储环节对产品质量进行检测，能够有效地防止伪劣产品流入市场，保护了消费者权益，也在一定程度上保护了生产企业的信誉。通过仓储来保证产品质量主要集中在两个环节：一是在产品入库前进行检验，防止不合格产品混入库场；二是在货物的储存期间内做好保管，尽量使产品不发生物理化学变化，减少库存货物的损失。仓储是保证社会再生产过程顺利进行的必要条件。货物的仓储过程不仅是商品流通过程顺利进行的必要保证，也是社会再生产过程得以进行的保证。仓储是加快商品流通，节约流通费用的重要手段。虽然货物在仓库中进行储存时是处于静止的状态，会带来库存成本的增加，但是仓储能够有效地降低运输费用和缩短供货提前期，从而使物流总成本得到降低并能够为货物进入市场做好准备。仓储能够在货物进入市场前完成整理、包装、质检、分等程序，这样就可以缩短后续环节的工作时间，加快货物的流通速度。

二、仓库的功能与分类

1. 仓库的功能

在现实经济生活中，商品的流通并不是始终处于运动状态，作为储存的表现形态的库存是商品流通的暂时停滞，库存在商品流通过程中有其内在的功能。

（1）储存和保管的功能。仓库具有一定的空间，用于储存物品，并根据储存物品的特性配备相应的设备，以保持储存物品的完好性。例如，储存挥发性溶剂的仓库，必须设有通风设备，以防止空气中挥发性物质含量过高而引起爆炸。在进行仓库作业时，还有一个基本要求，就是防止搬运和堆放时碰坏、压坏物品。从而要求搬运机具和操作方法要不断改进和完善，使仓库真正起到储存和保管的作用。

(2) 调节供需的功能。创造货物的时间效用是物流的两大基本职能之一，物流的这一职能是由物流系统中的仓库来完成的。现代化大生产的形式多种多样，从生产和消费的连续性来看，每种产品都有不同的特点，有些产品的生产是均衡的，而消费是不均衡的；有些产品生产是不均衡的，而消费却是均衡不断地进行的。要使生产和消费协调起来，就需要仓库发挥“蓄水池”的调节作用。

(3) 调节货物运输功能。各种运输工具的运输能力是不一样的，船舶的运输能力很大，海运船舶一般是万吨级，内河船舶也有几百吨至几千吨的。火车的运输能力较小些，每节车厢能装运 30～60 吨，一列火车的运量最多达几千吨。汽车的运输能力很小，一般每辆车装 4～10 吨。它们之间的运输衔接是很困难的，这种运输能力的差异，也是通过仓库进行调节和衔接的。

(4) 流通配送加工的功能。现代仓库的功能已处在由保管型向流通型转变的过程之中，即仓库由储存、保管货物的中心向流通、销售的中心转变。仓库不仅要有储存、保管货物的设备，而且还要增加分拣、配套、包装、流通加工、信息处理等设备。这样，既扩大了仓库的经营范围，提高了物资的综合利用率，又方便了消费，提高了服务质量。

(5) 信息传递功能。在处理仓储活动有关的各项事务时，需要依靠计算机和互联网，通过电子数据交换（EDI）和条码技术等来提高仓储物品信息的传输速度，及时而又准确地了解仓储信息，如仓库利用水平、进出库的频率、仓库的运输情况、顾客的需求以及仓库人员的配置等。

(6) 逆向物流支持功能。随着强制性质量标准的贯彻和环保法规约束力度的加大，逆向物流迅速发展。逆向物流与传统供应链方向相反，是要将最终客户持有的不合格产品、废旧物品回收到供应链上的各个节点。作为供应链中的重要一环，在逆向物流中，仓库又承担了退货管理中心的职能，负责及时准确定位问题商品，通知所有相关方面回收并挖掘退回商品的潜在价值。

2. 仓库的分类

仓库的种类繁多，分类方法也有很多，以下是几种主要的分类方法。

(1) 按保管物品分类。①原料产品仓库：企业为了保证生产和销售的连续性，专门用于存储原材料、半成品或成品的仓库。②商品物资综合仓库：商业、物资、外贸部门为了保证市场供应，解决季节时差，用于存储各种商品、物资的综合性仓库。③农副产品仓库：经营农副产品的企业，专门用于存储农副产品的仓库，或经过短暂存储并进行加工后再运出的中转仓库。④战略物资储备仓库：由国家或一个主管部门修建的，用于储备各种战略物资，以防止各种自然灾害和意外事件的发生。

(2) 按保管条件分类。①普通仓库：用于存放一般性物资，对仓库没有特殊要求，

如一般的金属材料仓库、机电产品仓库等。②保温仓库：用于储存对温度等有特殊要求物品的仓库，包括恒温、恒湿及冷藏库等，如粮食、水果、肉类等的储存，这类仓库在建筑结构上要有隔热、防寒、密封等功能，并配备专门的设备，如空调、制冷机等。③特种仓库：用来储存危险品的仓库，如石油、化工危险品仓库等。

（3）按建筑结构分类。①平层仓库：一般构造简单，建筑费用低，适于人工操作。②多层仓库：指二层楼以上的仓库，它可以减少占地面积，出入库作业则多采用机械化或半机械化作业。③货架仓库：采用钢结构货架储存货物，通过各种输送机、水平搬运车辆、叉车、堆垛机进行机械化作业；按货架的层数又可分为低层货架仓库（货物堆放层数不大于10层）和高层货架仓库（货物堆放层数为10层以上），高层货架仓库一般采用计算机管理和控制。

另外，仓库还可按使用形态、建筑材料等进行分类。

三、库存成本

成本的降低是优化物流系统的一个关键所在。库存成本分为三种类型：采购成本、库存持有成本和缺货成本。

1. 采购成本

采购成本包括订货成本和购买成本。订货成本是为了订购货物而产生的成本，它的大小基本上与每批产品的订购数量无关，而只与订货次数有关。一般包括订货过程中所发生的人员外出、与供应商谈判、相应手续费、与订单处理有关的费用以及收货入库等费用。购买成本是为了获得产品的所有权和使用权而产生的费用，其大小与产品的数量成正比关系，而且购买成本会因所购买产品的市场价格的变化而变化。

2. 库存持有成本

库存持有成本是指在一定时期内随存储产品的数量而改变的成本，它大致上与所持有的平均库存量成正比。通常库存持有成本用单位时间内（每天、每周、每月、每年等）产品价值的百分比来表示。一般而言，它包括库存占用资金成本、库存服务成本、库存空间占用成本和库存风险成本。

（1）资金成本。资金成本也叫利息或机会成本，指将库存占用的资金投入到其他途径所能够得到的回报，即“能用在其他值得做的项目上但却用在库存上的资本的潜在价值”。资金成本通常在库存持有成本中占绝大部分，可达到80%以上，是最具主观性的一项。

（2）库存空间成本。库存空间成本指产品占用存储建筑内的立体空间，以及把产品运进运出仓库所产生的成本。空间成本因企业使用的仓库种类不同而不同。

（3）库存服务成本。库存服务成本由税收以及保护库存产品而产生的火灾和盗窃等的保险费用组成。

（4）库存风险成本。库存风险成本反映了库存的现金价值下降的可能性，而这些往往是不可控的。

3. 缺货成本

缺货成本包括失销成本和延期交货成本，是指由于库存不足，无法满足顾客的需求所造成的业务损失、企业信誉的下降以及利润的减少等。缺货成本的高低与储备量的大小有关，储备量大时，缺货的次数和数量相对就较少，缺货成本可能较低，但库存持有成本必然升高；储备量小时，缺货成本可能很高，但库存持有成本却可能降低。由于客户的反应随机性很大，缺货成本的具体衡量比较困难。

四、库存控制策略

1. 供应商管理库存（VMI）

供应商管理库存作为一种库存管理模式，改变了传统库存管理的理念和运营模式。供应商管理库存是一种战略贸易伙伴之间的合作性策略，它以系统的、集成的管理思想进行库存管理，使供应链系统能够同步优化运营。在这种库存控制策略下，准许上游组织对下游组织的库存策略、订货策略进行计划和管理，在已经达成一致的目标框架下由供应商来管理库存，而且，在一种持续改进的环境中，也会经常修改目标框架。供应商与客户企业之间实现信息交换、信息共享后，信息便代替了库存，拥有最佳的信息就可以达到最小的库存，从而降低了整个供应链的库存。实施 VMI 要求企业内部与企业之间建立紧密的合作关系，主要表现在以下三方面。

（1）企业内部紧密合作。供应商内部、制造商内部的不同部门要紧密合作，保证按时供货。

（2）企业之间紧密合作。供应商、制造商、分销商和客户之间建立起战略合作伙伴关系，减少产品的阶段性库存。

（3）战略伙伴间的信息共享。供应商、制造商、销售商和消费者之间能够实时交换信息，信息只有及时地反馈给上游企业并被上游企业所用才具有价值。

在 VMI 模式中，虽然各企业有自己的独立性和自主性，但在接受任务之后，组成的企业联盟就像一个企业一样协同一致地运作，完成各自承担的任务，在核心企业的组织协调下，应用先进的、功能强大的通信系统和支持软件读取和管理整个产品生命周期中的所有信息。合作伙伴之间能够充分共享信息平台上的资源，协调彼此的行为。

2. 联合管理库存（JMI）

近年来，在供应链成员企业之间的合作关系中，更加强调双方的互利合作关系，联合管理库存就体现了战略供应商联盟的新型企业合作关系。在联合管理库存中，更多地体现了供应链成员企业之间的协作关系，从而提高了供应链库存管理能力。

联合管理库存（Joint Managed Inventory，JMI）是一种基于协调中心的库存管理

方法，是为了解决供应链体系中的牛鞭效应，提高供应链的同步化程度而提出的。联合管理库存与供应商库存管理不同，它强调双方同时参与，共同制订库存控制计划，使供应链上每个库存管理者（供应商、制造商、分销商）都能从相互之间的协调性考虑，使供应链相邻的两个节点之间的库存管理者对需求的预测水平保持一致，从而消除需求信息失真现象。

联合管理库存作为一种合作创新的管理模式，更多地体现在供需协调管理的机制上，具体的实施要求如下所述。

（1）建立共同合作目标。要建立联合管理库存模式，首先供需双方必须本着互惠互利的原则，建立共同的合作目标。在充分考虑市场目标的共同之处和冲突点的基础上，通过协商形成共同的远景目标。

（2）建立联合库存的协调控制方法。联合管理库存中心担负着协调供需双方利益的角色，起着协调控制器的作用。因此，需要明确规定库存优化的方法，以及如何在多个供应商之间调节与分配库存、库存的最大量和最低库存水平、安全库存量和需求预测等。

（3）建立一种信息沟通的渠道。为了提高整个供应链需求信息的一致性和稳定性，减少由于多重预测导致的需求信息扭曲，应增加供应链各方对需求信息获得的及时性和透明性。为保证需求信息在供应链中的畅通和准确性，要将条码技术、RFID 技术、POS 系统和 EDI 技术集成起来，并且要充分利用互联网的优势，在供需双方之间建立一个畅通的信息沟通桥梁和联系纽带。

（4）建立利益分配机制和激励、监督机制。要有效运行联合管理库存策略，必须对参与协调库存管理的各个企业有效地进行监督和激励，防止机会主义行为，增加协作性和协调性，并建立一种公平的利益分配制度。

3. 协同规划、预测和补货（CPFR）

虽然 VMI 是一种比较先进的库存管理方法，但是实践证明它也存在不少缺陷，如它是一个单向过程、决策过程中缺乏协商而容易造成失误、决策的数据不准确、并没有实现真正意义上的供应链集成。为解决上述问题，20 世纪 90 年代末产生了一种新的供应链管理技术——协同式供应链库存管理。1995 年，Wal-Mart，Wamer-Lamber 等五家公司联合成立了零售供应和需求工作组，进行协同规划、预测和补给、研究和探索，其目的是开发一组业务过程，使供应链中的成员利用它能够实现从零售商到制造企业之间的功能合作，显著改善预测准确度，降低成本、库存总量和现货百分比，发挥出供应链的全部效率。

（1）CPFR 的内涵。CPFR 是一种协同式的供应链库存管理技术，它能同时降低销售商的库存量，增加供应商的销售量。CPFR 采取了双赢的原则，始终从全局的观点出发，制订统一的管理目标以及实施方案，以库存管理为核心，兼顾供应链上其他方面的管理，使合作伙伴之间能够实现更加深入和广泛的合作。

（2）CPFR 的主要特点。CPFR 是基于互联网的企业对企业的信息动态进行交流的工作流程。可以在降低库存的同时提高客户服务水平和销售量，使交易双方制订统一的预测目标，并定期更新。通过促成促销时间安排、库存信息等的交流，改善企业预测能力，从而缩短交货期并促成预测系统与补货系统的集成。是一种优化企业、供应商与客户之间信息共享和计划协作伙伴关系的解决方案。

（3）CPFR 的实施步骤。CPFR 的实施共有 9 个运行步骤，分为 3 个阶段：计划阶段、预测阶段和补货阶段。

①建立业务联盟伙伴协议框架。供应链上的合作伙伴，包括供应商、生产商、分销商和零售商等。其共同建立一个通用业务框架协议，包括合作的指南、目标、任务与职责、业务规则、绩效评测、保密协议和资源授权等内容。它是所有业务活动的一个总纲领。

②共同制订业务计划。根据共同的发展战略，由合作各方基于共享的业务信息共同制订联合业务计划。合作伙伴首先建立合作伙伴关系战略，然后定义分类任务、目标和策略，并建立合作项目的管理细节（如订单最小批量、交货期、订单间隔和提前期等）。

③生成销售预测。合作双方根据因果关系，利用零售商 POS 或其他有关预测数据与事件信息进行预测，由预测来驱动各自单独的和共同的业务，创建一个支持共同业务计划的销售预测。

④识别和判断分布在销售预测约束之外的事件。每个事件是否为例外事件都需要依据在步骤①中得到一致认同的准则来进行判断。

⑤合作处理销售预测中的例外事件。找出例外事件后，双方通过查询共享数据、采用各种交流方式协商、共同解决销售预测中的例外情况，并将产生的变化反馈给步骤③创建的销售预测。

⑥生成订单预测。通过合并 POS 数据、因果关系信息与其他预测数据和库存策略，产生一个支持共享销售预测和共同业务计划的订单预测，提出分时段的实际需求数量，并通过产品及接收地点反映库存目标。订单预测周期内的短期部分用于产生订单，长期部分用于计划。

⑦识别订单预测中的例外事件。根据在步骤①中已建立例外准则来识别和判断例外事件，如果是例外事件，到下一步去处理这些事件，否则转去步骤⑨生成订单。

⑧合作处理订单预测中的例外事件。找出例外事件后，双方通过查询共享数据、采用各种交流方式调查研究订单预测例外情况，经过协商、共同解决订单预测中的例外情况。并将产生的变化反馈给订单预测步骤⑥。

⑨生成订单。将订单预测转变为已承诺的订单，订单生成可由生产厂或分销商根

据自己的资源、能力和系统来完成，这样就完成了补货工作。

4. 多级库存

基于协调中心的联合管理库存是一种联邦式供应链库存管理策略，是对供应链的局部优化控制，而要进行供应链的全局性优化与控制，则必须采用多级库存优化与控制方法，因此多级库存优化与控制是供应链资源的全局性优化。

多级库存控制的方法有两种：一种是非中心化策略，另一种是中心化策略。非中心化策略是各个库存点独立地采取各自的库存策略，这种策略在管理上比较简单，但是并不能保证产生整体的供应链优化，如果信息的共享度低，多数情况产生的是次优的结果，因此非中心化策略需要更多信息共享。中心化策略同时决定所有库存点的控制参数，考虑了各个库存点的相互关系，通过协调的办法获得库存的优化。但是中心化策略在管理上协调的难度大，特别是供应链的层次比较多，即供应链的长度增加时，更增加了协调控制的难度。

（1）中心化库存控制。

采用中心控制的优势在于能够对整个供应链系统的运行有一个较全面的掌握，能够协调各个节点企业的库存活动。中心化控制是将控制中心放在核心企业上，由核心企业对供应链系统的库存进行控制，协调上游与下游企业的库存活动。这样核心企业也就成了供应链上的数据中心，承担着数据的集成、协调任务。

中心化库存控制的目标是使供应链上总的库存成本最低，通过采用级库存取代点库存的方法集成控制。由于点库存控制方法没有考虑多级供应链中相邻的节点的库存信息，因此容易造成需求放大现象。采用级库存控制策略，每个库存点不再是仅检查本库存点的库存数据，而是检查处于供应链整体环境下的某一级库存状态。级库存和点库存不同，这里重新定义供应链上节点企业的库存数据，采用“级库存”这个概念。

供应链的级库存＝某一库存节点现有库存＋转移到或正在转移给其后续节点的库存

因此，检查库存状态时不但要检查本库存点的库存数据，而且还要检查其下游需求方的库存数据。级库存策略的库存决策是建立在完全对其下游企业的库存状态有所掌握的基础上的，因此避免了信息扭曲现象。

（2）非中心化的控制。

非中心化库存控制是把供应链的库存控制分为三个成本归结中心，即制造商成本中心、分销商成本中心和零售商成本中心，使其各自根据自己的库存成本优化制订控制策略。非中心化的库存控制要取得整体的供应链优化效果，需要增加供应链的信息共享程度，使供应链的各个部门都共享统一的市场信息。非中心化多级库存控制策略能够使企业根据自己的实际情况独立做出快速决策，有利于发挥企业的自主性和灵活性。非中心化库存订货点的确定，可完全按照单点库存的订货策略进行，即每个库存点根据库存的变化，独立地确定库存控制策略。非中心化的多级库存优化策略，需要企业之间具有较好的协调性，否则会导致各自为政的局面。

第四节　生产物流管理

一、生产物流概述

为了使企业生产物流能够在整个生产过程中按步骤、有序地流动，对生产系统各个生产阶段或工序的全部运作过程中物料运行的管理就是生产物流管理。生产物流是企业在生产工艺中的物流活动，即物料不断地离开上一工序，进入下一工序，不断向前运动、暂时停滞等活动。

二、生产方式类型

生产方式是表明企业将投入转化为产出的方法和运作过程，不同的生产方式在产品、客户需求、物流流动、设备和制造等特征上存在着很大的差异，了解这种差异对于选择适当的生产与作业管理方式和确定合理的物流形式是非常重要的。

1. 按生产方法和工艺流程的性质分类

（1）处理流程型生产方式。在生产性质和客户需求性质方面，处理流程型生产方式的物流对象一般是企业或有组织的用户，客户数量较少；其产品的品种数量较少，标准化程度较高；产品按客户需求定制的情况较少，市场需求相对稳定。从设备性质和制造性质来看，处理流程型生产大多属于资本密集型产业，生产设备自动化程度较高，价格昂贵，原材料通常以固定的路线连续地流过加工系统，生产设备或生产线的专用化程度很高。典型的处理流程型工业包括：化学工业、石油精炼、金属冶炼、纺织、烟草、酿酒、饮料和造纸等工业。由于处理流程型生产过程的连续性，使得如果设备出现故障往往会造成整个生产线停工的严重后果，因此设备维护是这类生产与作业管理的一项关键任务。对于处理流程型制造系统的生产能力很容易根据关键设备的生产能力精确地确定。

（2）制造装配型生产方式。从产品和客户需求性质上看，制造装配型生产方式的产品品种数量繁多，结构复杂，虽然零部件能以适当方式实现标准化，但整体上标准化程度低；产品按客户要求定制的现象较普遍，产品寿命周期相对较短，更新速度较快；由于大多数产品属于最终产品，故生产系统受客户需求波动的影响较大。典型的制造装配型工业包括：汽车制造、机床工业、工程机械、电子设备、计算机、家用电器、家具和服装工业等。从设备和制造性质方面看，大多数制造装配工业、原材料或零部件往往不是连续地通过加工系统，产品零件种类繁多，工艺路线差异很大。所以，

对于制造装配型工业，生产能力是一个动态的概念，制造系统的“瓶颈”环节往往随产品结构的更换而变化。

2. 按产品的客户化定制程度分类

（1）备货生产方式。备货生产方式是在市场需求预测的基础上，有计划地生产出产品并入库存货，以库存形式供应客户。其产品的客户定制程度很低，通常是标准化、大批量轮番进行生产。备货生产方式的生产效率比较高，但前提是能够准确预测客户需求和强化推销工作。否则，生产效率越高，库存积压越严重，企业效益越差。为防止产品存货的积压或脱销，生产作业和物流管理的重点是按“量”组织生产过程各环节之间的平衡。

（2）订货生产方式。订货生产方式又称延迟生产，是在收到客户的订单之后，才按客户的具体要求组织生产，进行设计、供应、制造和发货。由于是按客户要求定制，故产品大多是非标准化的，在规格、数量、质量和交货期等方面可能各不相同。由于是按订货合同规定的交货日期进行生产，产品生产出来立即发货，所以基本上没有产品库存。生产作业和物流管理的重点是确保交货期，按“期”组织生产各环节的衔接与平衡。

3. 按加工过程中材料的流动方式和集中处理程度分类

（1）大量流水生产。大量流水生产是在较长的时间内重复进行一种或少数几种相似产品的大量连续生产。

（2）单件小批量生产。单件小批量生产是在接受单件或小批量订货后，才开始组织生产活动的生产方式，如造船、大型电机、电站锅炉、桥梁、大型建筑等。

（3）成批轮番生产。成批轮番生产是一种介于大量流水与单件小批量生产之间的生产方式，其产品产量比大量流水生产少，而产品品种较多，各种产品和零部件在计划期内成批轮番地生产，如图书出版等。

（4）大规模定制生产。大规模定制生产是指对定制的产品和服务进行个别生产，它以普通消费者都能支付的价格提供差异化的产品，是一种以大批量生产的成本和时间，提供满足客户特定需求产品和服务的生产系统。其基本思想是：将定制产品的生产，通过产品重组和过程重组转化或部分转化为大批量生产。

三、生产物流组织形式

1. 生产物流的空间组织

生产物流的空间组织相对于企业生产区域而言，目标是如何缩短物料在工艺流程中的移动距离。

（1）按工艺专业化形式组织生产物流。按工艺专业化组织生产物流是把同类的生产设备集中在一起，对生产的各种产品进行相同工艺的加工。这种物流组织方式的优点是：对产品品种的变化和加工顺序的变化适应能力强；生产系统的可靠性较高；工艺及设备管理较方便。缺点是：物料在加工过程中物流次数及路线复杂、协调难度大；在企业生产规模不大、生产专业化程度低、产品品种不稳定，或单件小批量生产条件下，适宜按工艺专业化组织生产物流。

（2）按对象专业化形式组织生产物流。按对象专业化组织生产物流是指把生产设备、辅助设备按生产对象的加工路线组织起来。这种物流组织方式的优点是：可减少运输次数，缩短运输路线；协作关系简单，从而简化了生产管理；在制品少，生产周期短。缺点是：对品种变化适应性差；生产系统的可靠性较低；工艺及设备管理较复杂。在企业专业方向已经确定，产品品种比较稳定，生产类型属于大量、大批生产，设备比较齐全并能有充分负荷的条件下，适宜于按产品专业化组织生产物流。

（3）按成组工艺形式组织生产物流。按成组工艺形式组织生产物流是结合了上述两种形式的特点，按成组技术原理，把具有相似性的零件分成一个成组生产单元，并根据其加工路线组织设备。这种物流组织方式的主要优点是可以简化零件的加工流程，减少物流迂回路线，在满足品种变化的基础上有一定的批量生产优势，具有柔性和适应性。

2. 生产物流的时间组织

生产物流的时间组织是指一批物料在生产过程中各生产单位、各道工序之间在时间上的衔接和结合方式。要合理组织生产物流，不但要缩短物料流程的距离，而且还要加快物料流动的速度，减少物料的成批等待，实现物流的节奏性、连续性。物料有三种典型的移动组织方式，即顺序移动、平行移动、平行顺序移动。

（1）顺序移动方式。顺序移动方式是指一批物料在上道工序全部加工完毕后才整批地转移到下道工序继续加工。优点是：一批物料连续加工，设备不停顿，物料整批转换工序，便于组织生产。缺点是：不同的物料之间有等待加工、运输的时间，因而生产周期较长。

（2）平行移动方式。平行移动方式是指一批物料投入后，在前道工序加工一个物料以后，立即送到后道工序去继续加工，形成前后交叉作业。优点是：不会出现物料成批等待现象，因而整批物料的生产周期最短。缺点是：当物料在各道工序加工时间不相等时，会出现人力和设备的停工现象。只有当各道工序加工时间相等时，各工作才能连续满负荷地进行生产。另外运输频繁会加大运输成本。

（3）平行顺序移动方式。平行顺序移动方式是指每批物料在每一道工序上连续加工没有停顿，一道工序完成一定数量的物料加工后移到下一道工序，并且物料在各道工序的加工尽可能做到平行。既考虑了在相邻工序上加工时间尽量重合，又保持了该批物料在工序上的顺序加工。优点是：消除了间歇停顿现象，且能使设备满负荷运转，工序周期短。缺点是：进度安排比较复杂。

四、生产物流运作管理

1. 供给推进模式

供给推进模式的基本思想是：生产的目标应是围绕着物料转化组织制造资源，即在计算机、通信技术手段的控制方法下，制订和调节产品需求预测、主生产计划、物料需求计划、能力需求计划、物料采购计划、生产成本核算等，信息流往返于每道工序、车间，而生产物流要严格按照与工艺顺序相反的方向确定的物料需要数量、需要时间，从前道工序“推进”到后道工序或下游车间，而不管后道工序或下游车间当时是否需要。信息流与生产流完全分离，信息流控制的目的是保证按生产作业计划要求按时完成物料加工任务。

物料需求计划是目前世界上使用最为普遍的现代化管理方法之一，它是借助计算机来制定物料需求计划的一种方法，在实践中已取得显著的经济效益。根据产品的需求确定其组成物料的需求数量和需求时间是非常复杂的。为此必须知道各种相关数据，例如销售计划或顾客订单情况、物料的现有库存、各种产品的组成结构、材料消耗定额、自制零部件的生产周期、外购件和原材料的采购周期等。现代工业产品的结构极其复杂，一件产品往往由成千上万种零件和部件构成，用手工方法不可能在短期内确定如此众多的零件、部件及相应的制造资源的需要数量和需要时间。同时由于企业处于不断变化的环境之中，实际情况必然偏离计划的要求。例如，对产品需求预测的偏差，外协件、外购件和原材料的供应不及时，产品质量、设备故障、工人缺勤等都会引起产品的交货数量和交货时间的改变。

正是在这种背景下，20 世纪 60 年代，IBM 公司的奥列基博士在划分独立需求和相关需求的基础上提出了解决物料需求计划问题的新思路，并组织实施了第一个物料需求计划（MRP）系统。所谓 MRP，就是基于计算机系统的，确定一种零件、组件和生产产品所需资源的逻辑。奥列基的主要思想是打破产品品种台套之间的界限，把企业生产过程中所涉及的所有产品、零部件、原材料、中间件等，在逻辑上视为相同的物料，并根据产品的需求数量和需求时间进行展开，按时间段确定不同时期各种物料的需求。

2. 需求拉动模式

需求拉动模式的基本思想是强调物流的同步管理，其含义是：在必要的时间将必要数量的物料送到必要的地点。理想的状态是整个企业生产过程和物流活动按同一节拍进行，整个运行系统具有比例性、节奏性、连续性和协调性，根据后道工序的需要投入和产出，不制造工序不需要的过量在制品，使工序间的在制品库存接近于“零”；必要的生产工具、设备、器具要按工位摆放挂牌明示，以保持现场无杂物；从最终市场需求出发，每道工序、每个车间都按照当时的内部订单需要由看板方式向各前道工序、上游车间下达生产指令。信息流与物流完全结合在一起，但信息流与生产物流方向相反。

需求拉动模式的物流管理技术和方法主要包括以下几种。

（1）准时生产方式。

20 世纪后半叶，西方国家汽车市场进入了一个市场需求多样化的新阶段，而且对质量的要求也越来越高。制造业面临的问题是：如何有效地组织多品种小批量生产，否则生产过剩所引起的不仅仅是设备、人员、库存费用等一系列的浪费，而且会影响到企业竞争能力的提高甚至于企业的生存。在这种历史背景下，日本丰田公司考虑到当时日本国内市场环境、劳动力以及资金短缺等原因，综合了单件生产和批量生产的特点和优点，创造了一种在多品种小批量混合生产条件下高质量、低消耗的生产方式，即准时生产。

JIT 是一种生产方式，其核心是消减库存，直至实现零库存，同时又能使生产过程顺利进行。这正是生产物流的目的和核心理念。JIT 应用于物流领域，就是要将正确的物品以正确的数量在正确的时间送到正确的地点，既不多也不少、既不早也不晚地按需要送货。JIT 是一种理想化物流管理模式，在多品种、小批量、多批次、短周期的需求压力下，生产者要调整自己的生产流程，按下游的需求时间、数量、结构及其他要求组织好均衡生产，生产物流同样也要组织好均衡物流。

（2）期量反应方式。

快速反应（Quick Response，QR）。快速反应是指企业面对多品种、小批量的买方市场，不是储备产品，而是在用户提出要求时，能以最快速度调动资源要素，及时组装，提供所需服务或产品。作为 QR 基础的是准确把握销售动向。其方法是运用销售时点系统的单品管理功能，及时掌握每一种商品销售状况和库存状况，同时对于在零售阶段获得的销售信息在上下游企业间共享。也就是说，下游零售阶段的销售动向要及时准确地反映到生产计划上。作为信息交换的手段就是行业电子数据交换系统，无论行业中的哪家制造商，只要使用行业 EDI，就可以及时获得某种商品的销售动态信息。无论哪家零售商，都可以通过行业标准 EDI 与制造商开展交易，补充订货。这样在信息共享和电子数据交换系统的支持下，就可实现高效率的商品供应。

QR 的有效运行条件是：要改变传统的经营运作方式，适应消费需求多样化和个性化的特点，制造商要建立起多品种、小批量柔性生产经营体制；同一个供应链上的上下游企业之间要建立起战略联盟伙伴关系，实现信息共享和利益共享；要开发利用现代信息手段，实现信息的适时处理和传递，在信息技术上保证信息共享的实现。

第三章　制造企业物流信息系统

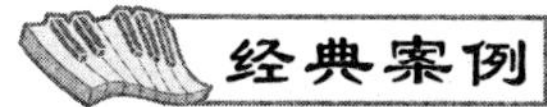

沃尔玛物流信息系统的应用

一、沃尔玛信息系统构成

沃尔玛的全球采购战略、配送系统、商品管理、电子数据系统、天天平价战略在业界都是非常成功的。可以说，所有的成功都是建立在沃尔玛利用信息技术整合优势资源，使得信息技术与零售业整合的基础之上。通过采用最新的信息技术，沃尔玛将最古老的销售技巧与最现代化的高科技联系起来，使其能够以最低的成本、最优质的服务、最快速的管理反应进行全球运作，达到提高生产率和降低成本的目的。目前沃尔玛正在应用的信息系统主要由以下几个部分组成：

1. 企业资源管理系统（Enterprise Resource Planning，ERP）

沃尔玛制定了“企业核心竞争力，降低总体成本”的新经营策略和理念，把企业信息资源管理（ERP）提升到提高企业核心竞争力的战略高度。通过新型的信息应用，沃尔玛的经营效率得到了革命性的提升。

2. 供应链管理系统（Supply Chain Management，SCM）

沃尔玛给人们留下最深刻的印象是它的一整套先进、高效的物流和供应链管理系统。沃尔玛在全球各地的配送中心、连锁店、仓储库房和货物运输车辆以及合作伙伴（如供应商等），都被这一系统集中、有效地管理和优化，形成了一个灵活、高效的产品生产、配送和销售网络。

3. 客户关系管理系统（Customer Relationship Management，CRM）

沃尔玛能够跨越多个渠道收集最详细的顾客信息，沃尔玛超市天天低价广告表面上看与 CRM 中获得更多客户价值相矛盾。但事实上，沃尔玛的低价策略正是其 CRM 的核心，以“价格”取胜是沃尔玛所有 IT 投资和基础架构的最终目标。

4. 数据库管理系统（Database Management System，DMS）

借助数据库管理系统，沃尔玛店的 6 万件单品、超市中心的 10 万件单品以及全球 5300 多家连锁门店，实行全面数据管理与分析，每件单品记录保持时间 65 个星期。

5. 联合预测补货系统（Collaborative Forecast and Replenishment，CFAR）

联合预测补货系统主要是零售企业的相关负责人与生产企业的相关负责人就某种产品进行各种数据的交换，将这些数据放置在电子揭示板上，双方共同对这些数据进行分析，最后形成一致的商品生产和销售预测的决策，并以此为基础进一步制订商品生产、销售、规划、库存和物流等计划。

6. 射频技术（Radio Frequency，RF）

技术组成包括 1 个扫描器，1 个体积小、功能强并带有存储器的计算机，1 个显示器及 1 个供人工输入的键盘。射频技术接收传发装置通常安装在运输线的检查点、仓库、车站、码头、机场等处的关键点，货物无论到哪个环节，都能通过射频识别标签，并将相关数据传入系统，各级工作人员都能够完全掌握所有信息。

7. 射频识别技术（Radio Frequency Identification，RFID）

RFID 存储的数据量是条码的 1000 倍，最大读取距离条码的 100 倍，读取速度更是比条码快很多，RFID 没有污染、受方向性影响较小、自动化程度较高。方便消费者的同时，有效地提高了效率、降低了成本。

8. 有效客户反馈系统（Efficent Customer Response，ECR）

有效客户反馈系统是零售市场导向的供应链策略，商品供应商/制造商、物流配送商、销售商、门店之间紧密配合，由客户引导补货，使高品质的商品和正确的信息经过无纸化的电子数据交换系统（Electronic Data Interchange，EDI），把生产商的生产线和零售商的结账平台连接起来。

9. 快速反应系统（Quick Response，QR）

1986 年，沃尔玛建立了快速反应系统，主要功能是进行订货业务和付款通知业务，通过 EDI 系统发出订货明细单和受理付款通知，提高订货速度和准确性，节约相关成本。

10. 电子自动订货系统（Electronic Ordering System，EOS）

电子自动订货系统是指企业间利用通信网络（如互联网）和终端设备，以在线联结方式，进行订货作业和订货信息交换的系统。

11. 销售时点数据系统（Point of Sale，POS）

沃尔玛的 POS 系统即是销售时点数据系统，包含前台 POS 系统和后台管理信息系统（Management Information System，MIS）两大部分。

12. 管理信息系统（Management Information System，MIS）

在商品销售过程中的任一时刻，商品的经营决策者都可以通过 MIS 了解和掌握 POS 系统的经营情况，实现了门店库存商品的动态管理，使商品的存储量保持在一个合理的水平，减少了不必要的库存。

13. 自动补货系统（Automatic Replenishment，AR）

自动补货系统是连续补货系统（Continuous Replenishment，CR）的延伸，即供应商预测未来商品需求，负起零售商补货的责任，在供应链中，各成员互享信息，维持长久稳定的战略合作伙伴关系。

14. 视频会议系统（Video Conference System，VCS）

目前，在信息化建设上走在了零售业前沿的沃尔玛，采用了视频会议系统，以解决传统的电话沟通方式的不便，或者是各地相关员工赶往某地进行会议，花费高昂的差旅费用，甚至还严重影响了工作效率的问题。

15. 沃尔玛公司卫星中心控制系统

通过卫星中心控制通信，进行共同的电脑系统联系统一补货系统、统一 EDI 条码系统、统一库存管理系统、统一会员管理系统、统一收银系统等，通过系统可以从一家商店了解全世界商店的资料。沃尔玛的各部门沟通、各业务流程都可以迅速而准确畅通地运行。将整个公司的物流信息渠道管理供应系统成功连接。总部可在 1 小时内对全球 4000 多家分店每种商品的库存量、上架量和销售量全部盘点一遍。

16. 电子数据交换系统（Electronic Data Interchange，EDI）

电子数据交换系统是企业与企业、企业与管理机构之间，利用电子通信来传递数据信息，产生托运单、订单和发票，通过供应商、配送者和客户的信息系统，得知最新的订单、存货和配送状况，使得数据传输的准备性与速度大幅提高，减少了纸张在商业交易过程中所扮演的角色，进而实现“无纸化贸易”。

二、应用信息管理系统获得的优势

通过采用上述各种信息管理系统，沃尔玛受益匪浅。先进的信息系统帮助沃尔玛实现了目标，优于行业内的竞争对手。

（1）做到了每天提供种类繁多且低价的商品，增强了竞争力。

（2）确保供应商和沃尔玛之间的物流配送渠道畅通，使其货品储存量达到最优，从而最大可能地降低了进货成本。

（3）维持信息流的畅通运行，提高了工作效率，为用户提供更满意的服务。

（4）沃尔玛的信息网络连接着上万个供货商和合作伙伴，可以使其尽量避开一切不必要的中间环节，直接从工厂进货，为天天低价奠定了基础。

（5）信息系统使沃尔玛建立全球采购配送中心成为可能。

（6）通过其全球网络，沃尔玛可以在 1 小时内对全球 4000 多家分店进行盘点，实现实时监控。

（7）沃尔玛利用数据仓库技术，对商品进行市场类组分析，分析顾客最希望一起购买的商品，从而扩大自己的销售，如著名的尿布与啤酒案例，就充分说明了这项技术对商品分组布局，降低库存成本，了解市场全局，提高商品销售的重要作用。

(8) 推出了公司自己的电子商务网站，开始进行网上零售业务，符合了信息化时代的要求，同时利用互联网提供的商机，加大网络宣传，进行业务重组，不断发展经营规模，迅速提高了企业的竞争力。

目前，沃尔玛借助信息化手段管理着2000多亿元的生意，涉及80000多种商品，为全球4000多家连锁店及时配送，每年的运输总量超过780000万箱，总行程达65000万千米。

第一节 物流信息系统概述

随着物流系统的发展，物流信息量会变得越来越大，物流信息更新的速度也越来越快，如果仍对信息采取传统的手工处理方式，则会引发一系列信息滞后、信息失真、信息不能共享等瓶颈效应，从而造成整个物流系统的效率低下。因此，为了提高物流系统的整体效率，建立基于计算机和通信技术的物流信息系统将成为物流系统的必由之路。

一、物流信息系统产生的背景

随着物流供应链管理的不断发展，各种物流信息的复杂化，各企业迫切要求物流信息化，而计算机网络技术的盛行又给物流信息化提供了技术上的支持。因此，物流信息系统就在企业中扎下了根，并且为企业带来了更高的效率。企业是基于以下背景才大力开发物流信息系统的。

1. 市场竞争加剧

当今世界基本上都是买方市场，由消费者来选择购买哪个企业生产的产品，他们基本上有完全的决策自由。而市场上生产同一产品的企业很多，企业要想在竞争中取胜，就必须不断地创新，以较低的成本迅速满足消费者时刻变化的消费需求，而这都需要快速反应的物流系统。要快速反应，信息反馈必须及时，这必然要求企业建立自己的物流信息系统。

2. 供应链管理的发展

现代企业间的竞争在很大程度上表现为供应链之间的竞争，而在整个供应链中，环节较多，信息相对来说就比较复杂，企业之间沟通起来就困难得多。各环节要想自由沟通，达到信息共享，建立供应链物流信息系统就势在必行。

3. 社会信息化

电子计算机技术的迅速发展，网络的广泛延伸，使整个社会进入了信息时代。在这个网络时代，只有融入信息社会，企业才可能有较大的发展。更何况，信息技术的

发展已经为信息系统的开发打下了坚实的基础。企业作为社会的一员，物流作为一种社会服务行业，必然要建立属于物流业自己的信息系统。

二、物流信息系统的概念

物流信息系统是通过对系统内外物流信息的收集、存储、加工处理、获得物流管理中有用的信息，并以表格、文件、报告、图形等形式输出，以便管理人员和领导者有效地利用这些信息组织物流活动，协调和控制各作业子系统的正常运行，来实现对物流的有效控制和管理，并为物流管理人员及其他企业管理人员提供战略及运作决策支持的人机系统。

物流管理信息系统强调从系统的角度来处理企业经营活动中的问题，把局部问题置于整体之中，求整体的最优化。

物流信息系统在解决复杂的管理问题时，可以广泛应用现代数学成果，建立多种数学模型，对管理问题进行定量分析。

三、物流管理信息系统的特征

1. 人机系统

虽然机器占大部分，但人始终是管理系统建设的主体，它涉及多方面的人员群体。所以管理信息系统也是一个人机结合的系统。各级管理人员既是系统的使用者，又是系统的组成部分，因此，在其开发过程中，要根据这一特点，正确界定人和计算机在系统中的地位和作用，充分发挥人和计算机各自的长处，使系统的整体性能达到最优。

2. 为管理服务的系统

该系统是管理学的思想方法、管理与决策的行为理论之后的一个重要发展，通过量化方法、预测、计划优化支持管理、调节和控制。为管理决策服务，必须能根据管理的需要，及时提供需要的信息，帮助决策者作出决策。

3. 有预测能力和控制能力

其使用数学模型，如运筹学模型和数理统计模型来分析数据和信息，以便预测未来、提供决策支持，现代物流管理方法和信息技术相结合的系统。

4. 多交叉的综合性学科

其是一个对组织进行全面管理的综合系统。体现在三个方面：多学科交叉、多种人才结合、软件和硬件的集成。

四、物流信息系统的结构

物流信息系统是物流领域的神经网络，遍布物流系统的各个层次、各个方面。物流信息系统结构可以从垂直和水平两个方向来考察。

从垂直方向看，物流信息系统可分为三个层次，即管理层、控制层和作业层。从水平方向看，信息系统贯穿供应物流、生产物流、销售物流、回收和废弃物物流等物流形式的运输、仓储、装卸搬运、包装、流通加工等各个物流作业环节。

五、物流信息系统的组成要素

物流信息系统的组成要素有五个，分别是硬件系统、软件系统、数据资源、企业管理制度与规范以及相关人员。

1. 硬件系统

物流信息硬件系统包括计算机、必要的通信设施等，如计算机主机、外存、打印机、服务器、通信电缆、通信设施。硬件系统是物流信息系统的物理设备、硬件资源，是实现物流信息系统的基础，构成系统运行的硬件平台。

2. 软件系统

在物流信息系统中，软件系统一般包括系统软件、实用软件和应用软件。系统软件是指那些管理和支持计算机资源及其信息处理活动的程序，这些程序是计算机硬件和应用程序之间重要的软件接口。系统软件主要有操作系统、网络操作系统等。实用软件主要有数据库管理系统、计算机语言、各种开发工具、浏览器等，主要用于开发应用软件、管理数据资源、实现通信等。应用软件指为了用户处理信息的需求，具有特定功能的程序。对于物流信息系统而言，应用软件是为了企业进行相关的物流管理活动而开发的程序，一般面向的是具体问题。不同的企业有不同的物流活动，因此其物流应用软件，甚至物流信息系统也是千差万别的。

3. 数据库和数据仓库

数据库和数据仓库用来存放与应用相关的数据，是实现辅助企业管理和支持决策的数据基础。随着国际互联网的深入应用及计算机安全技术、网络技术、通信技术等的发展以及市场专业化分工与协作的深入，企业和企业之间数据交换趋势日益增强，企业许多物流信息来源于外部，因此企业数据库的设计将面临采取集中、部分集中或分布式管理的选择。同时，随着物流信息系统应用的深入，采用数据挖掘技术的数据仓库也应运而生。

4. 企业管理制度与规范

企业本身的决策者和管理者的管理思想和理念决定了物流信息系统的结构，同时管理制度与规范，如组织机构、部门职责、业务规范和流程、岗位制度等，都是物流信息系统成型、开发和运行的管理基础和保障，是构造物流信息系统模型的主要参考依据，制约着系统硬件平台的结构、系统计算模式、应用软件的功能。

5. 相关人员

物流信息系统的开发、运行和维护，都离不开各级人员的参与。这些人员既有专业人员、终端用户，又有管理人员、业务人员等，不同的人员在物流信息系统开发、运行和维护中起着不同的作用。对于企业而言，不仅要考虑开发、选择合适的物流信息系统，还要注意对员工计算机系统使用能力的培养。

六、物流信息系统的内容

物流信息系统根据不同企业的需要可以有不同层次、不同程度的应用和不同子系统的划分。例如，有的企业由于规模小、业务少，可能使用的仅仅是单机系统或单功能系统，而另一些企业可能就使用功能强大的多功能系统。一般来说，一个完整、典型的物流信息系统可由作业信息处理系统、控制信息处理系统、决策支持系统三个子系统组成。

1. 作业信息处理系统

作业信息处理系统一般有电子自动订货系统（EOS，见图 3－1）、销售时点信息系统（POS，见图 3－2）、智能运输系统等类型。

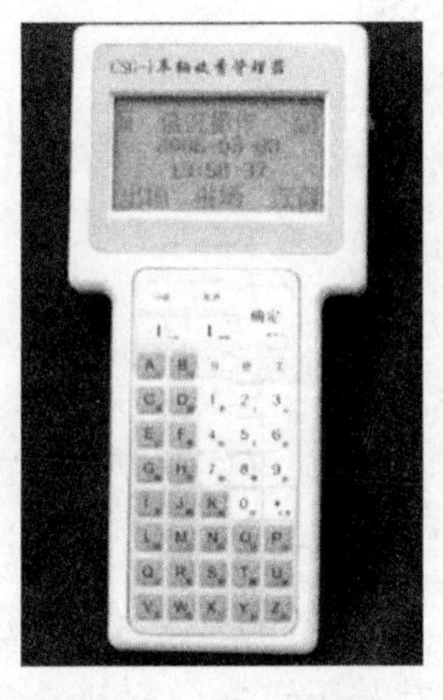

图 3－1　EOS

图 3－2　POS

电子自动订货系统是指企业利用通信网络［VAN（增值网）或互联网］和终端设备以在线连接方式进行订货作业和订单信息交换的系统。

销售时点信息系统（POS）是指通过自动读取设备在销售商品时直接读取商品销售信息如商品名、单价、销售数量、销售时间、购买顾客等，并通过通信网络和计算机系统传送至有关部门进行商品库存的数量分析、指定货位和调整库存以提高经营效率的系统。

智能运输系统（ITS）是典型的发货和配送系统，它将信息技术贯穿于发货和配送的全过程，能够快捷准确地将货物运达目的地。

2. 控制信息处理系统

控制信息处理系统主要包括库存管理系统和配送管理系统。库存管理系统负责利用收集到的物流信息，制订出最优库存方式、库存量、库存品种以及安全防范措施等。配送系统则将商品按配送方向、配送要求分类，制订科学、合理、经济的运输工具调配计划和配送路线计划等。

3. 决策支持系统

物流决策支持系统（LDSS）是为管理层提供的信息系统资源，是给决策过程提供所需要的信息、数据支持、方案选择支持。一般应用于非常规、非结构化问题的决策。但是决策支持系统只是一套计算机化的工具，可以帮助管理者更好的决策，但不能代替管理者决策。

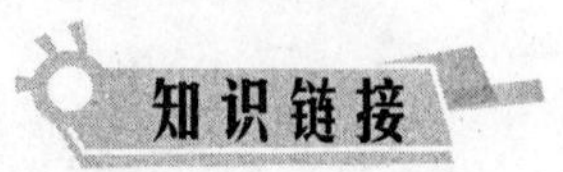

超级市场 EOS

EOS 是发达国家在推行零售业计算机自动化过程中所采用的电子订货系统，它主要用于商店的订货管理和盘货管理，EOS 的基本构成如下。

1. 价格卡（含商品条码）

EOS 是以扫描的方式将订货的商品条码输入掌上型终端机，再输入订货量，以此来完成一种商品的订货工作。在订货作业中，商品的条码不一定要贴在商品上，只要扫描商品价格卡上的商品条码就可以完成。之所以只要扫描价格卡，是因为价格卡上的条码不容易变动，稳定性和准确性高。运用 EOS 采用价格卡的优点还在于订货人员可以在超级市场的卖场中，随时掌握存货情况，并对是否订货做出迅速决策。

2. 掌上型盘点机

掌上型盘点机的功能是将所需要订货的商品条码及订货数量，以扫描和输入的方式储存在掌上型盘点机的记忆体中，等订货作业结束后，再将掌上型盘点机与后台计算机连接，把存储在记忆体中的订货资料存入计算机主机中。掌上型盘点机具有计算机存储、处理和运算等功能。

3. 数据机

输入计算机主机内的订货资料要输送给供应商或配送中心，必须通过数据机。数据机可将计算机主机内的订货信息转换成线性脉冲资料，通过专用线或拨接的方式，传递给对方的数据机，再还原成数位信号，进入计算机生成发货资料。数据机是连接订货地和发货地两地计算机主机的通信装备。

七、物流信息系统的类型

物流信息系统的类型有很多，根据不同的分类方法，可以分为不同的类型。

1. 按照系统的结构划分

（1）单功能系统。单功能系统指只能完成一种职能的系统，如财务系统、合同管理系统、物资分配系统等。

（2）多功能系统。多功能系统指能够完成一级物资部门或一个企业物资部门所包括的全部职能，如仓库管理系统、经营管理决策系统等。

2. 按照系统功能的性质划分

（1）进、销、存管理系统。这是物流企业经营管理的核心环节，也是企业能否获得经济效益的关键所在。

（2）订单管理系统。本系统的主要功能包括：网上下单、订单的预处理、支持客户从网上对订单进行状态的查询、支持紧急插入单据。

（3）仓储管理系统。仓储管理中主要包括货物储存、进出库程序、单据流程、货物登记和统计报表、盘点程序、货物报废审批及处理、人员管理等功能。该系统包括入库作业系统、保管场所系统、订货拣选系统和出库处理系统等子系统。

（4）运输管理系统。运输管理系统不仅是一个车辆调度系统，还包含了运输计划、配载、资源分配等，它包括货物跟踪系统、车辆运行管理系统、配车配载系统等子系统。

（5）配送管理系统。该系统包含了货物集中、分类、车辆调度、车辆配装、配送路线规划及配送途中的跟踪管理等功能。系统将客户按其配送地址划分区域，统计该区域出货的体积与重量，然后查询车辆可用情况，分配配送车辆的种类及派车数量，确定装车批次，然后提供装车计划和配送路线规划（选择最短路径、最短配送时间、最低配送成本），配送途中要跟踪货物动向，控制车辆设备。

（6）财务管理系统。该系统是专注财务信息处理、监控的一种信息管理系统，包括总账管理、应收账款管理、应付账款管理、财务预算管理、固定资产管理、财务分析管理和财务报表分析等功能。

3. 按照面向对象划分

由于供应链上不同的环节、部门所面对的物流的功能不尽相同，所以在设计物流信息系统时要根据企业在供应链中所处的位置来设计系统的功能。供应链走势如下：

配件制造商→集成制造商→批发、零售商→用户

按照供应链的上述走势，物流信息系统按照面向对象分为以下四类。

（1）面向制造企业的物流管理信息系统。制造企业位于供应链的起点或者中间结点，制造企业的物流管理一方面是制造企业顺利进行生产，对原材料、物料、日常耗用品等的采购时间、路线、存储和对产成品的销售时间、存储及送至用户的路线进行

规划、管理、控制的外部物流系统；另一方面是对制造企业采购来的物资在生产过程中的包装、搬运、存储等进行设计、计划、管理等的内部物流系统。制造企业根据企业的销售情况确定好生产计划后，就必须对需要的物资制订采购计划以配合生产进度，同时储备一定数量的产成品以供应销售。当企业的生产管理系统将生产计划、采购计划、销售计划制订出来后进入物流系统，物流系统将采购计划、销售计划进行分解，设计成物流计划，然后进行执行、监督，直到生产、销售完成。

（2）面向零售商、中间商、供应商的物流管理信息系统。零售商、中间商、供应商本身不生产产品，但它为用户提供商品、为制造商提供销售渠道，是连接用户与制造商的中介。专业性的零售商为用户提供统一类型的商品，综合性的零售商如超市、百货商店为用户提供不同种类的商品。面向零售商、中间商、供应商的物流信息系统是对不同商品的进、销、存进行管理的系统。

（3）面向第三方物流企业的物流管理信息系统。第三方物流服务是本身不拥有货物，而为其外部客户的物流作业提供管理、控制和专业化作业服务的公司和企业，在供应链活动当中，第三方物流企业提供配送、运输、仓储等物流活动。第三方物流供应商必须准确、及时、高效地捕捉各种信息并进行处理，才能科学地指导现代物流的高效运转。

（4）面向供应链当中某一环节的企业的物流管理信息系统，比如专门针对轮船公司、仓储公司、码头的系统。与第三方物流企业不同的是，这种物流信息系统只提供供应链上的某一项服务，面向上述公司的信息系统又分为基于仓储的物流信息系统、基于海运的物流信息系统、基于汽车运输的物流信息系统、基于铁路运输的物流信息系统等。

八、物流信息系统的作用

物流信息系统在供应商、分销商、零售商以及消费者这条供应链中起着重要的纽带作用，物流信息系统以及物流运营的水平直接影响到客户的满意度以及新产品从研制到市场的时间和效率。通过信息系统管理物流，还可以有效地提高整个物流的灵活性、速度和可靠性。物流信息管理系统的最终目标是提高对客户的服务水平和降低物流的总成本。

物流信息系统是物流系统的神经中枢，它作为整个物流系统的指挥和控制系统，具有以下基本功能。

1. 数据的收集和输入

物流数据的收集首先是将数据通过收集子系统从系统内部或者外部收集到预处理系统中，并整理成为系统要求的格式和形式，然后再通过输入子系统输入到物流信息系统中。这一过程是其他功能发挥作用的前提和基础，如果一开始收集和输入的信息不完全或不正确，在接下来的过程中得到的结果就可能与实际情况完全相左，这将会

导致严重的后果。因此，在衡量一个信息系统性能时，应注意它收集数据的完善性、准确性以及校验能力和预防、抵抗破坏能力等。

2. 信息的存储

物流数据经过收集和输入阶段后，在其得到处理之前，必须在系统中存储下来。即使在处理之后，若信息还有利用价值，也要将其保存下来，以供以后使用。物流信息系统的存储功能就是要保证已得到的物流信息能够不丢失、不走样、不外泄、整理得当、随时可用。无论哪一种物流信息系统，在涉及信息的存储问题时，都要考虑到存储量、信息格式、存储方式、使用方式、存储时间、安全保密等问题。如果这些问题没有得到妥善的解决，信息系统是不可能投入使用的。

3. 信息的传输

物流信息在物流系统中，一定要准确、及时地传输到各个职能环节，否则信息就会失去其使用价值了。这就需要物流信息系统具有克服空间障碍的功能。物流信息系统在实际运行前，必须要充分考虑所要传递的信息种类、数量、频率、可靠性要求等因素。只有这些因素符合物流系统的实际需要时，物流信息系统才是有实际使用价值的。

4. 信息的加工处理

信息系统的最根本目的就是要将输入的数据加工处理成物流系统所需要的物流信息。数据和信息是有所不同的，数据是得到信息的基础，但数据往往不能直接利用，而信息是从数据加工得到，它可以直接利用。只有得到了具有实际使用价值的物流信息，物流信息系统的功能才算发挥。

5. 信息的输出

信息的输出是物流信息系统的最后一项功能，也只有在实现了这个功能后，物流信息系统的任务才算完成。信息的输出必须采用便于人或计算机理解的形式，在输出形式上力求易读易懂，直观醒目。这五项功能是物流信息系统的基本功能，缺一不可。而且，只有五个过程都没有出错，最后得到的物流信息才具有实际使用价值，否则会造成严重的后果。

九、物流信息系统的设计方法

1. 结构化方法

结构化方法开发围绕软件的功能来组织软件系统。在这种方法中，系统的基本要素是模块。模块具有输入、输出、内部数据和过程等基本特性，是实现系统某一功能的程序单元。

2. 面向对象方法

面向对象方法围绕真实世界中的事物来组织软件系统。采用面向对象方法开发时，系统的基本构成要素是对象。从软件开发人员的角度来看，对象是一种将数据和处理这些数据的操作合并在一起的程序单元；从用户的角度来看，对象是一种具有某些属性和行为的事物。对象具有分类性、多态性、继承性和封装性等基本特性。

3. 专家系统方法

它应用人工智能技术，根据人类专家提供的知识、经验进行推理和判断，模拟人类专家解决那些需要专家解决的复杂问题。在这种方法中，构成系统的基本要素是知识和应用这些知识的推理机制。

专家系统方法是通过对存在于问题空间范围内的知识和经验进行收集、整理和描述，建立知识与知识之间的逻辑推理关系来实现软件开发的。

十、物流信息技术

物流信息技术是现代信息技术在物流各个作业环节中的综合应用，是现代物流区别传统物流的根本标志，也是物流技术中发展最快的领域，尤其是计算机网络技术的广泛应用使物流信息技术达到了较高的应用水平。

根据物流的功能以及特点，物流信息技术包括计算机技术、网络技术、信息分类编码技术、条码技术、射频识别技术、电子数据交换技术、全球定位系统（GPS）、地理信息系统（GIS）等。

1. 条码技术

条码技术是在计算机和信息技术基础上产生和发展起来的容编码、识别、数据采集、自动录入和快速处理等功能于一体的新兴信息技术。条码技术按照维数可分为一维条码和二维条码；按照用途来分，一维条码又可分为商品条码（包括 EAN 码和 UPCA 码）、存储条码（交叉 25 码、ITF－14 条码、ITF－6 条码）、物流条码（包括 128 码、ITF 码、39 码等）。

条码技术就是一种自动识别技术，它的另一个关键组件就是扫描处理，这是条码系统的“眼睛”。常见的条码识读设备有笔式蓝牙激光扫描器（见图 3－3）、手持式激光条码扫描器（见图 3－4）、手持式条码器（见图 3－5）、固定式激光条码扫描器（见图 3－6）。

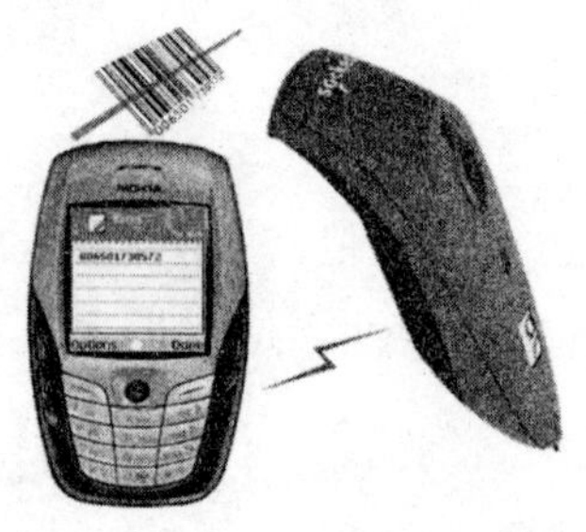

图 3－3　笔式蓝牙激光扫描器

图 3－4　手持激光条码扫描器

图 3－5 手持式条码器

图 3－6 固定式激光条码扫描器

2. 射频识别技术

射频识别技术（Radio Frequency Identification，RFID）是一种非接触式的自动识别技术，它通过射频信号自动识别目标对象来获取相关数据。识别工作无须人工干预，可工作于各种恶劣环境。短距离射频产品不怕油渍、灰尘污染等恶劣的环境，可以替代条码，例如用在工厂的流水线上跟踪物体。长距射频产品多用于交通上，识别距离可达几十米，如自动收费或识别车辆身份等。

3. EDI 技术

电子数据交换（Electronic Data Interchange，EDI）是指通过电子方式，采用标准化的格式，利用计算机网络进行结构化数据的传输和交换。构成 EDI 系统的三个要素是 EDI 软硬件、通信网络以及数据标准化。

4. GIS 技术

地理信息系统（Geographical Information System，GIS）是多种学科交叉的产物，它以地理空间数据为基础，采用地理模型分析方法，适时地提供多种空间的和动态的地理信息，是一种为地理研究和地理决策服务的计算机技术系统。其基本功能是将表格型数据（无论它来自数据库、电子表格文件或直接在程序中输入）转换为地理图形显示，然后对显示结果进行浏览、操作和分析。其显示范围可以从洲际地图到非常详细的街区地图，显示对象包括人口、销售情况、运输线路和其他内容。

5. GPS 技术

全球定位系统（Global Positioning System，GPS）具有在海、陆、空进行全方位实时三维导航与定位能力。GPS 在物流领域可以应用于汽车自定位、跟踪调度以及铁路运输管理。

6. 管理软件

物流管理软件包括运输管理系统（TMS）、仓储管理系统（WMS）、货代管理系统（FMS）、供应链管理系统（SCM）等。

第二节　配送中心管理信息系统

经典案例

美国通用电气公司的综合信息及销售管理系统是配送系统中的一个有名的例子。该公司利用计算机网络将分布于49个州的65个销售部门、分布于13个州的18个产品仓库及分布于21个州的53个制造厂联结起来，及时掌握和分析库存情况，一有订货，则由中央计算机集中处理信息，在15秒内处理完毕，通过计算机将发货信息传递到距用户最近（或费用最低）的配送点，指令发货。

配送中心作业除了进货、储存、保管、分拣、配货、配装、送货、流通加工等物流功能作业活动外，还包括信息流活动。而系统处理信息流的平台则是配送中心管理信息系统，它为配送中心经营管理政策的制定、商品路线的开发、商品营销策略的制订提供参考。

配送中心管理信息系统的作用如下：

（1）缩短订单处理周期；

（2）提高接受订货和发出订货精度；

（3）接受订货和发出订货更为简便；

（4）提高仓储作业效率；

（5）保证库存水平适量；

（6）提高运输配送效率；

（7）提高发货、配送准确率；

（8）调整需求与供给。

配送中心管理信息系统是为了有效解决上述问题而建立的，总的目标是提高客户服务水平，降低物流总成本。

配送中心管理信息系统的目标：向各营业点提供配送物资的信息，根据订货查询及配送能力制订配送方案、发出配送指示、发出结算指示及发货通知，汇总及反馈配送信息。

一、配送中心管理信息系统的发展阶段

1. 人工阶段

在此阶段，配送及与配送相联系的各项作业均以手工为主，各项事务管理均由经

营管理者按其迫切需求而产生，没有固定格式的管理单证，没有固定的作业流程。

2. 计算机化阶段

计算机化阶段的特征是：作业合理化，单据、表格与账表合理化、规范化、标准化，电脑制表、电脑汇总与数据统计，电脑编制和提供各项管理报表，各计算机系统相互独立并有各自的数据库。

3. 自动化信息集成阶段

自动化信息集成阶段的作业特征是：电脑软硬件整合；建立数据库管理系统；对数据进行一定的统计分析并辅助制定各种决策；配送中心管理信息系统能与外部网络连接，接收、存储外部信息并进行数据格式转换。

自动化信息集成阶段作业内容已经涵盖了以下几个方面：订单处理；销售预测；商品管理；优化配送线路；派车计划；供应商管理；与自动化设备间数据传输、处理控制；信息系统整合与链接；与银行间的自动转账；绩效管理。

4. 智能化信息集成阶段

作业特征主要是：引进人工智能技术；引进专家系统技术，建立企业知识库；计算机辅助制定运营决策。

作业内容主要有：建立各项后勤支援系统；仓库、配送中心、转运站数量及地址选择；配送动态分析；多库资源分配、配送；仓库软硬件设备、人力使用分析等。

二、系统目标

1. 物流流程目标

熟悉订货、送货、配货、发货、销售、要货、盘点的基本物流环节和操作；以物流理论科学地指导物流基本环节的运行。

2. 物流信息流程

熟悉物流中各种单据的生成和流转；掌握物流模块之间的信息传递和模块内部信息的相互关联；熟练操作各模块的基本功能。

3. 管理能力

深刻体会管理在物流中的重要作用；能在各个岗位上胜任物流运行的组织和协调能力。

4. 技术

自动要货系统；全自动立体仓库的操作和控制；电子标签配货系统；条码制作、识别和操作技术。

三、系统特点

（1）系统以物流为主线索，结合商流、资金流、信息流，达到真正的培训目的。

（2）系统以物流经营公司的物流为主，包括典型性的物流经营业态，适当增加代表方向性的电子商务业态，使系统成为较全面的实训基地。

（3）实训系统中的硬件、软件设置、环境布局和管理要求基本上以实际为原型，软件是采用实践使用的成熟产品，这样的实训系统既能体现培训要求，又能体验实战效果。

（4）系统充分考虑到培训的现代物流超前意识，同时强调了培训的现实物流务实能力。系统中有较先进的全自动立体仓库、电子标签分拣货架，同时安排了基本的人工操作流程。

（5）系统特别明确提出“物流的管理”是物流实训系统的重要组成部分，在建立系统实物体系的同时必须建立系统的管理体系。

（6）系统中提出“供方用户”的概念，设立一个既是供货厂商，又是用户的“理想企业”，使得整个系统的商品资源不断循环，成为一个“闭环”系统，较完美地解决了教育物流实训中的商品循环问题，这是系统的重大创新。

四、配送中心管理信息系统的功能

1. 标准化管理

负责配送中心管理信息系统涉及的物品编码、代码、人员、货位等基础信息的维护，是信息系统应用的基础。

2. 订单管理

承担配送中心对外业务的处理，包括受理客户的收、发货请求，配送中心出具的单据的验证、复核、打印与传递。

3. 合约管理

有关合同、客户档案的管理。

4. 存储管理

（1）入库管理：负责处理不同要求、不同形式的入库指令，生成入库单。

（2）理货管理：物品外观质量检验与验收，条码录入与打印，储存区域、货位分配，堆垛、苫盖，在库保管与养护，盘点作业管理。

（3）出库管理：负责处理各种出库方式的出库指令。

5. 车辆调度

车辆调度是指按照配送中心出货订单与自有车辆和外雇车辆状况合理安排车辆。达到诸如路程最短、费用最小、耗时最少等目标，需遵循以下原则：①按制度调度，坚持按制度办事，按车辆使用的范围和对象派车；②科学合理调度，所谓科学性，就是要掌握单位车辆使用的特点和规律，调度合理就是要按照现有车的行驶方向，选择最佳行车路线，不跑弯路和绕道行驶，若在一条线路上重复派车，在一般情况下，车

辆不能一次派完，要留备用车辆，以应急需；③灵活机动，所谓灵活机动，就是对于制度没有明确规定而确定需要用车的、紧急的，要从实际出发，灵活机动，恰当处理，不能误时误事。

6. 配载

按一定算法将轻重货物指派到指定车辆上以实现车辆的较高利用。承运人根据货物托运人提出的托运计划，对所属运输工具的具体运班确定应装运的货物品种、数量及体积。配载的结果是编制运班装货清单。装货清单通常包括卸货港站、装货单号、货名、件数、包装、重量、体积及积载因素等，同时还要注明特殊货物的装载要求。配载时应注意以下几点原则：

（1）根据运输工具的内径尺寸，计算出其最大容积量；

（2）测量所载货物的尺寸重量，结合运输工具的尺寸，初步算出装载轻重货物的比例；

（3）装车时注意货物摆放顺序、堆码时的方向，是横摆还是竖放，要最大限度地利用车厢的空间；

（4）配载时不仅要考虑最大限度地利用车载量，还要具体情况具体分析，根据货物的价值来进行价值的搭配；

（5）以单位运输工具能获取的最大利润为配载总原则。

7. 货物跟踪

物品运输或送货过程中，信息的反馈与发送可链接 GPS 装置，实现货物跟踪的功能。

8. 到货交接

物品送达客户手中进行交接，过程中一些相关信息的处理。

9. 费用结算

配送业务相关费用的结算、业务单据和报表的打印与传递。

10. 其他

电子订货系统（EOS）数据接口：由 POS 系统或 MIS 生成的信息通过网络传给配送中心管理信息系统，并由配送中心管理信息系统组织物品的采购、库存及配送。

电子数据交换（EDI）转换接口：合作伙伴企业之间交互信息的有效方式。

条码系统数据接口：配送中心管理信息系统通过相应的数据接口对条码系统获取的数据按标准格式导入系统进行处理。

RF 无线网络系统接口：RF 识别的信息应用无线方式传输到配送中心管理信息系统。

GPS 系统接口：GPS 获取的信息与配送中心管理信息系统链接，供其使用。

五、配送中心管理信息系统的内容

物流配送中心信息管理系统平台的基本内容包括：仓储管理系统、运输配送管理系统、数据采集系统、客户关系管理系统、结算管理系统、运营监控系统以及连锁经营管理系统（见图 3－7）。

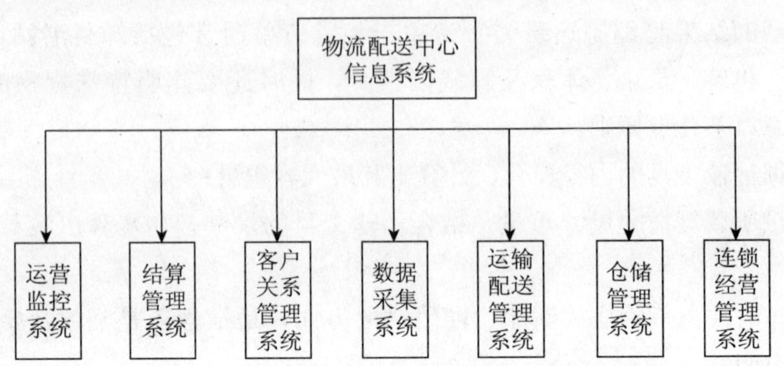

图 3－7　物流配送中心信息管理系统平台的基本内容

（一）仓储管理系统

仓储管理系统主要包括的功能模块有基本资料维护模块、采购管理模块、仓库管理模块、销售管理模块、报表生成模块、查询模块（见图 3－8）。

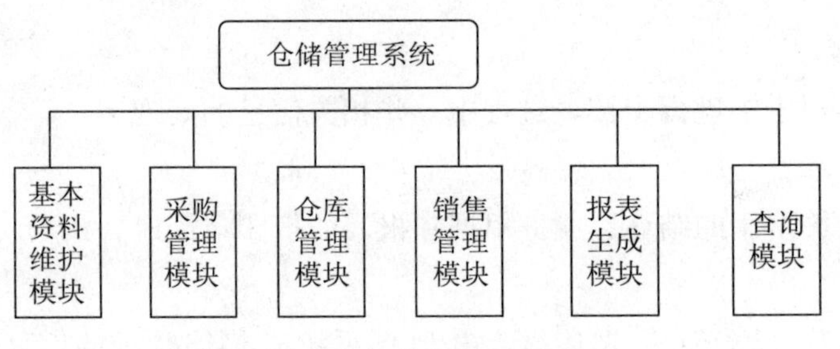

图 3－8　仓储管理系统

基本资料维护模块：使每批产品生成唯一的基本条码序列号标签，用户可以根据自己的需要定义序列号，每种型号的产品都有固定的编码规则，在数据库中可以对产品进行添加、删除和编辑等操作。

1. 采购管理模块

（1）采购订单管理：配送中心的运作是以客户订单为核心展开的，订单处理对配送中心至关重要，涉及的作业主要包括：客户订单的处理（包括入库和出货订单的处理），相应的订单处理生成入库计划与发货计划，EDI 数据转换，客户通过 EDI 方式与

配送中心进行订单数据交换时完成相应的数据格式转换。

（2）采购收货管理：当采购订单被批准，完成采购后到货的时候，首先给货物贴上条形码序列号标签，然后在采购收货单上扫描此条码，保存之后，库存自动增加。

（3）其他入库管理：包括借出货物归还、退货等，只需要填写采购收货单。

2. 仓库管理模块

（1）入库管理：主要包括对货物数量的管理，如箱数、件数等；对货物的储位管理；对货物的管理（包括客户、到期日、重量、体积、批次等）；对运输工具的管理（如运输公司、车牌号、司机名管理）；对验收的确认，根据入库通知单的数量和实际入库数量比较分析，以解决少货、多货、串货的情况。

（2）在库管理：是对仓库内的货物进行盘点、转储、转库作业等的管理，具体包括仓库存货盘点作业、仓库内部货物在储位间的转储作业、货品在不同仓库间的转库作业、管货品的报废管理、不合格品的退库管理等业务。

（3）出库管理：主要指对出库货品数量的盘点（如箱数、件数）；对出货方式的选择（如先进先出、后进后出、保质期管理）以及对出货运输工具的管理（如运输公司、车牌号、司机名管理）。

（4）统计分析：包括仓储运作相关成本分析（如仓库运作费、设备维护费、人工费用等库位存放状况分析、库位利用率分析等）。

（5）系统管理：提供构建仓储管理系统运行环境的功能，包括密码管理、人员权限管理、系统功能定制、会员管理等。

3. 销售管理模块

当销售出库的时候，将销售出库产品序列号扫描至该出库单上，保存之后，库存报表自动减少该类产品。

4. 报表生成模块

月末、季度末以及年末销售报表、采购报表以及盘点报表的自动生成功能，用户自定义需要统计的报表。

5. 查询模块

采购单查询，销售单查询，单个产品查询，库存查询等（用户定义）。查询都是按照某个条件如条码序列号、出库日期、出库客户等来查询。

（二）运输配送管理系统

其主要功能模块包括配送计划管理、车辆调度管理、配送装车管理、在途监控管理、配送签收管理。

1. 配送计划管理

根据订单内容，即由配送中心管理人员（配送业务人员）根据订单数据将当日预定出货订单汇总，查询当前车辆信息表、车辆调用信息表、客户信息表、地图信息表等，先将客户按其配送地址划分区域，然后统计该区域出货商品的体积与重量，以体积或重量最大化等条件为首选配送条件来分配配送车辆的种类与数量。

2. 车辆调度管理

车辆调度管理完成对车辆和司机的任务分配，主要包括车辆调度、车辆编号编组、司机配置3个功能。

3. 配送装车管理

根据配送中心的出库单，生成货物装车明细清单，并投运输保险。

4. 在途监控管理

中途运输管理环节，主要包括在途监控、事故处理、在途货物装卸三部分内容。

5. 配送签收管理

运输车辆按派车单要求，将货物运至目的地，收货人核查实际到货数量，确认并签收。签收单是收货人对所到货物的实际情况进行验收记录的单据，同时也是运输人向承运人出示的货物运抵凭据。

（三）数据采集系统

数据采集系统主要是指条码数据采集系统，条码数据采集系统的主要功能是：采用条码技术对商品信息进行采集、录入、分析、处理和归类保存，它是实现快速、准确而可靠地采集数据的有效手段。条码技术的应用解决了数据录入和数据采集的“瓶颈”问题，为供应链管理提供了有力技术支持。

（四）客户关系管理系统

客户关系管理系统的功能模块包括客户信息管理、客户市场管理、客户服务管理、时间提醒管理和统计查询管理。

（1）客户信息管理：对客户的相关资料进行注册、注销、修改、删除等管理，包括：客户基本信息、客户扩展信息和结算信息等。

（2）客户市场管理：根据物流行业的特点，锁定目标客户。包括一些待开发客户、潜在客户，录入已知的目标客户信息并研究其需求，制订客户开发计划，维护上述信息。

（3）客户服务管理：根据客户需求定制个性化功能，提供个性化服务功能包括客户咨询服务、客户跟踪服务、客户反馈服务和客户投诉服务等。

（4）事件提醒管理：实现提醒业务员急需要办理的事件，如需要审核的客户、商机，需要准备的活动，预约的事情，避免疏漏重要的事情。

（5）统计查询管理：为客户提供一系列的查询服务。

（五）结算管理系统

利用结算系统可以大幅降低结算业务工作量，提高结算业务的确切性和及时性，为配送中心的自动结算提供一套完整的解决方案。达到快速、准确、自动地为客户提

供各类业务费用信息的目的。

（1）收款管理：核算后根据费用收款，列出收费清单，并将此清单转给财务部。

（2）付款管理：核算后根据费用付款，列出收费清单，并将此清单转给财务部。

（3）应收（付）款核销：将收（付）款单与应收（付）款发票匹配。

（4）报表管理：打印各种关于收（付）款往来资金情况的统计报表。

（5）报警系统：对某单位拖延付款达到一定时间后，提醒用户催款。

（六）运营监控系统

营运监控系统是对上述各系统功能的一个总体监控平台，其目的是为了给员工或相关领导层展现业务运作的节点状态，通过该子系统对整个系统业务进行监控，以便及时发现问题。该系统对业务运作进行事前计划、事中统计分析的全程管理，对执行过程进行运营监控，及时发现问题和采取措施，防止管理失控。

各对应模块的主要内容有以下几点。

（1）仓储：可以通过监控功能查出不同货物在任意时间段内入库的数量、摆放的货区，也可以具体查询出各出入库单，还可以进行库存信息查询，物资管理查询，以及生成库存进销存报表。

（2）运输配送：可以通过监控功能查询到各项目在任意时段内，用各种运输方式运输不同客户货物的状态，可以进行配送订单的全程跟踪。

（3）数据采集：对采集到的数据进行监控和核对，以保证后续操作的顺利进行。

（4）货物监管：监控监管货物在仓库中的状态，以确保货物的安全性。

（5）客户管理：监测重要客户的状态，与他们保持长期的联系。

（6）结算：对收（付）款的单据信息进行存档，以备查询。

（七）连锁经营管理系统（见图3－9）

1. 连锁策略管理

连锁策略管理是对连锁分店的经营管理。

2. 连锁订货管理

连锁分店在系统里面对所需求的商品向采购部门和配送中心申请送货。

（1）连锁分店：提出送货申请、制定调整单、接受配送商品、退回滞销或劣质商品。

（2）物料管理部门：报送库存情况、制订送货计划、配装商品。

（3）采购部门：接受采购申请单。

3. 连锁效益分析

根据管理策略，对现在连锁管理做效益的分析。

4. 商品调拨及流转管理

商品调拨及流转管理指确定需要商品送货的数量。

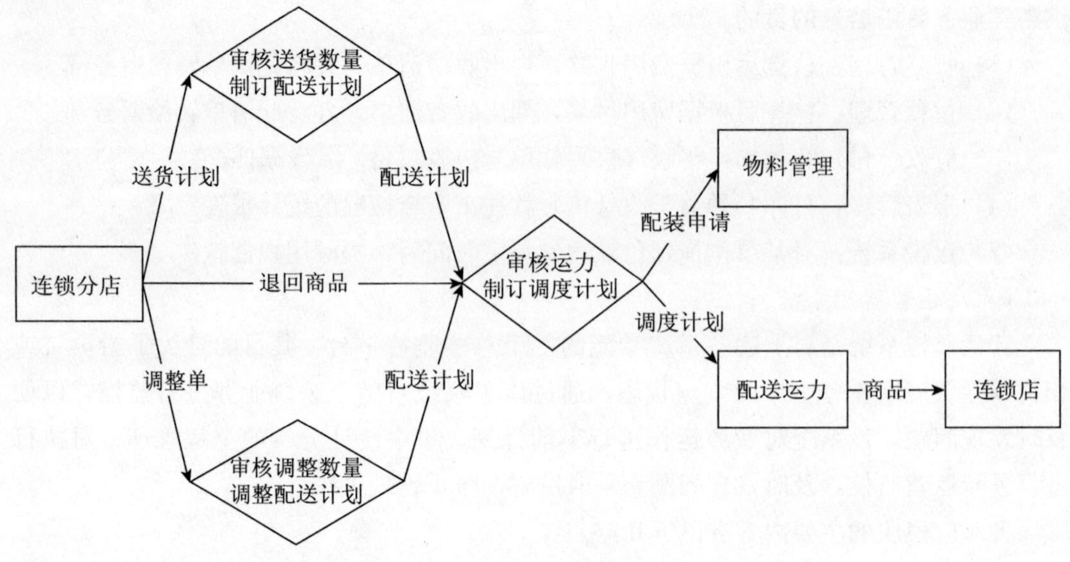

图 3-9　连锁经营管理系统

加拿大大都市公司食品配送中心

加拿大大都市会公司（METRO-RICHELIEU）的食品杂货配送中心是加拿大魁北克省最大的商品配送中心，M-R 配送中心坐落在一幢庞大的单层建筑里，总面积达 5.5 万平方米，层高近 9 米。M-R 配送中心的固定配货对象有 320 家零售商、18 家区域批发商。配送服务供应半径为 300 千米，每日配送发货量超过 10 万箱。从接到客户要货指令，到配送发货、商品到达客户，一般不超过 8 个小时，实现“日配”。

1. 电脑管理

M-R 配送中心对进货、存货、配送、发货进行全过程的电脑控制。进货、仓位、货架、配送运输线、发往何处、发多少货、库存等，都借助电脑有条不紊地进行。M-R 配送中心还与部分零售商的 POS 系统联网，随时了解商店的销售动态，做到商店尚未提出要货，就把缺货的商品主动送货上门。

2. 条码

进出 M-R 配送中心的商品，除了商品条码标记以外，商品的包装箱外还贴有区位码和物流码。有的区位码是由电脑处理信息后，由配送中心通知供应商贴上的，所以货物由供应商送到配送中心后，可以很快送到指定的仓位、货架存储。物流码则主要用于配送过程中，一般配送发货前贴上，部分在进货时就贴上。借助于物流码，自动

分拣系统可以方便地进行分拣配送商品。

3. 自动分拣系统

自动分拣系统是M-R配送中心的关键设备，整个系统有控制室、现场监视器。操作员坐在控制室内，从监视器屏幕上，可以选择看到不同部位商品配送的情景。纵横交错的轨道运输线则将各个仓位、货架连成一体，便于进行自动配送。除了主运线外，M-R配送中心设有12条分支线，直接通往12个发货出口。发往同一供货对象的不同商品，或者发往不同供货对象的同一商品，在主运线上移动时，激光扫描仪会自动“阅读”商品箱的物流码，将信息传送到“道口”，商品箱移动到“道口”时，便会被自动传入到指定的分支线，送达指定的出口处打包发货。

4. 自动打包机

M-R配送中心的12个出口处都装有一台大型自动打包机，发往同一供货对象的商品，由辊道运输线送到打包平台上，自动打包机便将小型分散的不同商品箱，组合打包成一个标准箱，送上卡车运往订货单位。

第三节　客户关系管理系统

一、客户关系管理的定义和基本特点

（一）CRM的定义

“客户关系管理”（Customer Relationship Management，CRM）也有译作“顾客关系管理”。其实，客户关系管理这个概念最初是由Gartner Group提出来的。对CRM的定义目前还没有一个统一的表述，不同的研究机构、专家学者和相关企业均有不同的表述，具体代表性的定义描述有以下几种。

1. Gartner Group的观点

客户关系管理就是为企业提供全方位的管理视角，赋予企业更完善的客户交流能力，最大化客户的收益率。

2. 卡尔松营销集团的观点

其采取通过培养公司的每一个员工、经销商或客户对公司更积极的偏爱和偏好，留住他们并以此提高公司业绩的营销策略。

3. Hurwitz Group的观点

他们认为客户关系管理的焦点是自动化，并改善与销售、市场营销、客户服务和支持等领域的客户关系有关的商业流程。

4. IBM 的观点

客户关系管理包括企业识别、挑选、获取、发展和保持客户的整个商业过程。

5. 北美派的观点

美国西北大学教授舒尔茨认为客户关系管理就是用技术驱动型的方法解决销售和管理中的问题，它主要关注买者和卖者之间的信息流管理，通常是由一些信息技术集团发展、实施和管理的。在这一方法下，销售和营销人员只需输入数据，系统管理由信息技术来完成。

6. 北欧学派的观点

芬兰学者格罗鲁斯认为在客户关系管理方法中，销售和营销人员要对整个过程进行管理。

我们所研究的客户关系包括企业与客户的关系是如何建立起来的，有哪些服务接触过程、互动过程和沟通的要素，以及如何对这些问题进行管理。从这个意义上说，用关系营销来代替客户关系管理似乎更恰当。本书的定义具体如下。

简单定义：客户关系是指从供应商角度来看的供应商与客户之间的商务关系。客户关系管理是一种旨在通过改善这种商务关系以提高客户资产价值的商务战略。

完整定义：CRM 是一种以客户为中心的商务战略；是一套集理念、组织、流程、技术为一体的整体解决方案；是一种旨在改善企业与客户之间关系的新型管理机制；企业实施 CRM 战略的本质目标是与那些有价值的客户建立稳定的长期的双赢关系，防止他们流向竞争对手，进而为企业在激烈的市场竞争中赢得优势。

（二）基本特点

1. CRM 是一种管理理念

CRM 吸收了“数据库营销”“关系营销”“一对一营销”等最新管理思想的精华，通过与客户的个性化交流来掌握其个性需求，并在此基础上为其提供个性化的产品和服务，不断增加企业给客户的交付价值，提高客户的满意度和忠诚度，最终实现企业和客户的双赢。CRM 是一项企业经营的商业策略，是一种管理理念，其核心思想是将企业的客户（包括最终客户、分销商和合作伙伴）作为最重要的企业资源，通过选择和管理客户，挖掘其最大的长期价值。

CRM 要求企业建立客户导向的管理机制，培养以客户为中心的经营理念，以及实施以客户为中心的业务流程，并以此为手段来提高企业的获利能力、收入以及客户满意度，在营销、销售和服务业务范围内，消除企业在客户互动时候的“单干”现象，使得企业方便地实现针对客户的全方位、协调一致的行动。

2. CRM 是一种管理机制

CRM 是一种旨在改善企业和客户之间关系的新型管理机制，可以应用于企业的市场营销、销售、服务与技术支持等与客户相关的领域。CRM 在提高服务质量的同时，

还通过信息共享和优化商业流程来有效地降低企业的经营成本。

3. CRM 是一种管理软件和技术

通过对客户详细资料的深入分析，来提高客户满意程度，从而提高企业竞争力的一种手段。CRM，集成了 Internet 和电子商务、多媒体技术、数据仓库、数据挖掘、专家系统和人工智能等当今最先进的信息技术，为企业的销售、客户服务和决策支持等领域提供了一个业务自动化的解决方案。

二、CRM 产生背景

（一）CRM 产生背景——管理理念更新

1. 企业管理中心发展阶段

（1）产值中心论。产值中心论是指在产品供不应求的卖方市场环境中，企业管理是以产值为中心，其基本条件是以市场状况为卖方市场，总趋势是产品供不应求。当制造业处于鼎盛时期，企业只要生产出产品就不愁卖不出去。因此，这一阶段企业管理的中心概念就是产值管理。

（2）销售额中心论。销售额中心论是指由于现代化大生产的发展，以产值为中心的管理受到了严重的挑战，特别是经过了 1929—1933 年的经济危机和大萧条，产品的大量积压使企业陷入了销售危机和破产威胁，企业为了生存纷纷摒弃了产值中心的观念，此时企业的管理实质上就是销售额的管理。为了提高销售额，企业在外部强化推销观念，开展各种促销活动来促进销售指标的上升，对内则采取严格的质量控制来提高产品质量，以优质产品和高促销手段来实现销售额的增长，这就引发了一场销售竞争运动和质量竞争运动。

（3）利润中心论。利润中心论是由于销售竞争中的促销活动使得销售费用越来越高，激烈的质量竞争又使得产品的成本亦越来越高，这种“双高”的结果虽然使企业的销售额不断增长，但实际利润却不断下降，从而与企业追求的最终目标利润最大化背道而驰。为此，企业又将其管理的重点由销售额转向了利润的绝对值，管理的中心又从市场向企业内部转移，管理的目标移向了以利润为中心的成本管理，即在生产和营销部门的各个环节上最大限度地削减生产成本和压缩销售费用，企业管理进入了利润中心时代。

（4）客户中心论。客户中心论是由于以利润为中心的管理一方面往往过分强调企业利润和外在的形象，而忽略了顾客需求的价值，这种以自我为中心的结果导致了客户的不满和销售额滑坡；另一方面，众所周知成本是由资源的消耗或投入组成的，相对而言它是一个常量，不可能无限制地去削减，当企业对利润的渴求无法或很难再从削减成本中获得时，当它们面临顾客的抱怨连连、甚至弃之而去时，它们就将目光转向了客户，更多地了解和满足顾客的需求，并企图通过削减客户的需求价值来维护其利润。这就使利润中心论退出了历史舞台，企业开始从内部挖潜转向争取客户，这时顾客的地位被提升到前所未有的高度，企业管理由此进入了以客户为中心的管理。

（5）客户满意中心论。顾客满意中心论是指在经济时代由工业经济社会向知识经济社会过渡时期，经济全球化和服务一体化成为时代的潮流，顾客对产品和服务满意与否，成为企业发展的决定性因素，而在市场上需求运动的最佳状态是满意，顾客的满意就是企业效益的源泉。因此，“客户中心论”就升华并进入到更高的境界，转变成为“客户满意中心论”，这是当今企业管理的中心和基本观念。

2. 客户资源价值体现

（1）利润源泉。

企业要实现赢利必须依赖客户，因为只有客户购买了企业的产品或者服务，才能使企业的利润得以实现，因此客户是企业利润的源泉，是企业的“摇钱树”，是企业的“财神”，管好了客户就等于管好了“钱袋子”。企业的命运是建立在与客户长远利益关系基础之上的。企业好比是船，客户好比是水，水能载舟也能覆舟。客户可以给企业带来利润，使企业兴旺发达，同时也可以使企业破产倒闭。

企业利润的真正来源不是品牌，品牌是吸引客户的有效工具，再强势的品牌如果没有客户追捧，同样是站不住脚的，这可以解释为什么有些知名品牌异地发展遭遇“瓶颈”——不是品牌本身出了问题，问题在于品牌没有被异地的客户接受。可见，客户是企业生存和发展的基础，客户起的作用是决定性的，一个企业不管它有多好的设备、多好的技术、多好的品牌、多好的机制、多好的团队，如果没有客户及客户的忠诚，那么一切都终究为零。

（2）规模优势。

如果企业的忠诚客户在市场上占据相对较大的份额，那么就会形成规模优势，降低企业的成本。同时还会为跟随企业带来比较高的进入壁垒。另外，规模优势可以带来极大的从众心理，一般的客户从众心理都很强，大量的客户群也会成为其他客户考虑的重要因素。

（3）信息价值。

客户的信息价值是指客户为企业提供信息，从而使企业更有效、更有的放矢地开展经营活动所产生的价值。这些基本信息包括：企业在建立客户档案时由客户无偿提供的信息；企业与客户进行双向互动的沟通过程中，由客户以各种方式如抱怨、建议、要求等向企业提供的各类信息，包括客户需求信息、竞争对手信息、客户满意程度信息等。

客户提供的这些信息不仅为企业节省了收集信息的费用，而且为企业制订营销策略提供了真实、准确的第一手资料，所以，客户给企业提供的信息也是企业的巨大财富。

（4）口碑价值。

客户的口碑价值是指由于满意的客户向他人宣传本企业的产品或者服务，从而吸引更多新客户的加盟，而使企业销售增长、收益增加所创造的价值。研究表明，在客户购买决策的信息来源中，口碑传播的可信度最大，远胜过商业广告和公共宣传对客户购买决策的影响。因此，客户主动的推荐和口碑传播会使企业的知名度和美誉度迅速提升。

（5）对付竞争。

企业的核心竞争力是企业拥有多少优质客户。从根本上说，一个企业的竞争力有多强，不仅要看技术、看资金、看管理、看市场占有率，更为关键的是要看它到底拥有了多少忠诚的客户，特别是拥有多少忠诚的优质客户。业务流程重组的创始人哈默先生就曾说过："所谓新经济，就是客户经济。"

在产品与服务供过于求，买方市场日渐形成的今天，客户对产品或者品牌的选择自由越来越大，企业间的竞争已经从产品的竞争转向对有限的客户资源的争夺，尽管当前企业间的竞争更多地表现为品牌竞争、价格竞争、广告竞争等方面，但这些竞争实质上都是在争夺客户。

（6）企业持续发展的基础。

客户的价值不仅仅根据单次购买来判断，更需要预测客户一生的购买力和购买总和。客户终生价值既包括历史价值，又包括未来价值，它随着时间的推移而增长。因此，企业千万不要在意老客户一次花多少钱，购买了多少产品或者服务，而应该考虑他们一生给企业带来的财富。企业必须把眼光放长远，不但要重视客户眼前的价值，更需要进一步创造和提高客户的终生价值。

客户终生价值的意义在于表达忠诚客户对企业生存和发展的重要和长远的影响，以刺激企业对忠诚客户的高度重视，努力维系自己的忠诚客户。

（二）CRM产生背景——过程需求拉动

1. 客户行为的需求

（1）消费价值观的变迁：理性消费、感觉消费、感情消费。

（2）互联网使客户选择权空前扩大：购买者可以获得更多相关的信息；客户很容易比较不同厂商的价格和服务；更换厂商带来的损失大大降低；客户期望值提升等。

（3）新时代客户购买行为的准则：快速、容易、便宜、个性化、熟悉、安全等。

2. 市场竞争的需求

（1）竞争全球化。

（2）产品差距缩小，竞争力从产品转向服务。

（3）大批电子化企业对传统企业蚕食鲸吞。

3. 内部管理的需求

（1）客户信息分割导致客户服务效率低下。

（2）销售人员花在一般事务处理的时间太多。

（3）销售人员占有关键客户资料。

企业各部门难以获得所需的客户互动信息。来自不同部门的信息分散在企业内，无法对客户有全面的了解，各部门难以在统一的信息的基础上面对客户。

（三）CRM 产生背景——技术推动

（1）企业的客户可通过电话、传真、网络等访问企业，进行业务往来。

（2）任何与客户打交道的员工都能全面了解客户关系、根据客户需求进行交易、了解如何对客户进行纵向和横向销售、记录自己获得的客户信息。

（3）能够对市场活动进行规划、评估，对整个活动进行 360 度的审视，能够对各种销售活动进行追踪。

（4）系统用户可不受地域限制，随时访问企业的业务处理系统，获得客户信息。

（5）拥有对市场活动、销售活动的分析能力。能够从不同角度提供成本、利润、生产率、风险率等信息，并对客户、产品、职能部门、地理区域等进行多维分析。

三、客户关系管理战略

（一）构建 CRM 战略的意义

（1）以企业发展战略为基础，明确未来以客户为中心的业务营运模式蓝图，理解客户关系管理工作在实现企业战略过程中的重要性、预期收益和战略使命。

（2）对于目标客户价值定位的总体分析，明确哪一部分客户是企业客户关系管理工作的重点目标，形成未来这部分客户与企业之间关系的愿景。

（3）对于客户关系管理工作的总体目标有明确的设定，并可据此逐步分解到效益收益、客户管理、业务运营、组织人员和信息技术等具体客户关系管理目标。

（4）明确企业进行客户关系管理工作的准备度，根据客户关系管理目标设计在具体工作开展中的方式和原则。

（5）对下一步实施和推广过程中的工作成果形成评估的方法，并可以有原则地对工作方法和目标进行优化。

（二）CRM 战略的类型

斯托巴卡把 CRM 战略分为以下三种。

1. 扣钩战略

企业与客户接触点（时空点或时段）相对分散，所以企业与客户间的合作并不完全同步吻合。采用扣钩战略，企业与客户建立的关系接触程度将主要是行为层面。

2. 拉链战略

与扣钩战略相比，这一战略要求企业与客户之间互动性更强，接触频率较高，接触点与接触点之间几乎不存在空隙。企业与客户之间需要吻合同步，这是一种双方相互适应的关系战略。

3. 维可牢战略特点

其核心是企业精心设计与客户间的接触过程，以便尽可能适应不同客户的接触过程。它要求企业有足够高柔性，以适应不同客户的不同需求。

（三）CRM 的生命周期

1. 考察期——客户获取

对于前期客户资料的收集，通过活动、互联网搜索、关系介绍等渠道收集录入到 CRM 系统中；再就是通过 CRM，公司将资源分配到各个销售人员的管理系统中进行管理。数据共享，可防止对客户的重复访问、给客户造成管理上混乱的印象而引起不满情绪。

2. 形成期——客户提升

对于前期收集而来的客户资料，通过一定阶段的跟踪管理后，通过数据分析，按客户对产品的需求程度，通过 CRM 可将其进行分类管理。筛选出高价值的潜在客户，列为重点跟进对象。

3. 稳定期——客户成熟

从潜在客户转化为成交客户后，关系远没有结束，或者可以说才刚开始。在与客户达成合作后，不能对客户就从此置之不理，而应通过售后服务和客户建立、保持良好关系。第一，提升了客户价值，保持客户忠诚度，可促成二次甚至多次交易；第二，服务好一个客户，非常有可能通过口碑传播获得更多潜在客户，进而提升企业的销售业绩。而 CRM 在此阶段的作用是，对客户跟进过程的数据分析以及客户关怀、客户服务等管理，将客户价值最大化。

4. 退化期——客户衰退

在跟进过程中，因客户关怀不够，或者竞争对手的挖掘、市场变化或其他原因造成客户衰退现象。此时，CRM 系统针对这类客户会有预警机制。CRM 会对收集的竞争对手资料数据、市场调研数据等形成直观的分析对比图，进而分析客户衰退原因。数据为方向决策提供依据，采取相应措施，防止客户流失，延长其生命周期。

在市场中取胜，依靠的不仅仅是产品和价格，更多是服务，越来越多企业已经意识到“以客户为中心”的管理模式、营销模式的重要性。在企业规模化、品牌化的同时，提升客户满意度，保持客户忠诚度，延长客户的生命周期，以此来保持企业利润的持久增长。

四、客户关系管理系统的类型

1. 按目标客户分类

（1）以全球企业或者大型企业为目标客户的企业级 CRM。

（2）以 200 人以上、跨地区经营的企业为目标客户的中端 CRM。

（3）以 200 人以下企业为目标客户的中小企业 CRM。

2. 按系统功能分类

（1）运营型 CRM，是 CRM 系统的“躯体”，它是整个 CRM 系统的基础，它可为分析和客户的服务支持提供依据。运营型 CRM 主要包括销售、市场和服务三个过程的流程化、规范化、自动化和一体化。运营型 CRM 建立在这样一种概念上：客户管理在企业成功方面起着很重要的作用，它要求所有业务流程的流线化和自动化，包括多个客户接触点的整合、前台和后台运营之间的平滑连接。

（2）分析型 CRM，是 CRM 系统的“心脏”和“大脑”。它为我们的决策提供指导。分析型 CRM 主要是分析运营型 CRM 和原有系统中获得的各种数据，进而为企业的经营和决策提供可靠的量化依据。分析型 CRM 一般需要用到一些数据管理和数据分析工具，如数据仓库、OLAP 和数据挖掘等。主要功能有：客户分析、客户建模、客户沟通、个性化、优化和接触管理。

（3）协作型 CRM，是指企业直接与客户互动（通常通过网络）的一种状态，它能实现全方位地为客户交互服务和收集客户信息，形成与多种客户交流的渠道。协作型 CRM 是一种综合性的 CRM 解决方式，它将多渠道的交流方式融为一体。协作型 CRM 解决方案将实现全方位地为客户交互服务和收集客户信息，实现多种客户交流渠道（如呼叫中心、面对面交流、Internet/Web、E-mail/Fax 等）的集成，使各种渠道相互交融，以保证企业和客户都能得到完整、准确和一致的信息。

目前运营型的客户关系管理系统占据了客户关系管理系统市场大部分的份额。运营型客户关系管理系统解决方案虽然能够基本保证企业业务流程的自动化处理、企业与客户间沟通以及相互协作等问题，但是随着客户信息的日趋复杂，已难以满足企业进一步的需要，在现有客户关系管理系统解决方案的基础上扩展强大的业务智能和分析能力就显得尤为重要。

五、客户关系管理在企业发展中的作用

1. 整合客户、企业、员工资源

在 CRM 系统中，承载着客户、企业、员工等各种资源。CRM 一方面对资源分门别类存放，另一方面对资源可以进行调配和重组。这就好比中国正在进行的体制和机制改革，即便在中国社会整体资源不变的情况下，一旦对社会资源进行划分、结构化

调整和重组，其发挥出的功效是惊人的。

2. CRM 可以优化业务流程

以往许多企业管理模式和软件应用系统比较教条和僵硬，强迫企业人必须遵从一种闭门造车、自以为是、缓慢的、单一的业务流程，无法满足新时代市场门户开放后的局面以及市场和客户主导的、快节奏的、灵活多变的、多种线程的工作方式。

在 CRM 中，业务流程可以是多样化的。在现实企业中，不同企业人之间的业务流程可能不一样，即便在同一个员工身上也会发生多种业务流程。

3. 提高企业、员工对客户的响应、反馈速度和应变能力

CRM 对客户的快速响应体现在"一对一（端到端）"销售和服务的及时性上。简单地说，一定要让客户在产生购买欲望或者服务请求最迫切的第一时间，能够迅速找到一名最合适的员工来准确处理、负责业务。CRM 有效地提高了企业、员工对客户的应变能力。一套 CRM 系统的启用，在关键时刻迅速扭转了企业与客户之间的商务态势。

六、大客户营销战略

对于一个生产企业来说，在销售管理中应实施大客户营销战略，将客户、员工、社会连接成为一个整体，将"帮助客户实现愿望，帮助员工实现价值，帮助社会实现发展"作为企业发展的基本原则，以"全心全意服务客户，千方百计满足客户的需求"为宗旨来取得企业营销的成功。企业采用大客户营销战略，首先要能正确理性地区分客户的类别，对大客户要有一个清晰的概念。

所谓大客户，一方面是指客户范围大，不仅包括普通的终端客户，还包括企业的分销商、经销商、批发商和代理商；另一方面是指客户的价值大小，不同的客户对企业的利润贡献差异很大，20%的大客户可能贡献了企业 80%的利润，因此企业必须要高度重视高价值客户以及具有高价值潜力的客户。

大客户营销战略是立足大市场、服务大客户，通过定制的客户解决方案和完善的服务，利用互动的平台来为大客户提供快捷方便的绿色通道，大客户服务宗旨是本着优质、高效、方便的原则为大客户提供优先、优质、优惠的三优服务，服务范围包括向大客户提供产品的咨询、宣传、受理和维护等。必须设立专门的客户服务中心，它对外代表公司对大客户进行服务，对内代表客户提出需求，是公司与大客户之间的桥梁。只有制订了长远的企业客户战略，才有在公司形成一种客户导向文化的可能性。

在大客户营销战略的运用中，首先也是最重要的是要转变传统的客户管理观念，从客户关系管理到客户资产管理，将不同类型的客户看作企业的资产，其目的是客户忠诚度与客户资产获利能力的最大化，对客户价值不断优化，发挥 80/20 原则的作用；其次要充分满足大客户的要求，对大客户信息进行收集并分类，建立大客户管理战略

及计划，实施顾问式的销售行动，想客户所想，从客户的角度去考虑和处理问题；另外还需构筑双方相互沟通的平台，使大客户在短暂的时间内一次性解决所有的难题，如客户洽谈会、客户走访、客户服务中心等，经常性地与大客户展开研讨，有效地实现双方的互动。

大客户营销战略的运用中，真正实现大客户的价值最大化是最终目的，但营销战略必须与企业文化、企业的成长战略及长远利益等相匹配，如果是透支了企业的发展资源或患了近视症，结果将会适得其反。传统企业在特定的经济环境和管理背景下，往往会形成一种以企业本身利益最大化为唯一目的的企业文化，这种企业文化因为能够有效地使企业各项资源围绕企业如何获取更多利润而展开，在很长一段时间内促进了企业的发展，于是以赢利为唯一目标成为企业的金科玉律，许多企业为获利自觉或不自觉地损害客户利益，从而导致客户的满意度和忠诚度很低。

在运用大客户营销战略时要转变观念，要将大客户作为企业重要的资产，要求企业将市场营销、生产研发、技术支持、财务金融、内部管理这五个经营要素全部围绕着以客户资源为主的企业外部资源来展开，实现内部资源和外部资源的综合管理。

七、物流企业如何改善客户关系管理

在营销学中有个著名的等式：100－1＝0，意思就是说，即使有100个客户对企业满意，但只要有一个客户对企业的服务持否定的态度，企业的美誉度就立即归零。显然这种说法有点夸大，但是据调查显示，每位非常满意的客户会将其满意的感觉告诉至少10人，其中大约有8人在产生相同或相近的需求时会光顾该企业；相反，一位非常不满意的客户会把他的不满告诉至少10人，这些人在产生相同的需求时几乎不会光顾该企业。因此，客户关系管理是企业成功和提高企业竞争力的重要因素。

（一）物流企业实施客户关系管理的必要性

物流企业为了应对国内外同行的挑战，构筑起自身竞争优势，改变落后的管理理念，与相关软件公司积极配合，开发适合自己的客户关系管理系统是十分必要的。

1. 可以充分有效利用客户资源、提升客户满意度、增加利润

客户关系管理能将企业客户的所有信息、企业销售人员状况统一纳入管理，并及时、完整、准确地获取客户信息，可以为企业各级管理人员和业务人员提供分析和工作支持，实现了横纵向之间的客户信息沟通。不必害怕核心营销人员的离职，不再担心营销人员缺席，任何营销员都可以轻松地接手其他营销员的后续工作。可以根据客户生命周期分类管理客户资源，为物流企业制订相应的销售管理策略、技术准备等提供支持，充分分析新客户带来的销售机会和老客户的潜力，促进企业利润的增长。

例如，世界著名的Cisco物流部门在客户服务领域中实施了客户关系管理之后，使通过互联网的在线支持服务占了全部支持服务的70%，还使Cisco能够及时和妥善地

回应、处理、分析每一个通过 Web、电话或其他方式来访的新老客户要求。实施客户关系管理使 Cisco 创造了两个奇迹，一是公司每年节省了 3.6 亿美元的客户服务费用；二是公司的满意度由原来的 3.4 提升到 4.17（满分为 5 分）；货物的发货时间由最初的三周减少到了三天；在新增员工不到 1%的情况下，利润增长了 500%。

2. 可以有效协调企业内部资源，改善销售，加强企业对客户资源的监控

实施客户关系管理能有效集中营销、服务等资源，保障和提升高价值客户的满意度。软件系统能反映客户的满意度及变化，提示不匹配的客户，跟踪、监督客户满意度策略与计划执行情况，有效改善企业持续赢利能力。

3. 可以提供有效数据分析，为企业领导决策提供有效的支持

依据客户关系管理系统大量的客户和营销业务信息，系统能提供强大的数据分析能力和大量适用的模型参考，可以分别对客户的特征、购买行为、价格、成本、收益等因素进行分析，为企业高层决策提供有效的依据。

（二）我国物流企业客户关系管理的现状

总体而言，我国很多物流企业的客户关系管理还处于起步阶段。大多数物流企业的客户关系管理都不甚规范，具体表现在以下几个方面。

1. 客户对企业数据收集不够，缺乏对客户的分析能力

从供应链的角度来讲，全面了解和掌握客户的需求，有助于物流公司为该客户提供及时、周全的服务。但在真正的操作中，固定的大客户由于是长期合作，所以企业对客户是什么类型，客户有什么偏好、特征等问题可能有所掌握；一些小型客户或者新客户，企业就很少主动去关心客户的偏好等问题，更不用说像 UPS（United Parcel Service，联合包裹速递服务公司）一样专门建立客户档案，详细地记录每个客户单位信息、联系方式、目前所销售使用物品的情况，对本公司服务的评价，以及联系人的姓名、职务、兴趣爱好、关系等内容。

依据帕累托法则，企业 80%的收入来自于 20%的客户。如何从客户群中区分这 20%的客户就需要企业通过分析数据资料清晰地勾画出他们的发展潜力以及可能为企业带来的效益，从而让营销人员锁定目标客户，实施重点公关。

因此，物流企业要设法主动地获取和记录客户的资料，通过数据挖掘、数据分析来认识客户的行为和偏好，了解客户消费模式及习惯的变化，培养企业对客户的洞察能力。

2. 企业不能及时为客户提供个性化的物流方案

客户在寻求物流服务商的过程中，面对众多物流企业却找不到满意的服务商，主要原因之一是得不到个性化的服务。另外，企业根据统一的服务标准面对不同的客户，获得的满意程度肯定也是不同的。企业应当根据客户的产品特点、生产规模、销售范围、服务要求等方面制订个性化的物流方案，满足客户的需要。

（三）对物流企业导入客户关系管理的建议

1. 注重客户资料的收集和分析

物流企业对于客户资料的分析结果，可以帮助企业识别 ABC 类客户。客户分析能力的基础就是客户数据的收集和分析。

物流企业客户数据的采集往往需要企业相关人员细心的观察：可以详细设计客户资料表格，分配给营销员，作为访问记录表；利用企业网站的用户注册信息以及 Web 日志文件记录的用户浏览行为等信息，可以有助于物流企业分析研究客户的需求、偏好及消费模式的发展趋势，更好地理解客户以及将潜在客户转变为现实客户。

通过各种途径获得了大量客户信息之后应将它集成到企业数据库中，然后运用数据挖掘技术去发现有价值的客户知识，用于支持经营决策。

2. 要为客户提供个性化的服务

要对客户使用“一对一营销”或个性化服务，从而提高客户的满意度、忠诚度。其具体内容是通过一定的技术手段对呼叫中心或在线网站提供实时支持，搜集客户数据，识别、区分、理解客户，把握客户个性化需求，针对不同客户采取不同的策略。

亚马逊书店就充分利用了客户关系管理的客户职能。当客户在亚马逊书店购买了图书之后，其客户关系管理系统会记录下客户购买或浏览过的书目，并分析他的偏好。当他再次登入亚马逊书店的网站时，系统识别出他的身份之后，就会根据他的喜好推荐相关书目。当书店有了新书之后，它会自动发邮件给有关感兴趣的客户。这种针对性的服务对维持客户的忠诚度很有帮助。

3. 和客户建立多种沟通渠道

（1）可以建立现代呼叫中心，为客户提供每周 7 天每天 24 小时的全天候服务；为客户提供包括传统的语音、免费电话、电子邮件、传真、微博、微信等在内的多种通信方式选择；维护客户忠诚度，让客户感受到价值。

（2）建立基于互联网的自助服务网站，通过提供客户网上咨询、网上投诉等服务，及时为客户排忧解难，进一步保持客户的忠诚度。

4. 建立企业和客户的信息交流平台

企业与客户之间双向的信息交流平台，可以实现双向的联系，互相影响。从实质上，客户关系管理就是客户交流信息的过程，也是实现有效的信息交流和保持企业与客户良好关系的途径。一方面，企业组织通过现代技术手段，及时将企业产品与服务信息提供给客户，给客户以技术支持和良好的售后服务。另一方面，从客户那里收集到重要的信息。

客户反馈是一种重要的信息交流，客户反馈对衡量企业承诺目标实现的程度、及时发现在为客户服务过程中出现的问题等方面具有重要的作用。投诉是客户反馈的主要途径，如何正确处理客户的意见和投诉、消除客户不满、维护客户利益、赢得客户

的信任是维持良好客户关系的重要保证。

从管理的角度来看，客户关系管理的实现有赖于企业员工坚持不懈地努力，企业导入系统前还需要和软件开发商共同配合、长期协商，物流企业所有员工都要转变工作理念，以积极的态度、个性化的服务对待每个客户。

第四节　智能运输系统

一、智能运输系统的定义

关于智能运输系统（Intelligent Transportation System，ITS）的准确定义，这是一个引起广泛争论的话题。美国、欧盟、日本及我国的理解都不相同，每个国家内部各方专家的理解也不相同，目前出现的定义和观点五花八门。

目前，国内外对智能运输系统的理解不尽相同，但不论从何角度出发，有一点是共同的：ITS是用各种高新技术，特别是电子信息技术来提高交通效率，增加交通安全性和改善环境保护的技术经济系统。因此，智能运输系统是在较完善的交通基础设施之上，将先进的信息技术、通信技术、控制技术、传感器技术和系统综合技术有效地集成，并应用于地面交通系统，从而建立起来的在大范围内发挥作用的，实时、准确、高效的交通运输系统。

智能运输系统广义上说也是一种人工智能系统，是用交通类的传感器、带有交通知识的CPU和能执行交通功能的执行机构模拟人的五官、大脑和四肢，达到交通智能化的目的。

智能运输系统是一个庞大的系统，系统建设涉及众多部门与领域，管理体制、信息沟通能力、考虑问题角度等均会对系统建设与运行产生巨大的影响。智能运输系统包括多个子系统，子系统之间相互联系紧密。正是因为系统庞大，其建设是逐步完成的，有时会不断建设与整体协调。

二、发展阶段

1. 以监控为主体的交通工程系统

包括交通工程基本设施、传感器、电子设备、数据采集。

2. 初级智能交通系统

包括计算机、信息技术、地理信息处理。

3. 模型化智能交通系统

包括系统辨识、模式识别。

4. 高级智能交通系统

指的是人工智能系统。

三、关键技术

ITS的研究对象是交通问题，但ITS研究开发所利用的工具不仅仅是传统的交通工程理论，还包括所有相关的高新技术，这些技术成为ITS中应用的关键技术。各相关专业共同构成了ITS的专业技术基础，因此ITS具有多学科交叉的特点，ITS的研究开发需要各个相关专业人士的加盟，涉及的相关专业技术包括信息技术、计算机技术、通信技术、多媒体技术、自动控制技术等。

1. 计算机技术

智能运输系统可以有效运行的关键因素之一即是实现广泛的信息交换与共享，信息需要采集、传输、处理、存储和发布，而计算机在信息存储、信息处理等方面起着重要作用。利用计算机数据库技术可以建立有关领域的数据库、知识库和方法库，利用计算机数据处理软件处理各类信息，进而建立各类信息系统。ITS中大量的信息、交换需要依靠计算机网络加以实施。目前，在智能运输系统广泛应用的管理信息系统（MIS）、决策支持系统（DSS）、地理信息系统（GIS）等无一不是以计算机技术为基础的。

2. 通信技术

在ITS中，通信技术是极其重要的共用技术，是信息传输的媒介。它能保证在信息采集、信息加工处理、信息反馈、信息发布的一系列环节中准确快速地传递信息。因此，多种通信方式、通信技术都可以应用于智能运输系统。

在ITS中主要应用无线通信和有线通信两种方式，应用的无线通信技术主要有全球移动通信系统（Global System for Mobile Communication，GSM）、码分多址技术（Code Division Multiple Access，CDMA）、蜂窝式数字分组数据（Cellular Digital Packet Date，CDPD）等陆基移动通信技术及卫星通信技术；有线通信技术有Internet、综合业务数字网（Integrated Services Digital Network，ISDN）、异步传输模式（Asynchronous Transfer Mode，ATM）、光纤分布式数据接口（Fiber Distributed Data Interface，FDDI）等。

3. 信息技术

研究信息提取、信息变换、信息存储的理论称为信息论。信息需要通过载体才可以真正实现信息流动，而对各类信息进行加工处理后才能应用于各个领域。ITS的核心是交通的信息化，在智能运输系统中各类信息系统的重要作用不可言喻。例如，利用管理信息系统（MIS）对道路信息、交通状态信息、交通管制信息和交通事故信息加以管理和控制；应用决策支持系统（DSS），利用各种城市路网信息、地名信息、公安

业务信息等静态信息和报警信息、交通路况信息、超前控制的决策信息等动态信息，对城市道路交通实施超前计划与控制。

其他应用还有全球定位系统（GPS）和地理信息系统（GIS）。GPS主要应用于车辆调度、目标跟踪、车辆导航和动态交通流数据的采集（装有GPS的车辆进行跟车法调查，可得到交通流速、流向等时空信息）等领域。GIS可以应用于交通地理信息的可视化管理，交通地理信息的动态显示等，还可以用来开发用于车辆定位与导航系统，交通监控系统，交通控制指挥系统，公交智能化调度系统和综合物流系统等系统的专用电子地图。

4. 多媒体技术

多媒体技术是通过计算机、电视、通信等技术结合实现的，它将信息以文字、声音、图像等多种方式呈现出来。与ITS相关的多媒体技术主要有多媒体图像采集技术、多媒体图像数据压缩技术、多媒体通信技术等，广泛应用于ITS中的现代交通监控系统、智能化的电子收费系统、违章识别管理系统、车型分类、车牌号识别等多个领域中。

5. 传感器与控制技术

交通检测、监视和控制是提高交通运输系统运行效率，提高交通安全水平的有效手段。能有效、准确检测实时交通状态的各类传感器是检测与监控的前提。在ITS中广泛应用高灵敏度、高精度的智能化、集成化的新型传感器，可以改善交通检测与监控的有效程度，提高运行效率。

ITS还将广泛应用变结构控制、模糊控制、神经元网络控制等自动控制新技术进行交通管理与控制，采用动态实时控制，与交通量动态预报相结合，更加有效地提高道路通行能力和服务水平。建立分布式集散控制系统对高速公路实施以匝道控制、主线控制、走廊控制和网络控制的多种方式的集成控制策略，对城市道路实施绿波或区域性优化控制，以改善高速公路和城市道路的交通状况，减少拥堵，降低事故发生率。

四、智能运输系统的效果评价

1. 项目评价含义

评价是用来衡量项目的目标或目的达到的程度。项目评价对项目本身的实施又可以产生一个有益的反馈，即项目评价的结果可以对项目适时地提出一些建议和修改，最终达到甚至超过原来的目标。一个好的评价方法是定性与定量分析相结合的方法，能够定量地尽量给予量化，以期给决策者提供充分的依据。

2. 评价的角度与方法及ITS实施要达到的目的和意义

效益分别从社会效益、个人效益、企业效益三个方面去评价。社会效益：减少交通堵塞，提高安全性，改善环境，减少能源消耗。个人效益：提高舒适度，节约时间。

企业效益：降低人力成本，物流的合理化。

ITS 项目是分开一一实施的，可以从每一个项目产生的效益进行评价。评价方法有：实地调查法、费用效果比较法、数理模型法，包括三者的综合应用。ITS 评价目的：对项目实施的经济合理化，技术合理化，社会效益，环境影响和风险做出评价。ITS 实施要达到的目的：保证安全、提高运行效率并减少延误、提高道路容量、降低能耗、保护环境（单位出行造成的能耗和有害气体排放对单位出行的环保成本代价）、提高舒适度。

ITS 评价的意义：理解 ITS 产生的影响；对 ITS 带来的效益进行量化；帮助对将来的投资做出决策；对已有的系统优化其运作和设计。

3. 经济评价的内容和原则

经济评价包括国民经济评价和财务评价。国民经济评价是从国家整体的角度研究 ITS 项目对国民经济的贡献，以判断 ITS 项目的合理性。财务评价是从 ITS 项目的财务角度，分析测算 ITS 项目的财务赢利能力和清偿能力，对 ITS 项目的财务可行性进行评价。经济评价的原则：整体性原则、层次性原则、实用性原则、一致性原则、定性与定量相结合原则。

4. 技术评价的概念和原则

技术评价是从技术角度，试图通过对项目各技术指标的分析与计算，从系统的功能与技术层面对智能运输系统的科学性、合理性、可发展性以及实用性和可实现性等方面进行综合的评价。其前提条件为：ITS 系统和子系统基本框架的建立及系统和技术的存在性。

原则：①科学性，ITS 应建立在科学的原理和技术之上，科学性是系统技术评价的首要原则；②实用性，直接或间接地解决（或缓解）交通问题的实用性是 ITS 基本的要求；③可测性，系统的评价将通过若干具体的指标体现，指标必须可测量得出值；④独立性，避免评价指标的相互关联和重叠；⑤可比性，指标对不同方案反映出差异，具有较高的敏感度；⑥整合性，此原则反映了系统及其子系统和技术间的匹配与协同程度，相关指标应能反映这一原则；⑦扩展性，系统的兼容性和扩展性原则对于确保系统的可发展性具有重要意义；⑧完备性，反映系统技术性能的全面性。

5. ITS 的评价对象

通用技术平台；通信信息；车辆运输管理；交通管理和规划；电子收费；紧急事件和安全；综合运输（枢纽）；智能公路。

6. ITS 技术评价体系

（1）基于体系结构各部分特征的系统性能评价，即定性分析为主的评价。

（2）基于 ITS 各部分系统设计的运行性能评价，定性与定量相结合进行。

经典案例

美国底特律的智能交通中心在系统中使用了148个电视监控镜头、54幅可变交通信息情报板、2419个检测线圈、2070个不同类型的信号控制机及9座通信塔及64英里（1mile=1609.344m）的高速光纤，可以实时监控高速公路的运行状况。事故管理支持系统可以提醒监控人员潜在的事故并能够提供一系列的处理方案。

英国的SCOOT系统被称为Spilt-Cycle-Offset Optimization Technique，即“绿信比—信号周期—相位差优化技术”。意大利的UTOPIA/SPOT系统，该系统由两部分组成，SPOT（小型的分布式交通控制系统）和UTOPIA（面控软件）。法国的PRUDYN系统及德国的MOTION系统。以上这些系统都表明可使车辆平均速度提高10%～29%，旅行时间减少10%～20%。由于城市交通控制系统（UTC）和车辆管理系统（VMS）使汽车降低了26%～30%有害气体的排放，城市的环境得以改善。

五、智能运输系统服务领域

1. 电子收费系统（ETC）

电子收费系统（Electronic Toll Collection System，ETC）又称不停车收费系统，是通过设置在收费公路收费站出入口处的天线及车型识别系统和安装在车辆的车载装置，利用信息通信技术，自动实现通行费支付的系统。使用该系统，车主只要在车窗上安装感应卡并预存费用，通过收费站时便不用人工缴费，也无须停车，高速费将从卡中自动扣除。这种收费系统每车收费耗时不到两秒，其收费通道的通行能力是人工收费通道的5～10倍。

除了用于高速公路自动扣费，ETC系统也用于市区过桥、过隧道自动扣费，在车场管理中也用于建立快速车道和无人值守车道，自动扣停车费。可以大幅提高出入口车辆通行能力，改善车主的使用体验，达到方便快捷出入停车场的目的。

ETC系统的关键技术主要集中在以下几个方面。

（1）自动车辆识别（Automaic Vehicle Idenification，AVI）技术。

（2）自动车型分类（Automatic Vehicle Classification，AVC）技术。

（3）短程通信（Dedicated Short Range Communication，DSRC）技术。

（4）逃费抓拍系统（Video Enforcement System，VES）。

ETC系统主要由ETC收费车道、收费站管理系统、ETC管理中心、专业银行、车道控制器、费额显示器、自动栏杆机、车辆检测器及传输网络组成。不停车收费系统采用专用短程通信技术。要实现不停车收费，主要采取如下技术手段：专用短程通信（DSRC）、射频识别、地磁感应识别技术、视频识别技术、红外技术。

2. 先进的交通管理系统（ATMS）

该系统通过先进的监测、控制和信息处理等子系统，向交通管理部门和驾驶员提供对道路交通流进行实时疏导、控制和对突发事件应急反应的功能。该系统包括城市集成交通控制系统、高速公路管理系统、应急管理系统、公共交通优先系统、不停车自动收费系统、交通公害减轻系统和需求管理系统等。

3. 先进的公共交通系统（APTS）

先进的公共交通系统是当今优化发展公共交通的重要举措之一，它最终将形成以地铁、轻轨为骨干，以公共交通为主体，以自行车、出租车等其他形式为辅助的智能化的综合城市客运系统。它包括公共运输辅助管理系统、公共运输信息系统、满足个人需要的非定线或准定线公共运输、公共运输安全系统。

4. 商用车辆运营系统（CVO）

该系统是专为运输企业提高赢利而开发的智能型运营管理技术，目的在于提高商业车辆的运营效率和安全性。它以卫星、路边信号标杆、电子地图的控制中心和车辆通过数据通信为依托，利用车辆自动定位、车辆自动识别、车辆自动分类和动态称重等设备，辅助企业的车辆调度中心对运营车辆进行调度管理，及时掌握车辆的位置、货物负荷情况、移动路径等车辆的有关信息，提高车辆的使用效率，降低企业的运营成本。

5. 先进的车辆控制系统（AVCS）

先进的车辆控制系统的核心系统是智能汽车的研究与应用，这种汽车具有道路障碍自动识别、自动报警、自动转向、自动制动、自动保持安全距离、车速和巡航控制功能。

发展先进的车辆控制系统的目的如下。

（1）增加公路的通行能力，减少道路阻塞，缩短行车时间。

（2）降低事故率，提高行车安全。

（3）降低行车成本，提高行车效率。

（4）降低废气排放量，减轻环境污染。

AVCS的功能子系统包括：安全预警系统、防撞系统、车道保持系统、巡视控制系统、视野扩展系统、紧急报警系统、车辆行驶自动导航系统及环保系统。

6. 先进的交通信息服务系统（ATIS）

先进的交通信息服务系统的目标是为出行者提供准确实时的地铁、轻轨和公共汽车等公共交通的服务信息。系统的核心是通过电子出行指南来收集各种公共交通设施的静态和动态服务信息，并向出行者提供当前的公共交通和道路状况等，以帮助出行者选择出行方式、出行时间和出行线路。

第四章　制造企业物流外包

经典案例

三个经典的第三方物流案例

案例一：

美国通用汽车在美国的 14 个州中，大约有 400 个供应商负责把各自的产品送到 30 个装配工厂进行组装，由于卡车满载率很低，使得库存和配送成本急剧上升，为了降低成本，改进内部物流管理，提高信息处理能力，委托 Penske（潘世奇）专业物流公司为它提供第三方物流服务。

调查了解半成品的配送路线之后，Penske 公司建议通用汽车公司在 Cleveland（美国城市，克利夫兰）使用一家有战略意义的配送中心，配送中心负责接受、处理、组配半成品，由 Penske 派员工管理，同时 Penske 也提供 60 辆卡车和 72 辆拖车，除此之外，还通过 EOI 系统帮助通用汽车公司调度供应商的运输车辆以便实现 JIT 送货，为此，Penske 设计了一套最优送货路线，增加供应商的送货频率，减少库存水平，改进外部物流活动，运用全球卫星定位技术，使供应商随时了解行驶中的送货车辆的方位。与此同时，Penske 通过在配送中心组配半成品后，对装配工厂实施共同配送的方式，既降低卡车空载率，也减少通用汽车公司的运输车辆，只保留了一些对 Penske 所提供的车队有必要补充作用的车辆，这样也减少了通用汽车公司的运输单据处理费用。

另外，美国通用汽车公司选择目前国际上最大的第三方物流公司 Ryder（莱德）负责其土星和凯迪拉克两个事业部的全部物流业务，选择 Allied Holdings 负责北美陆上车辆运输任务，选择 APL（美国总统轮船）公司、WWL（华仑威尔森物流）公司负责其产品的洲际运输。

案例二：

福特汽车公司原来在全球选择多个物流服务供应商为其服务，由于众多的物流服务商彼此缺乏联系，导致物流业务分割严重，后来将全球物流供应商缩减到 5 个主要的物流服务商，1999 年，福特公司又决定由全球最大的第三方物流供应商 Ryder 作为全球唯一一个全球物流网络管理商。

案例三：

中国著名的家电企业海尔集团从 1999 年年初开始物流改革，将物流重组定位在增强企业的竞争优势的战略高度上，希望通过物流重组有力地推动海尔的发展。因为零部件库的管理不太先进，库存资金占用比较大，甚至有些呆滞，所以海尔集团首先选择零部件作为首要的突破点。建立了现代化的立体库，开发了库存管理软件，使其达到最先进水平。之后，发现车间、分货方和经销商的管理水平跟不上，于是又向他们推荐先进的作业方法。立体库带动了机械化搬运和标准化包装，采用标准的托盘和塑料周转箱，都符合国际标准。因海尔生产的零部件种类繁多，所以就用标准的容器将其规范化，便于机械化搬运，便于管理。这些搞好后，又发现检验是一个薄弱环节。检验时间长，造成大量库存积压。于是又把检验集中起来，尽量分散到分供方和第三方仓库去检验。这样企业中的物流就没有检验这一环节，减少了大量的库存，目前只有 3 天的库存量，库存资金也大大减少。

海尔从 1999 年年初开始实施物流发展计划，不到一年的时间，效果已非常明显。同时，海尔也利用第三方物流进行内部配送，使得企业物流把社会力量整合起来了。

当然，在实施物流的过程中，海尔也遇到了一些困难，首先也是最主要的是人们头脑中的习惯思维问题，观念还不适应整合起来后总的效果，只从自身是否方便来考虑问题。为解决这个问题，海尔成立了物流推进本部，专业从事物流改革的推进工作，由集团见习总裁亲自负责。该事业本部下属采购、配送、运输三个事业部，专业从事海尔全集团的物流活动，使得采购、生产支持、物资配送从战略上一体化。其次是国内研究物流的专业公司还不多，大部分从事的还只是物流中某个部分，可以借鉴的经验很少。因此，海尔计划在尽可能短的时间内，摸索出一套海尔独有的物流管理模式，创立海尔独特的物流体系，目前，海尔正努力建设企业内部的物流事业部门，并在为海尔集团服务的基础上，最终社会化，使海尔的企业物流最终成为海尔的物流企业。

第一节　第三方物流特征

一、第三方物流的定义

对于第三方物流，不同的学者在解释方面或在理论和实际运作方面，都存在着概念的差异，大体有以下几种认识。

（1）认为第三方物流就是“合同物流”，是第三方物流提供者在特定的时间段内向使用者提供个性化系列物流服务。

（2）认为第三方物流是提供全部物流业务服务的活动。

（3）认为第三方物流是由物流劳务的供方、需方之外的第三方去完成物流服务的物流运作方式，是提供物流交易双方的部分或全部物流功能的外部服务提供者。

差别主要集中在第三方物流究竟是提供全程物流服务还是提供用户所需要的物流服务。如果说只提供全过程的物流服务，这个领域标准就比较高，同时这个范畴就比较狭窄，但是概念比较清晰。如果仅是提供用户所要求的某一部分物流服务，那么这种物流服务形式并没有跨越传统物流服务形式，而且这个概念所包含的内容非常广泛，例如，托运行业算不算第三方物流，货代行业算不算第三方物流，营业仓库算不算第三方物流等。

本书较倾向的认识是：第三方物流是向货主企业提供专业物流服务的物流活动。和社会经济领域许多经济概念一样，第三方物流有广义和狭义的理解，因而在不同的领域涵盖的范围也就不同。

（一）广义的第三方物流

广义的第三方物流是相对于自营物流而言，凡是由社会化的专业物流企业按照货主的要求所从事的物流活动都可以包含在第三方物流范围之内。至于第三物流是从事的哪一个阶段的物流，物流服务的深度和服务的水平，这要看货主的要求。

（二）狭义的第三方物流

狭义的第三方物流主要是指能够提供现代的、系统的物流服务的第三方的物流活动。其具体标志是：

（1）有提供现代化的、系统物流服务的企业素质；

（2）可以向货主提供包括供应链物流在内的全程物流服务和特定的、定制化服务的物流活动；

（3）不是货主向物流服务商偶然的、一次性的物流服务购销活动，而是采取委托承包形式的业务外包的长期物流活动；

（4）不是向货主提供的一般性物流服务，而是提供增值物流服务的现代物流活动。

一般而言，我们在研究和建立现代物流系统时，第三方物流不是按照自营物流与否来进行区分。尤其在我国，小生产式的物流服务活动还相当多，并且还不能在很短的时间内解决这个问题，如果把这些企业都包括在第三方物流企业之中，显然会混淆人们对第三方物流的认识。所以，我们在讲第三方物流时，应当从狭义的角度来理解，把它看成是一种高水平、现代化的物流社会物流服务方式，看成是网络经济时代社会物流服务发展方向。

二、第三方物流的特征

1. 第三方物流是合同导向的一系列服务

第三方物流有别于传统的外协，外协只限于一项或一系列分散的物流功能，如运输公司提供运输服务、仓储公司提供仓储服务，第三方物流则根据合同条款规定的要求，而不是临时需求，提供多功能，甚至全方位的物流服务。依照国际惯例，服务提供者在合同期内按提供的物流成本加上需求方毛利额的20%收费。

2. 第三方物流提供专业化、个性化的物流服务

第三方物流企业一般是站在货主的立场上，以货主企业的物流理化为目标来设计物流系统的运营，也就是说，第三方物流已从过去面向社会提供传统外协型的基础服务过渡到如今面向个别企业提供的个性化的服务。

第三方物流个性化物流服务。第三方物流企业正在努力采用“一企一策”的方式为工商企业提供特殊的、个性化的专属服务，第三方物流企业的经营理念已从“我能提供什么服务就提供什么服务”的“产品推销”模式发展到“客户需要什么服务，我就提供什么服务”的“市场营销”模式。

3. 第三方物流要求与客户企业建立长期战略合作伙伴关系

第三方物流的企业之间充分共享信息，这就要求双方能相互信任，才能达到比单独从事物流活动取得更好的效果。而且，从物流服务提供者的收费原则来看，它们之间共担风险、共享收益；在行为上，各自不完全采取导致自身利益最大化的行为，也不完全采取导致共同利益最大化的行为，只是在物流方面通过契约结成优势相当、风险共担、要素双向或多向流动的中间组织，因此，企业之间是物流联盟关系。

4. 第三方物流以现代信息技术应用为发展基础

以信息技术为基础的物流服务信息技术的发展是第三方物流发展的必要条件，信息共享是第三方物流企业与工商企业成功合作的关键。现代信息技术实现了数据处理的实时化和数据传递的高速化，提高了库存管理、运输、采购、订货、配送、车辆配装、订单处理等物流作业的自动化水平，使企业之间的及时协调、合作成为可能。同时，利用信息技术还能准确地计算出混杂在其他业务中的物流活动的成本，并能有效管理物流渠道中的商流。

三、第三方物流产生的背景

目前，第三方物流在全球范围内发展迅速，方兴未艾，它是经济发展和社会需求的产物。当企业自己对物流管理不具有核心竞争力优势时，特别是当自营物流面临种种问题时，自然会对自己的这一部分活动采取“对外委托”方式，即将一部分或全部物流活动委托给外部专业物流企业来完成，这类专门从事外包物流业务的企业即为第

三方物流企业。

第三方物流根据合同条款规定的要求，提供多功能甚至全方位的物流服务。一般来说，第三方物流公司能提供物流方案设计、仓库管理、运输管理、订单处理、产品回收、搬运装卸、物流信息系统、产品安装、运送、报关、运输谈判等近 30 种物流服务。与传统的以运输合同为基础的运输公司相比，第三方物流企业在服务功能、客户关系、涉及范围、竞争优势、核心能力以及买方价值等方面，发生了巨大变化。对于有些行业来说，第三方物流供应商是代替制造商，直接与客户建立联系的门户。在逐渐激烈的竞争环境下，实力比较强大的买方往往要求第三方物流供应商不仅提供包括运输、仓储等基本的物流服务，还希望能够获得信息整合、客户服务等附加服务，并且实现成本和效率在整条供应链上的平衡。这就要求第三方物流供应商从整条供应链的观点来寻求自身的发展，用供应链的思想提升自己的服务水平，以最小的成本为客户服务，并且强调提供高附加值的服务。

1. 企业对于第三方物流的需求

第三方物流的兴起首先是源于企业对于物流外包的需求，企业的物流外包有两大原因。

（1）为了降低运作成本，企业从事物流活动需要投入大量的资金和构建物流设施及购买物流设备，这对于缺乏资金的企业，特别是中小企业来说是一种沉重负担。企业单靠自己的力量降低物流费用存在很大的困难，而且大量的物流投资带有事实上的风险。企业的物流手段有限，无法承担诸如集装箱运输、铁路运输及国际间运输等活动。因此，从社会再生产的角度看，多数企业对物流的外部化有着高度需求。

（2）为了增强自己的核心竞争能力，企业要把资源集中在企业的核心竞争能力上，才能获得最大的效益。那些不属于企业核心竞争能力的功能应被移向外部，可以用虚拟化管理的方式获得可以利用的资源，达到最大的投资回报。尽管 20 世纪 70～90 年代，企业在提高物流效率方面已经取得了巨大的进展，但要实现新的改善，企业不得不寻求其他途径，包括物流外包这样的形式。

2. 第三方物流是社会分工细化和管理理念发展的产物

第三方物流是社会分工细化发展的结果。在社会进一步分工和市场竞争加剧的形势下，当各企业纷纷将企业的资金、人力、物力集中到核心业务上，以期增强核心竞争力时，这种社会环境也催生了社会化分工协作带来的另一个现象，那就是专业化分工重组的结果导致许多非核心业务分离出来，形成了许多具有专业职能的新行业，其中包括物流业。将物流业务委托给第三方物流公司去做，不仅可以降低物流成本，也可以完善物流活动的服务功能，提高客户满意度。

第三方物流提供商可通过提供个性化的物流服务，来实现顾客的价值。第三方物流需求方的业务流程通常各不相同，物流、信息流也是随价值流动而流动的，价格、技术、质量能使第三方物流提供商具有竞争力，但不足以把其产品或服务与竞争者相区别。为了吸引顾客，就必须要实现服务导向，通过提供个性化的服务，增加产品的附加值，因而这要求第三方物流服务商按照客户的流程来制订服务方案，提高顾客价值的实现。

第三方物流的产生也是新型管理理念发展的结果。20世纪70年代以来，信息技术特别是计算机技术和网络技术的快速发展推动着管理技术和思想的更新，产生了供应链、虚拟企业等一系列强调外部协调和合作的新型管理理念，既增加了物流活动的复杂性，又对物流活动提出了快速反应、有效客户管理、零库存等更高要求。作为第三方物流，它是适应市场竞争的产物，是整个管理的集成化、系统化过程中乃至企业联盟中的重要部分。

知识链接

当今企业管理者面对的是一个变幻莫测的竞争环境。这种环境的形成原因包括技术的飞速发展、市场的全球化以及其他一些发展趋势。传统的泰罗制、福特制为标志的企业模式已很难适应新的市场环境；企业同时还要保持较低成本及较短的交付周期，这对旧的组织形式提出了挑战，在这种情况下，一种新的企业运作模式——虚拟企业(Virtual Enterprise) 脱颖而出。虚拟经营是指一个企业或多个企业以资源为核心，为实行特定的企业战略目标，依靠信息，通过一种网络式的联盟，实现资源的最佳组合和企业的快速发展。虚拟企业由于仅保留企业中最关键的功能和职能部门，而将其他的功能和职能部门虚设或省略，借助灵活的运营机制可以降低市场风险，充分利用资源。

物流作为联系客户和消费者的重要环节，其质量和水平直接影响到企业与客户的关系和企业的市场地位，社会迫切需要专门的企业提供高水平的专业化物流服务。第三方物流就是在这种条件下产生的，并因其适应现代市场经济环境而得到迅速推广，如今在发达国家已成为物流模式的主流。发达国家的物流业发展证明，独立的第三方物流要占社会物流的50%，物流产业才能形成。所以，第三方物流的发展程度反映和体现着一个国家物流业发展的整体水平。

3. 第三方物流是物流领域竞争激化的产物

随着经济自由化和贸易全球化的发展，物流领域的政策不断放宽，如在市场准入方面放松管制，允许单个企业同时涉足海陆空运输代理领域，取消对物流领域供需调整的行政干预等，同时也导致了物流企业自身竞争的激化，物流企业不断拓展服务内涵和外延，从而导致第三方物流的出现。物流对企业在市场上能否取胜的决定作用变得越来越明显。世界经济在纵向对工业、供应商、顾客、贸易和物流公司进行着重要分工，介入生产和销售环节的物流公司的出现，将是物流业发展的必然趋势。

四、第三方物流的优势

1. 信息优势

第三方物流，尤其是非资产型第三物流，它的运作主要靠信息，只有具备信息的优势，第三方物流才可以比货主（外包物流服务人和收货人）在了解市场、了解物流平台的情况、了解灵活运用物流资源、了解价格、了解制度和政策方面更有优势。同时，第三方物流的信息优势还来自于由它组织和运作的物流系统，这是偶尔进入这一领域的物流服务需求者所不可能具备的。当然，对于货主来讲，如果有长期的、稳定的物流渠道，也完全可以形成自己的信息优势，而不见得依靠第三方物流。第三方物流信息优势主要是针对客户的变换的需求，客户不会就每一项临时的物流需求来建立自己有效的信息优势。

2. 专业优势

第三方物流的核心竞争能力，除了信息之外，就是物流领域的专业化运作，专业化运作是降低成本、提高物流水平的运作方式，这一点在工业化时期已经在各个领域得到了证明。绝大部分物流客户核心竞争能力都不是物流。对制造企业而言，核心竞争能力是设计、制造和新产品开发，对商业企业而言，核心竞争能力是商业营销。能够把物流作为自己核心竞争能力的，也只有沃尔玛这样的超大型企业。所以，专业优势应该说是第三方物流比之有物流服务需求的客户而言的一个很重要的优势。

3. 规模优势

第三方物流的规模优势来自于它的地位可以组织若干个客户的共同物流，这对于不能形成规模优势的单独的客户而言，将业务外包给第三方物流，可以通过多个客户所形成的规模来降低成本。有了规模，就可以有效地实施供应链、配送等先进的物流系统，进一步保障物流服务水平的提高。

4. 服务优势

第三方物流和客户之间关系，不是竞争关系，而是合作关系，是共同利益的关系。这样一种双赢的关系，是服务伙伴建立的重要前提，也是形成服务优势的重要条件。同时，第三方物流整个企业的构建和组织，都是基于物流服务这一要求，这是货主物流企业和一般的承运企业不能具备的。第三方物流服务优势还来自于信息优势、专业优势，应该说服务优势实际上是其他优势的综合表现。

五、第三方物流的作用

1. 第三方物流对企业经营的积极作用

企业将自己的物流业务外包给运行良好的第三方物流公司，可以获得如下优势：

（1）有利于企业集中精力于核心业务；

(2) 有利于减少库存;

(3) 有利于减少投资和加快资本周转;

(4) 有利于降低物流成本;

(5) 有利于提高客户服务水平;

(6) 有利于提升企业形象。

2. 第三方物流对促进社会物流配送的作用

(1) 有利于社会物流设施的充分利用,进行合理的资源优化配置,减少不必要的投资。

(2) 专业化物流配送,利用快速反应系统,及时为用户服务,使产销紧密结合。

(3) 有利于企业实现规模化经营,提高规模效益。

六、第三方物流与第四方物流的关系

(一) 第四方物流概念

目前,关于第四方物流的定义还没有一个确切的概念,国内外物流界对第四方物流的认识并不统一,对其概念、作用及发展方向等还存在诸多争议。大多数引用的都是美国埃森哲咨询公司最先提出的第四方物流的概念:第四方物流(Fourth Party Logistics,FPL 或 4PL)是一个供应链的集成商,它对公司内部和具有互补性的服务商所拥有的不同资源、能力和技术进行整合管理,提供一整套供应链解决方案。

关于第四方物流的定义,不同的组织有不同的认识:

定义一:集成商们利用分包商来控制和管理客户公司的点到点式供应链运作。

定义二:综合供应链解决方案的整合和作业的组织者,负责传统的第三方物流之外的职责,即第四方物流负责传统的第三方安排之外的功能整合。

定义三:一个集中管理自身资源、能力和技术并提供互补服务的供应链综合解决方案的供应者。

第四方物流企业必须满足三个条件:一是第四方物流必须不是物流的利益方;二是第四方物流必须能实现信息共享;三是第四方物流必须有足够能力整合所有资源。

第四方物流是在第三方物流不能满足客户高需求的情况下诞生的,它是物流运作管理模式的新发展,与第三方物流存在很大的不同。相比较而言,第三方物流侧重于实际的物流运作以及面对客户需求的一系列信息化服务,它通过将供应链上每个环节的信息进行比较和整合,力求达到跟踪满足客户需求的目的;而第四方物流则侧重于从宏观上对供应链进行优化管理,其优势在于管理理念的创新和管理能力的变革,它的目标在于将一定区域内甚至全球范围内的物流资源根据客户的需求进行优化配置,以形成最优方案。

(二) 第四方物流的特征

1. 第四方物流有能力提供一整套完善的供应链解决方案,能有效适应需求方多样

化和复杂化的需求，集中的所有资源为客户完美地解决问题

（1）供应链再建。

（2）功能转化。

（3）业务流程再造。

（4）实施第四方物流，开展多功能、多流程的供应链业务。

2. 第四方物流是通过对供应链产生影响的能力来增加价值

（1）增长利润。

（2）提高资产利用率。

（3）降低运营成本。

（4）降低经营成本。

第四方物流成功地影响着大批的服务者（第三方物流、网络工程、电子商务、运输企业等）以及客户的能力和供应链中的伙伴。它作为客户间的连接点，通过合作或联盟提供多样化服务。第四方物流的优点集中表现在可以迅速、高质量、低成本地完成各种服务。

（三）第三方物流与第四方物流的关系

普遍上认为，第四方物流是在第三方物流的基础上发展起来的，甚至许多第四方物流企业需要从第三方物流企业转化过来而且二者之间也存在着互补与合作。

与传统的供应链外协相比较，第四方物流能“为客户提供最接近要求的最完美的服务”，其发展方案联结了第三方物流、技术服务和业务管理等，为客户提供了“跨功能的作业一体化和广阔的运作自治空间”。

作为供应链外协发展的新阶段，相比第三方物流而言，第四方物流具有自己的特点。它克服了第三方物流在服务能力以及利益共享等方面的不足，可以对供应链中的各种需求作出更有效的反应，并通过充分利用内协与外协各自的优势为客户提供利益最大化的服务。

具体来说，第四方物流与第三方物流经营人的不同之处主要体现在以下四个方面：

（1）从组织形式上看，第四方物流通常是由客户与其一个或多个合作伙伴以合资或长期合同的形式建立的一个独立实体。

（2）第四方物流在客户与众多物流服务提供者之间起着一个接口的作用，并通过合作或联营的方式对物流服务进行经营管理。

（3）客户企业供应链中的所有活动都由第四方物流进行管理。

（4）一些大的第三方物流经营人可以在现有组织结构的基础上发展成为第四方物流。

七、国外第三方物流的发展状况

第三方物流已有 20 多年的历史，在发达国家已经成为一种重要的物流模式。国外第三方物流的蓬勃发展有一些相似之处；第三方物流设施的现代化程度高，第三方物流业社会化、组织化程度高，对社会存量资源整合得较好等。各国在第三方物流业的发展方面，也形成了各自的特点。

小资料

在美国，使用第三方物流的工商企业占57%；在日本为80%，欧盟为76%。从全球情况来看，第三方物流的市场份额逐年扩大，据美国美智顾问公司的分析，1996年全球第三方物流服务市场份额为1340亿美元，占当年全球物流总支出的3.9%；1998年为1740亿美元，占当年全球物流总支出的5%；2000年为2070亿美元，占当年全球物流总支出5.5%；2002年底约为2810亿美元，占当年全球物流总支出的7%。据测算，从1996年到2002年年末，全球物流市场的平均增长率为4%，而全球第三方物流平均的年均增长率为13%，是前者的3倍多。这一情况说明了社会生产专业化分工客观要求的必然趋势，反映了经济市场化的进程在加快，同时更说明了第三方物流的巨大生命力。

（一）美国第三方物流发展概况

美国在经济发展中不强调政府的管制作用，而要求企业按照市场化运作模式发展。第三方物流业的兴起就是市场化运作的核心体现。执行第三方物流的企业利用本公司或其他公司的物流资源，提供的物流服务除仓储和运输配送外，还有物料管理、JIT、运费协商、国际多式联运等。它们的经营职能包括作业、管理、工程技术等。物流活动的领域有供应、制造、销售、回收等。这几方面的要素互相组合，构成各种第三方物流产品。

小资料

目前，美国使用第三方物流企业的比例约为57%，而且其需求仍在不断增长。整个美国第三方物流的收入以年均15%～20%的比例递增。美国第三方物流的迅速发展，主要得益于完善的制度。政府对物流产业采取不干预的态度，主要由工商企业用户与物流服务者签订合作合同。用户将货物集运、库存管理、条码标签、分拣挑选、订单执行等业务，包括售后退货、修理更换、货物回收销毁、网路额订单执行以及电脑装配等销售渠道完全交付给物流合作方，为物流产业的发展提供了巨大的空间。

美国第三方物流企业数量多、规模大。据2003年10月美国东北大学和埃森哲咨询公司对美国财富500强制造企业使用第三方物流服务情况的调查结果，2003年这些大型制造企业对第三方物流使用的比率达到81%，在使用第三方物流的企业中有58%的企业使用多家第三方物流的服务。根据1996年的调查，英国有76%的企业在使用第

三方物流服务，在没有使用第三方物流企业中有24%正在考虑是否使用第三方物流服务。调查中已采用第三方物流服务的企业中有77%的使用年限在3年以上，60%的使用者使用年限在5年以上。从这些数据来看，欧美的第三方物流市场经过十几年的发展，先后都已经达到了一定的成熟度。

（二）欧洲第三方物流发展概况

推动欧洲第三方物流发展的根本原因是减少成本、改善服务。欧洲劳动力成本较高，工会会费数额较大，税负较重，还有法规和经营限制。欧洲的物流经营成本达到美国的两倍。在欧洲开设分支机构的公司选择第三方物流管理和经营物流设施，不仅能降低分销成本，而且能提供专业化的服务。物流需求的膨胀导致欧洲物流服务供应商的剧增，第三方物流为欧洲带来了范围广泛的创新服务。

小资料

在物流服务市场上，欧洲的第三方物流公司分为不同的层次，面向不同的目标市场，提供不同层次的服务，但基本可分为四类。

第一类，服务范围广泛的大型物流企业。最高一层的大型物流企业为制造商提供了范围广泛的服务，包括制作不同语言的标签和包装，帮助这些制造商在欧洲不同市场进行销售。如UPS环球物流。

第二类，从事传统物流的欧洲公司。这类第三方物流公司经营规模很小，是国际物流营运商中欧洲特有的物流实体。这些企业拥有自己的资产，经营货车货运、仓储、报关等。

第三类，新兴的第三方物流公司。除大型跨国物流公司和较小的物流企业，一种完全新型的欧洲第三方物流比其他的货运服务发展更快。例如，欧罗凯集团、德国汉堡主要的集装箱经营者，除在欧洲拥有仓储和配送能力以外，还为零售商和制造商提供复杂的物流服务，最普遍的一种增值服务是加速接运分送，增加库存周转次数。

第四类，大型国有机构的第三方物流。欧洲另一个快速增长的第三方物流企业层次是大型的国有机构，如国家铁路公司和港务局。

（三）日本第三方物流发展概况

日本政府非常重视物流产业的发展，拟定了《仓库业法》，在《商法》《民法》中也有关于仓库消防法及一系列的法规法令。1997年，日本政府提出了“综合物流对策”，目标是在亚洲建立先进的物流体系。2002年，日本政府又出台了一个五年计划，通过利用数字化目标来推动物流业的发展。所谓数字化目标，即用具体的数字来衡量物流的全过程。例如，从产品进入港口到报关再到买方手中，期限为两天。

小资料

日本政府的主导作用，主要体现在以下几个方面。一是规划优先。由于日本国土面积小，国内资源和市场有限，商品进出口量大，政府采取“流通据点集中化”战略，在大中城市郊区、港口、主要公路枢纽规划建设物流配送中心。二是政府加大资金投入。在科学规划的基础上，日本政府制定了《综合物流施政大纲》，并提出了综合物流管理的观点，即把生产以及生产以前的过程，物理性的流通过程、售后服务、销毁回收等全过程，设定为一个系统过程，进行综合管理，使日本物流业的现代化程度进一步提高。如日本最大的综合物流中心——和平岛货物中心建设投资572亿日元，其中70%由中央财政出资，20%由东京地方财政出资，10%由企业投资。三是出台相关政策，鼓励现代物流业发展。在完善道路设施，改善城市内河运输条件，缓解城市道路阻塞，发展货物联运等方面，日本政府出台了很多放松政府管制、建立政府部门协调促进机构、提供政府援助等可行的鼓励措施。

八、我国第三方物流发展概况

（一）我国第三方物流在发展过程中呈现的特点

1. 从第三方物流企业形成途径来看，传统的储运企业转型而来的第三方物流企业占主导地位

目前，按形成途径划分，我国主要有四类第三方物流企业，它们在国内第三方物流市场中各自拥有一定的份额，并且具有各自的特点。

第一类是从传统仓储、运输企业经过改造转型而来的，物流企业占主导地位，占据较大市场份额。中远国际货运公司、中国对外贸易运输（集团）总公司（简称中外运）、中国储运总公司等，凭借原有的物流业务基础和在市场、经营网络、设施、企业规模等方面的优势，不断拓展和延伸其他物流服务，向现代物流企业逐步转化。

第二类是新兴的民营物流企业。它们由于机制灵活、效率较高、管理成本低等特点，发展迅速，是我国物流业中最具朝气的第三方物流企业，如广州的宝供物流集团。但有限的固定资产和缺乏有力的财务支持限制了民营物流企业的市场扩张速度。

第三类是外资物流企业。它们一方面为原有客户——跨国公司进入我国市场提供延伸服务，另一方面用它们先进的经营理念、技术手段和优质的服务吸引我国企业，逐渐向我国物流市场渗透，如马士基物流公司、黄天白物流公司等。

第四类是新创办的国有或国有控股的新型物流企业，它们是现代企业改革的产物，管理机制比较完善，发展较快。

总体上看，传统的企业尚处于转变之中，新兴的企业尚在起步，外资企业只得到

了有限的发展。真正拥有可以信任的品牌、庞大的物流网略、先进的管理体制、高素质的人才队伍、丰富运作经验的物流龙头企业尚未出现。

2. 从地区分布上来看，我国第三方物流企业的发展很不均衡，企业数量以及服务收入绝大部分集中来自东部地区

据调查，珠江三角洲地区集中了24%的第三方物流企业，获得了30%的服务收入；以沪宁杭为中心的长江三角洲地区集中了28%的第三方物流企业，获得了35%的服务收入；京津唐环渤海地区集中了27%的第三方物流企业，获得了32%的服务收入。

（二）我国第三方物流发展中的问题

1. 物流外包乏力

目前，大部分工商企业仍热衷于自营物流，对于物流外包反应冷淡。

小资料

《中国仓储行业发展报告（2014）》中显示：到2013年年底，全国仓储企业2.44万家，同比增加7%；从业人员71万人，同比增长8.4%；行业资产总额1.7万亿元，同比增长11.8%。全国营业性通用仓库面积8.6亿平方米，比上年增长23%，其中，立体仓库在2亿平方米左右，约占23.2%；全国冷库总容积为8345万立方米（静态储存能力约2113.89万吨），同比增长9.68%。2013年，仓储业的固定资产投资额为4200.7亿元，同比增长了34.6%，主营业务收入约4804.8亿元，同比增长9.1%，纳税总额约312.6亿元，同比增长7.6%，净资产收益率为4.5%，较上年提高0.65个百分点。

2. 物流企业规模偏小，成本居高不下

从我国目前的情况来看，物流企业规模普遍偏小是不争的事实。企业规模越小，运营成本越高，进而影响企业的经营效益及长远发展。

小资料

来自商务部2012年的统计显示，2011年前三季度，我国社会物流总费用达5.8万亿元，同比增长18.7%，增幅同比提高3.8个百分点。社会物流总费用与GDP的比率为18%。2010年我国社会物流成本占GDP的比重达17.8%，几乎为发达国家一倍，这其中物流体系的不完善是主要因素。

3. 物流服务功能基础单一

从服务范围和功能看，我国第三方物流公司大多为客户提供单项服务，且均停留

在仓储、运输等基础性服务上，像宝供、中海这样功能完善的第三方物流企业目前为数不多，规模不是很大。中外运、中国储运总公司这样大型的运输、仓储企业虽已向第三方物流企业转化，但它们的传统运输、仓储业务仍占主要部分，第三方物流的功能还不完善。

小资料

中国仓储协会的调查也表明，生产企业和商业企业的外包物流主要集中在市内配送、单纯仓储和干线运输。其中生产企业的外包物流中，单纯仓储占21%，干线运输占36%，市内配送占28%，包装仅占4%；商业企业的外包物流中，单纯仓储占37%，干线运输占21%，市内配送占43%，包装占14%。而且，生产企业使用第三方物流企业的数量通常有2～10家，商业企业使用第三方物流企业的数量一般在10家以上，可见生产企业和商业企业的外包物流以“分包”为主，即将不同功能的业务分别委托给不同的企业，企业物流被严重分割，难以达到规模经济性的要求。

4. 物流服务效率低下

物流服务效率低下主要表现在信息传递不及时、不准确，作业速度慢，作业差错率较高。这直接影响了物流配送的及时与准确，难以充分体现第三方物流的核心价值、服务价值。

（三）制约我国第三方物流发展的因素

1. 需求不足

没有市场需求，第三方物流企业就像是无源之水、无本之木，失去了持久发展的基础，更谈不上服务水平的提高。我国目前第三方物流市场需求严重不足，主要有以下原因。

（1）物流观念落后。观念是影响物流外包的首要因素。受“大而全”“小而全”的经营观念影响，拥有自己的运输车队、仓库以及配送中心等物流能力成为许多工商企业引以为荣的标志。

（2）企业对第三方物流缺乏信心。高效的第三方物流企业可以降低生产运营成本，帮助企业提升价值链，优化企业业务流程，而低劣的第三方物流不仅不能降低成本，还可能对企业的经营造成障碍。

（3）自营物流退出障碍制约。根据产业组织理论，企业在退出某一行业时，会受到许多因素的阻碍，这些因素被称为退出障碍。

（4）担心商业机密外泄。商业机密是企业制胜的法宝，也是企业的核心竞争力。如果将物流业务外包，部分运营情况将不可避免的向第三方物流企业公开，这对企业来说是个非常困难的决定。

2. 供给不足

（1）传统经营观念影响。目前我国从事物流服务的第三方物流企业，其前身大多是仓储运输企业，不少企业的经营思想还停留在传统物流的概念上，各个行业的储运企业相互独立与分割，物流设施重复建设、设备简单，完成业务的功能单一、效率低下，完成不了规模的网络运营模式。

（2）信息技术落后。第三方物流意味着和多个不同的货主企业建立合作关系，要处理来自多个企业的不同种类和数量商品的传递。由于传统的大量生产方式向多品种、小批量的生产方式转变以及电子商务的发展，对第三方物流服务的要求往往也是多品种、小批量的。这种多品种、小批量的物流处理过程不仅十分繁杂而且往往是不经济的。

（3）人才制约。发展第三方物流，关键是具备一支优秀的物流管理队伍。虽然物流从业人员也已初具规模，但大多数是从管理专业、工程专业、交通运输专业等转行过来，真正懂得物流科学的高层次管理人才少之又少，原因就是物流教育的落后，在我国高等院校开设物流专业和课程的历史较短，绝大部分不超过10年。市场竞争，归根到底是人才的竞争。缺乏人才，企业也就缺少了创新的能力和发展的动力，只能依靠传统的方式管理现代物流，导致物流企业低效运行，缺乏活力和竞争力。

第三方物流是操作性较强的管理活动，同时又是高新技术支持下的应用科学，要求从业人员必须是管理类和技术类相结合的复合人才，既要掌握物流优化管理的理论和方法，同时又应具备计算机和网络、自动化技术方面的知识。但是目前我国的物流企业工作人员的业务素质较低，难以达到第三方物流概念要求的提供综合物流业务的要求。我国物流企业普遍管理效率低下，基本上还是经验管理和粗放管理，不能满足第三方物流对于物流企业有较好管理能力和协调能力的要求。

3. 制约我国第三方物流发展的外界环境

（1）物流基础设施薄弱。首先，长期以来，受“重生产，轻流通”思想的影响，国家财政对物资流通行业的基础建设投资力度明显不足，我国物资流通基本建设投资占GDP的比重为2.67%，低于英、美、日等发达国家，甚至低于印度、巴西等发展中国家。同时，物流基础设施布局也不合理，54%分布在东部，30%分布在中部，16%分布在西部，从而造成交通网布局不均（集中于沿海地区），导致了物流业发展区域的不均衡。其次，物流与信息技术结合的趋势日渐加强，暴露出我国电子商务基础设施的明显不足，网络硬件设施发展不足，网络速度较低等问题，不利于企业间信息交流与共享。

（2）部门分割、行政分割的制约。在运输管理体制上，我国实行的是按照不同运输方式划分的分部门管理体制；同时，从中央到地方也有相应的管理部门和层次。这就不利于形成社会化的物流系统和跨区域、跨行业的物流网络。

(3) 信用体系欠缺的影响。物流服务是一系列委托与被委托、代理与被代理的关系，是完全以信用体系为基础的。在缺乏普遍商业信用的情况下，货主对物流服务的需求必然采取审慎的态度，其结果就是自营物流，进而导致物流服务的市场需求不足。

(4) 现行税收体制的影响。物流企业的经营成本支出主要集中在购买交通工具和构建固定资产，而现行的“生产型”增值税税收政策不允许企业抵扣固定资产的进项税额，这种税收政策加大了物流行业的税负，制约了物流企业固定资产的更新，导致物流效率低下。

第二节　第三方物流运作模式

一、第三方物流运作模式的构成要素

第三方物流企业在建设运作模式的时候，主要应考虑两个方面的问题，一个是如何提供服务，另一个是如何整合资源，因此，运作模式的构成要素主要有两个方面，即资源整合和服务提供。

(一) 资源整合

资源整合的方式看，第三方物流企业主要有两种：一种是不拥有固定资产，依靠企业协调外部资源进行运作的“非资产型”；另一种是投资购买各种设备并建立自己物流网点的“资产型”。究竟采用哪种类型主要取决于企业的成长背景、投入能力、战略规划以及宏观环境。

(1)“非资产型”物流企业仅拥有少数必要的设施设备，基本上不进行大规模的固定资产投资，它们主要通过整合社会资源提供物流服务。由于不需要大量的资金投入，运行风险较小。采用这种方式需要有一个成熟的底层物流市场，同时企业自身也要有先进的技术手段作为支撑。

(2)“资产型”物流企业采取的方式是自行投资建设网点和购买设备，除此之外，还可以通过兼并重组或者建立战略联盟的方式来获得或利用资源。虽然需要较大的投入，但拥有自己的网络与设备有利于更好地控制物流服务过程，使物流服务质量更有保证，同时雄厚的资产也能展示企业的实力，有利于同客户建立信任关系，对品牌推广和市场拓展有重要作用。

(二) 服务提供

如何提供服务、提供怎样的服务是第三方物流企业重点关注的问题，这需要确定以下五个方面的内容。

1. 服务区域

服务区域是指第三方物流企业提供物流服务的覆盖范围。企业对于自身服务的范围是国际物流、全国物流、区域物流还是市域物流要有明确的划分。服务区域的确定要与本企业的资金、设备、条件相匹配，要符合企业的实际情况。

2. 服务对象

服务对象的确定是解决企业为谁服务的问题，只有明确服务对象，才能在提供物流服务时有的放矢，以企业有限的资源为客户提供更完善、周到的物流服务。第三方物流企业的服务对象主要有社会公众、生产制造企业、商贸企业等。

3. 服务内容

第三方物流服务的内容主要包括运输、仓储、包装、搬运装卸、流通加工、配送等基础性服务，以及信息系统管理、物流系统方案设计等增值性服务。企业选择哪些作为自身物流服务的内容，要依据企业的战略定位、整体实力，以及市场需求等综合确定。

4. 服务产品

物流服务产品是第三方物流企业根据市场定位、服务对象推出的相应的物流服务项目。服务产品的类型可以按照物品的重量、体积划分，也可以按照物品的性质如服装、家电、生物制品等划分。由于不同的物品对物流服务的要求不同，因此确定服务产品的类型对于运作模式的建立也有着很重要的作用。

5. 服务手段

第三方物流企业的服务手段主要包括运输、仓储、网络、信息等软硬件设施、设备的选择和使用。对于运输来说，它是指运输方式的选择，是一种运输方式还是多种运输方式；对于仓储来说，它是指仓储的类型，其物流中心是中转型、分拨型还是综合型；对于网络来说，它是指网络覆盖的范围及密度的大小；对于信息系统来说，它是指信息系统的功能和实现方式。

二、第三方物流企业运作模式的特征

1. 目标的系统性

运作模式的建立，必须要以企业的市场服务定位为依据。也就是说，运作模式是市场定位的具体体现，市场定位是运作模式建立的根源和准则。因此，企业在建立运作模式的过程中，要依据服务定位的要求，从系统的角度统筹规划所要提供的各项物流活动，统筹安排所需的各种设施设备，并对其进行协调和优化，力求使企业的整体运作达到最优。

2. 培育的长期性

运作模式的建立不是一朝一夕的事情，而是一个复杂和长期的过程。它是在企业战略定位的指引下，有计划有步骤地对各项物流要素进行选择，逐渐地增加硬件设备、拓展经营网络、提升管理水平等，并最终形成一个独特的具有本企业特色的运作模式。而运作模式一旦成熟，将会使企业的各项物流作业更加规范，运作流程更加合理，企业对市场的反应更加快速和敏捷，从而使企业获得稳定的客户群体，使其在市场上的生存和发展具备坚实的基础。

3. 发展的相对性

运作模式的发展具有一定的相对性，这主要有两层含义。一方面，对于一个第三方物流企业来说，其在起步期、发展期，以及成熟期等不同的发展阶段，它的运作模式是不同的。因为尽管企业有一个明确的市场定位，但在不同的发展阶段其发展目标是不完全相同的，与之相对应，运作模式必然有所不同；另一方面，在一个特定的发展时期里相对稳定的运作模式，也是处于不断地进化和提升的状态里。随着物流企业规模的扩张和实力的增强，运作模式会越来越完善，企业所提供的物流服务质量也必然越来越高。

三、第三方物流的主要运作模式

根据第三方物流企业整合资源和提供服务的方式不同，可以将其归纳为以下八种运作模式。前两种模式是理论模式，不仅难以实现，而且意义也不是很大。另外六种是比较典型的第三方物流企业运作模式，它们已经而且将继续在物流社会化系统中发挥重要作用。

1. 理论模式一

此类第三方物流企业的主要特点是规模庞大，网络体系遍布全国甚至全球，拥有先进的物流装备、强大的信息管理能力和高水平的物流人才，可以同时为多个行业的客户提供高集成度的物流服务。由于高端的物流服务涉及对客户的几种物流功能甚至是整个供应链的整合，需要个性化定制，因此第三方物流企业参与客户营运的程度很深，投入较大。当客户分布在多个不同行业时，由于不同行业对一体化物流服务的要求有很大差异，第三方物流企业拥有的经验与资源无法在不同行业的客户间共享，会导致运作成本提高，第三方物流企业也难以形成核心专长。因此，尽管拥有大量的资产，同时为多个行业提供高集成度的物流服务也是很困难的，因此采用这种模式的第三方物流企业几乎不存在。一些世界著名的物流企业都有各自擅长的领域，如 TNT 的物流业务主要集中在电子、快速消费品、物流三大领域；三井物产则以钢铁物流而闻名；Ryder 是世界著名的汽车物流服务商。

2. 理论模式二

此类第三方物流企业基本上不进行固定资产的投资，而是通过强大的信息管理能力和组织协调能力来整合社会资源（如其他的第三方物流企业、技术供应商、管理咨

询顾问等），为多个行业的企业提供高集成度的物流服务。同样道理，由于服务需要个性化定制而且物流企业的精力有限，这种高集成度的服务很难大规模运作，而且无资产的物流企业操作起来更加复杂。

3. 综合物流模式

综合物流模式的特点是第三方物流企业拥有大量的固定资产，为少数行业提供高集成度的服务，它与第一种模式的区别在于其业务范围集中在自己擅长的领域。国际上许多著名的物流公司都采用这种运作模式，国内一些大型的物流企业也开始提供这种服务。例如某物流公司为 IBM、美能达等公司提供全球采购与生产配送服务，它们将运输、储存、报关、精确配送、信息服务和资金结算等多项职能整合在一起，使世界各地的物流在到港后 24 小时内即可通过配送中心送达位于不同地区的生产线上，保证其在零库存状态下进行正常生产。一些从大型生产制造企业中剥离出来的第三方物流企业由于有自己的网络和营销渠道专长，也集中面向专长的行业提供高集成度物流服务。值得注意的是，由于提供高集成度的物流服务参与客户内部运营的程度较深，为了更好地实施物流管理，同时也为了降低客户完全外包物流的巨大风险，一种常见的操作方式是第三方物流企业与客户共同投资新的物流公司，由这个公司专门为该客户提供一体化的物流服务。在国内，这种形式已经出现。

4. 综合代理模式

综合代理模式的特点是第三方物流企业不进行固定资产投资，对公司内部及具有互补性的服务提供商所拥有的不同资源、能力、技术进行整合和管理，为少数行业提供高集成度的一体化供应链服务，它与第二种模式的区别是其业务范围集中在自己的核心领域。综合代理模式体现了第四方物流的思想，采用这种运作模式的物流企业实际上就是一个供应链的集成商。目前在我国，重复建设使得许多物流资源非常分散但总体却过剩，物流网络和设备利用率不高，物流服务的质量有所欠缺，缺乏有效的物流管理者。

采用综合代理的物流运作模式，不仅降低了大规模投资的风险，而且可以有效地整合社会资源，提高全社会的物流运作效率，现阶段在我国很值得推广。但是底层物流市场的极度不规范也使整合社会资源的难度加大，目前这种模式还处于概念和探索阶段。

5. 功能物流模式

功能物流模式的特点是第三方物流企业使用自有资产为多个行业的客户提供低集成度的物流服务。这类第三方物流企业对客户提供的服务功能很单一，只是大量提供运输、仓储服务，一般不涉及物流的整合与管理等较高端的服务。由于仓库、车队等资源可以共享，因此企业能同时为较大范围的客户服务，实现规模效益。

功能物流模式是目前我国第三方物流企业运作的一种主要模式，许多以传统运输、仓储为基础的大中型企业，以及一些新兴的民营物流公司，都属于这种模式。目前这些企业纷纷在传统业务的基础上拓展更全面的综合物流功能，如提供一些增值服务和物流过程管理等，但是物流服务的集成度还不是很高。从国内的物流市场来看，由于客户企业仍倾向于外包部分功能性的物流活动而不是全部物流，因此定位在低集成度上仍然有很大的空间，功能物流模式仍将是主要的物流服务形式。采用功能物流模式的第三方物流企业应该不断加强自身的运作能力，在强化核心能力的基础上，可逐步拓展服务的种类，提升服务层次，向综合物流模式发展。

6. 功能代理模式

这种模式的第三方物流企业与功能物流模式一样，也是为多个行业的客户提供低集成度的服务，只不过是通过委托他人操作来提供服务，自身不进行固定资产投资。这类企业一般由货代类企业经过业务拓展转变而来，客户分布比较广泛，服务层次相对较低，但它具有较强的管理整合社会公共资源能力，能够充分利用闲置的社会资源，使其在效益方面产生乘数效应，一般取得物流项目的总承包后整合社会资源再进行二次外包。这类企业对固定设备、设施的投资少，以其业务灵活，服务范围广和服务种类多等优势方面使其他企业难以与之竞争。采用功能代理模式的物流企业一方面可以通过不断提升代理服务的集成度向综合代理模式拓展；另一方面也可以通过与工商企业结盟增加资产的专有性，向更深层次的第三方物流企业方向发展。

7. 集中物流模式

集中物流模式的特点是第三方物流企业拥有一定的资产和范围较广的物流网络，在某个领域提供集成度较低的物流服务。由于不同领域客户的物流需求千差万别，当一个物流企业能力有限时，它们就可以采取这种集中战略，力求在一个细分市场上做精做强。例如，同样是以铁路为基础的物流公司，某铁路快运公司是在全国范围内提供小件货物的快递服务，而另一物流公司则是提供大宗货物的长距离运输。由于在特定领域有自己的特色，这种第三方物流企业运作模式也是需要重点培育和发展的。

8. 缝隙物流模式

缝隙物流模式的特点是第三方物流企业拥有较少的固定资产甚至没有固定资产，以局部市场为对象，将特定的物流服务集中于特定顾客层。这种模式非常适合一些从事流通业务的中小型物流公司，特别是一些伴随电子商务而发展起来的小型物流企业。上海某物流公司，针对许多大型物流企业在城市末段物流配送网络上比较薄弱的情况，以健全的网络和规范化的操作模式专门为客户做城区内门到门的小件货物配送，由于找到了市场的“空白”，这家公司的业务量正在快速上涨。采用缝隙型物流运作模式的第三方物流企业应该充分发挥自己在特定服务领域的优势，积极提高服务水平，实现物流服务的差异化和成本最小化。

四、第三方物流企业运作模式的构建

1. 明确物流服务定位

服务定位是第三方物流企业构建运作模式的前提，它主要解决的是企业在物流市场上提供的服务种类的问题，也就是企业的发展方向问题。若市场定位不明确，则运作模式的构建就是无源之水、无本之木。

第三方物流企业在确定服务定位时，先要根据自身拥有的资源，然后认真分析行业的发展状况，分析本地区、全国甚至世界经济及物流的现状和发展趋势，再对物流市场进行细分，找到企业自身的目标市场。这个目标市场既要有当前需求，又要符合物流经济的长远发展趋势。这样企业才能既有赢利基础，又有足够的发展空间。

根据物流的特点对物流市场进行细分，可将物流市场划分为四个层次：第一个层次是提供运输、仓储、配送等基础性物流服务的单项服务或组合服务；第二个层次提供的是一体化物流服务，它包括四种类型，即专项物流、供应链物流、准时物流和电子商务物流；第三个层次是以一体化物流为基础的物流服务，它包括两种类型，即第四方物流和快速物流；第四个层次是物流发展的最高端即电子物流，第三方物流企业应在上述分析的基础上合理选择。

2. 推进物流网络化建设

健全完善的网络是第三方物流企业运作模式建设的关键。无论企业选择的是哪一个层次的物流服务，网络建设都是至关重要的问题，这是由物流作业本身的流动性、分散性等特点决定的。

物流网络主要包括两个方面：一个是物流硬件网络，另一个是物流信息网络。物流硬件网络是指由企业的物流中心、配送中心等节点，以及联系这些节点的运输线路所组成的网络。这个网络越大，企业所能提供的服务范围就越大，规模效应就明显；但是，网络的建设要受到很多因素的制约，企业应根据自身的战略规划、市场需求、资金实力等实际情况，通过详细的分析、选择与优化，逐渐建立起本企业的物流网络，以最大限度地获得规模经济效益。物流信息网络是指物流企业依靠现代信息、网络技术建立的有关用户需求信息、市场动态、企业内部业务处理情况等信息共享的网络。物流信息网络化是提高管理水平的重要手段，它的实现，有利于物流企业提高运作效率，减少运作差错，降低物流成本，达到对市场需求的快速反应，从而真正为客户提供质高价优的物流服务。因此，企业应根据自身实力和需求状况，有步骤、有计划地推行信息网络的建设。

3. 实现物流作业规范化

物流服务的提供过程就是物流企业调动各项资源，将各项物流活动如订单处理、干线运输、流通加工、配送等进行组织和协调的过程，它涉及多个部门，涉及多项具体操作过程，需要众多人员的协调和配合，是一个紧密衔接、环环相扣的过程。因此，为了保证物流服务的准确、快速、安全、及时，保证物流服务过程的无缝连接和转换顺畅，一个重要的方面就是实现物流作业的规范化。物流企业应在对各项物流作业详尽分析的基础上，制定相应的标准，使物流作业实现作业流程、作业动作的标准化与程式化，使复杂的作业变成简单的、易于操作与考核的作业。这样在整个物流运作的过程中就能减少随意性，既便于衔接又能降低风险，从而切实保证物流服务的质量。

4. 保证物流服务水平均质化

物流服务水平的均质化就是指针对同一类客户而言，物流企业在自己的任何一个网点所提供的服务都是一样的，即服务水平的一致性。这对于物流企业树立自身形象，在不同地区开拓市场，都有着十分重要的作用。因此，物流企业在建立运作模式的过程中，在对各个地区网络的建设、设备的购置等方面都要实行统一的标准，以实现物流服务水平的一致性。

总之，运作模式的建立是一个逐步积累和完善的过程，它具有长期性和复杂性，其间涉及物流资源的整合、物流网络的建设、人员的配置、物流作业的确定，以及业务流程的优化等诸多环节。因此，第三方物流企业在建设自己的运作模式时，先要根据市场定位做出统筹规划，规划出一个完整和清晰的运作模式的框架，才能将运作模式建设好，并使其真正推动企业的发展。

第三节　制造企业与第三方物流的协同机制设计

近年来，伴随着中国制造产业的升级，物流需求快速释放。我国现代物流迅速发展，制造业物流规模逐步扩大，制造业物流总额在社会物流总额中所占比重最大并逐年提高。我国制造业企业为提高整体效益，增强国际竞争力，已经开始培育现代物流理念，利用现代物流技术和工具，其物流业务发展正在由生产、销售环节向采购环节迅速扩展，部分企业开始向回收（循环）物流发展。

一、制造业物流现状及存在的问题

现在由于技术变革速度加快，产品生命周期缩短，新产品层出不穷，从而导致企业竞争加剧，市场竞争焦点由成本竞争转向产品性能、服务质量乃至新产品的开发速度的竞争。制造企业控制库存成本、物流成本、提高顾客服务水平和服务质量的压力越来越大。

在企业内部，虽然有一些企业已走在了物流设计、改造与应用的前列，处于向现代化物流管理迈进的进程中。但就总体水平而言，我国企业的物流管理仍处于分散的、

初步的功能性管理阶段，粗放型经营依然突出，企业核心竞争能力受损；物流活动被分散在各个部门，物流系统处于隐性状态；企业总体布局一般都未对物流进行规划设计，物流格局不清晰。在运行中经常造成物料停滞、混乱或无效搬运的状态，使得物流运作效率低下。与国外先进企业相比，无论是思想观念，还是管理模式和水平，都还存在着较大的差距。

二、不同类型制造业物流模式的选择

1. 实力雄厚的大企业物流模式的选择

可以采用“非物流企业内设物流配送系统模式”。其主要内容是：某些非物流企业（如大型家电制造企业等）为保证其规模化、高效率的生产过程对各类原材料的需求，以及市场销售中对成品的及时供货要求，企业内设的物流配送系统。例如我国著名的家电生产企业“海尔”集团，这是一个自建分销网络极为成功的例子。当然这类制造企业在我国还属少数。

2. 商品面向零售业的制造业物流模式选择

这类企业可采用以“产品专业化经营为主的物流经营模式”。这是一种专业化、社会化的物流经营企业。企业只设立专业化的物流配送中心，没有连锁分店等机构。该类配送中心专门经营某一类商品。例如，专门采供各类电视机产品，并承担从采购、运输、保管、储存、集配到给各百货商场、家电专营店、超级市场等零售商场按要求送货上门的全部物流业务。这种物流经营模式存在的客观条件是：城市或地区中存在着各种不同零售商同时经营某些同类商品现象。例如，经营家电产品的不同零售商，不同制造型企业，也存在使用同一类原材料现象。在这些企业各自分别采购所需的商品和原材料的情况下，必然产生和存在采购数量零星化、渠道分散化、品种选择余地小、采购费用不经济等问题。因此，客观上潜在需要一个相对比较集中的专业化采购与配送中心，将各企业所需的小批量同种类的商品，及时地、集中地、大批量地采购回来后，再根据不同企业的需求分类配送，从而解决上述分散采购中存在的诸问题。

3. 同类系列化、配套化的原材料的采购与供应的客观要求

这些制造企业可采用以“行业系列产品经营为主的物流配送经营模式”。该类物流配送经营模式也是一种专业化、社会化的企业。企业只设物流配送中心，不设其他机构。与前述模式的不同点是，这种模式专门为某行业生产经营所需的各种系列化的商品和原材料进行采购和配送。例如专门为建筑行业采供建设楼房所需的相关钢材、木材、水泥、上下水管、门窗、玻璃等系列原材料等。若在传统采供体系下，同行业内部各不相同企业分散采购，就必然产生采供渠道混乱、企业采供人员重复劳动多、采购批量过小、采供费用较大等问题。若构建专业化、社会化的该类物流配送中心，对同行业内部不同企业所需同类系列化原材料进行统一的、成套化采购与配送，便可大

大节约相关制造企业和流通企业的采购总费用，提高物流运行效率。

三、制造企业与第三方物流企业的合作形式

1. 合作的职能定位

（1）第三方物流管理是第三方物流企业与制造企业的战略联盟，而非一般意义上的买卖关系。

在服务内容上，第三方物流企业为制造企业提供的不仅仅是一次性的运输或配送服务，而是一种具有长期契约性质的综合物流服务，最终职能是保证制造企业物流体系的高效运作和不断优化供应链管理。与其说第三方物流企业是一个专业物流公司，不如说是制造企业的一个专职物流部门，只是这个物流部门更具有专业优势和管理经验。与传统运输企业相比，第三方物流的服务范围不仅仅限于运输、仓储业务，它更加注重制造企业物流体系的整体运作效率与效益。

从长远看，第三方物流的服务领域还将进一步扩展，甚至会成为制造企业销售体系的一部分，它的生存与发展必将与制造企业的命运紧密地联系在一起。

（2）第三方物流企业是制造企业的战略投资人，也是风险承担者。第三方物流企业追求的不是短期的经济效益，更确切地说它是以一种投资人的身份为制造企业服务的，这是它身为战略同盟者的一个典型特点。

（3）利益一体化是第三方物流管理的利润基础。第三方物流管理的利润本质上讲来源于现代物流管理科学的推广所产生的新价值，也就是第三利润的源泉。

这种新价值是第三方物流企业与制造企业共同分享的，这就是利益整体化，这就是我们强调的“双赢”。所以，与传统的运输服务相比，第三方物流企业的利润来源与制造企业的利益是一致的。与运输企业相比，第三方物流服务的利润来源不是来自运费、仓储费用等直接收入，也不是以制造企业的成本性支出为代价，而是来源于与制造企业一起在物流领域创造的新价值，为制造企业节约的物流成本越多，利润率就越高，这与传统的经营方式有本质不同。

2. 合作形式

我国国有生产企业一般设有单独的物资供应公司。这些公司可以采取以下形式与第三方物流企业开展合作。

（1）纵向合作经营。纵向合作经营是指在物流业务系统中的第三方物流企业，因所从事的物流业务不同，而与上游或下游的生产企业的物资供应公司间不存在同类市场竞争时的合作经营关系。纵向合作经营使非资产型和不完全资产型的第三方物流企业的物流业务得以开展。

非资产型和不完全资产型的第三方物流企业只能够完成一部分物流业务，所以，这类企业要想完成整个的物流业务，就必须和上游或下游的其他企业进行纵向合作。

纵向合作经营的结果使得社会物流资源得以整合，双方的分工更专业化，资金投入更合理化。对煤炭企业供应公司而言，宜购买第三方物流企业的具有竞争力的产品，还可以把下属企业的产品出售给第三方物流企业。

（2）横向合作经营。横向合作经营是指彼此相互独立地从事相同物流业务的生产企业的供应公司与第三方物流企业之间的合作经营关系。横向合作经营的基础是资源共享。

一是市场的共享。合作体内每个企业独立开发的市场即是合作体内所有企业的市场。因为，合作经营使这部分市场中的自由竞争被市场合理划分所代替，合作体内的企业所获得的利润高于自由竞争的利润。此时，合作体市场规模效应，对想进入合作体市场的其他第三方物流企业起着一定的壁垒和威慑作用。

二是技术的共享。合作体内每个企业都有自己的技术特点，合作经营的结果使得合作体内各种技术特点相互取长补短，形成了合作体共同的、比较全面的物流技术体系优势，既降低了每个企业的技术开发费用，又增强了企业的技术竞争力，扩大了企业的市场竞争范围。

三是业务能力的共享。在合作体内部，当某一企业因为季节性或临时性业务量较大时，可以花费合理而低廉的费用使用合作体内第三方物流企业或生产企业的供应公司的业务资源，进而使得合作体内部的投资更合理。

（3）网络化合作经营。网络化合作经营方式是指既有纵向合作又有横向合作的全方位合作经营模式。网络化合作经营有着纵向合作和横向合作共同的特点，是最常见的合作经营模式，与不完全资产型的第三方物流企业合作，应采用这种合作经营的方式。

3. 合作经营的风险及其防范

合作经营的风险是由于合作体系统内外部环境的不确定性、复杂性而导致失去竞争优势、被兼并及合作失败等。

首先，与第三方物流企业合作经营虽然不十分强调“强强”联合，但强调第三方物流企业必须具备自身的核心优势以实现优势互补的目的。与第三方物流企业合作体，为了实现共同的目的，在合作过程中有可能无意中将自身的核心技术或市场知识转移。而这些核心技术或市场知识正是该企业在合作经营前的竞争优势，其竞争优势可能会弱化甚至消失。

其次，因为合作经营的首要条件是加盟的第三方物流企业必须具有自身核心竞争优势和成员彼此之间必须能达成优势互补，否则不能加入合作经营体，所以某些物流企业急于加盟合作经营，在没有认真审视自身是否具有核心优势、是否具备合作经营条件情况下，盲目地加入合作经营组织。很显然，如果这些物流企业自身确实并不具备核心竞争优势而是勉强加入的话，那么在合作经营过程中很有可能被其他企业兼并，

甚至某些企业即使在合作前的确具备某项核心优势，但加入合作体后由于核心技术或市场知识外泄，最终成为其他物流企业兼并或收购的对象。

最后，合作经营伙伴的文化差异、合作目的差异等都有可能使合作经营失败，使合作体内的第三方物流企业蒙受损失。

规避风险的对策的有：

（1）在保持合作互惠互利的前提下，生产企业尽量保持自己的核心竞争力和市场范围。在纵向合作经营的同时，不能忽视加强自身的横向合作经营；在横向合作经营的同时还要加强纵向合作经营。此外，网络化合作经营是生产企业的物流公司规避合作风险的良策。

（2）做好合作经营中的沟通协调工作。合作经营失败的原因很多，如缺乏全心投入的精神，彼此间并未尽心尽力维持长期合作关系；文化差异使联盟终止；中期管理不当，沟通工作未做好，导致合作体内部协调性差。为了保持长期合作关系，应相互信任、相互尊重，碰到问题时要坦诚相待，彼此谅解，尽量减少彼此间的误解，增强合作经营的一致性，营造良好的合作氛围。

（3）在合作经营中保持自己的相对独立性。合作方在合作经营中，必须保存实力以确保与其他物流企业平起平坐，避免兼并或收购的风险。

第四节　制造企业与第三方物流的利益分配机制设计

一、第三方物流中的利益分配要素

1. 成本要素

投入成本的多少是成员企业参与利益分配的基本要素，当每个成员企业都追求各自成本最低时，很可能会造成整体服务水平的下降，企业活动成本之间存在着交替损益关系，需要对各物流活动从一体的角度进行协调管理，以实现在既定的顾客服务水平下总成本的最低。

企业付出的成本在最终产品的成本中所占的比重，即是企业获取利益的参照。成员企业为最终产品投入的成本越高，承担的资金风险、业务风险则越高，其利益的期望和实际的利润成本就会越高。

2. 贡献度要素

成员企业所分得的利益应与其对第三方物流的贡献度大小成正比。将投入成本的多少作为成员企业参与利润分配的基本要素，并不是说哪个企业投入的生产成本高，其对供应链的利润增加所做出的贡献就最大。

3. 位置因素

第三方物流中的各类企业，虽然相互之间是合作的关系，各节点企业为提高供应链的整体竞争力而进行彼此协调和相互努力。但是，由于企业规模、竞争结构、人力资源素质等各方面的原因，必然会形成地位和角色的差异，也会产生出相对核心的企业和非核心的企业。成员企业在第三方物流中位置的不同，会导致其在第三方物流中的重要性不同，承担的责任和风险不同。

4. 风险要素

一般来说利益和风险呈正比例关系，利益是对承担风险和提高效率的奖励。如果企业在生产的过程中承担更多的风险，那么它显然会要求得到更多的利益分配额来作为承担风险的补偿。

5. 企业讨价还价的能力要素

第三方物流成员企业通过资源的整合来提高整个第三方物流的利益。所有的这些利益形式最终都通过企业的利润反映出来，企业的利润是企业利益的核心。在第三方物流中，利润不是以最终总增值利润的形式在企业间进行再分配的，而是通过层层分剥的形式存在于各个成员企业中，主要体现在成员企业之间的讨价还价之后所签订的契约。契约中所列出的条款直接影响到利润在成员企业间的重新分配。由于企业是理性的，追求个体利益最大化，所以在签订契约时都会尽可能索要有利于自己的条款。当企业拥有较强的综合实力包括人、财、物、核心技术和品牌优势等，那么对行业的控制力就较强，讨价还价的能力就强，签约时就能得到更有利于自己的条款。

二、第三方物流利益分配常见模式

1. 产出分享模式

参与合作的所有成员按一定的分配比例系数，从合作最终的总利益中分得自己应得的一份利益。这是一种利益共享、风险共担的分配模式。

2. 固定支付模式

一个成员（一般是核心企业）根据其他成员承担的任务，按事先协商好的酬金从合作最终的总利益中支付固定的报酬，可一次性支付也可分次支付，而核心企业则享有其余全部剩余，并承担全部风险。这种分配方法接近市场交易的模式。

3. 混合模式

是前两种模式的结合，核心企业既向其他成员支付固定的报酬，同时总利益中按一定比例向其支付报酬，并分担出一部分风险。这是一种较常见的利益分配模式。

三、第三方物流协调

第三方物流是典型的、需要协调的系统。第三方物流是由不同利益主体构成的合作型系统，成员企业在追求自身利润最大化的同时，往往会与其他成员或与系统整体目标发生冲突。例如，物流服务需求方希望物流服务提供商能在节约成本的同时提供尽可能全面和优质的服务，而物流服务提供商为了提高服务质量，需要增加在基础设施及人员培训等方面的投入，从而导致物流成本的增加。

第三方物流是基于“竞争—合作—协调”机制的，协调是第三方物流稳定运行的基础。第三方物流协调就是基于物流、资金流和信息流等要素设计一定的激励协调机制，使成员企业有足够的积极性去建立一种相互信任、信息共享、风险共担、利益共享的战略合作伙伴关系，从而实现第三方物流整体利益大于各成员企业的利益之和。

在建立第三方物流的协调机制时，应注意以下几点。

（1）设计协调机制的主要目标就是尽可能解决第三方物流中普遍存在的失调现象，实现个体理性和集体理性的一致性。但应注意到它们之间的矛盾冲突：一种机制无论对整体效益有多大改善，如果不能充分满足个体理性的话，就难以贯彻执行。因此，第三方物流协调机制不能否认单个成员企业的个体理性，而应该设计出一种双赢的合作机制，在充分满足个体理性的前提下实现整体理性目标。

（2）设计的协调机制要体现参与者的风险态度，在很多情况下，一个委托人必须提供激励来促使风险厌恶的代理人执行某种任务。这表明风险态度也是协调问题的来源。这些问题在很多协调研究理论中都有论述。例如：委托—代理理论中的利己主义和风险厌恶。

（3）第三方物流是由多个自主的实体组成的网络，每一个实体具有一定的功能和结构，并各自拥有优化目标和私有信息，当第三方物流成员各自从最大化自身的利益出发来进行生产经营活动时，往往与第三方物流的总利益相冲突，因此建立的协调机制必须有足够的弹性，使利润在第三方物流成员之间合理分配，使第三方物流成员共同分担风险，最终实现系统利润最大化。

第五章　制造企业协同化物流管理模式

第一节　协同化物流的概念与特点

一、协同化物流的概念

协同物流（Collaborative Logistics）指各企业通过 Internet 提供服务并协调所有的商务活动，以提高利润和绩效，它创造协同环境使各企业共享信息和资源。

协同物流具有网络经济的成本优势，是供应链管理的进一步发展。它将企业控制范围扩大到供应链上所有节点企业，第一次让企业可能及时获得供应链中完全的信息，最重要的是它让企业能够了解产品的状态。如生产、运输以及能否按时到达等。协同物流是以 Web 为基础的主机软件服务，它使生产企业、零售企业、运输企业用更低的成本解决企业内外物流问题。协同物流反映了通过改变物流方式、物流途径挖掘物流新利润、新源泉的趋势，它通过综合供应者到消费者的供应链运作，使物流、信息流和资金流的流动达到最优化，并追求全面的、系统的综合效果。随着买方市场和竞争格局的形成，企业对物流作为“第三利润源泉”有了比较深刻的认识，优化企业内部物流管理，降低物流成本成为当前多数国内企业最为强烈的愿望和要求。许多企业已经认识到物流成本降低、效率提高要依赖于物流信息化，但是，这些企业还只是从本企业角度去看物流信息化，并只从与企业有关的供应链角度去提高物流效率，然而物流活动的社会性，使得这种操作不能最大限度地提高物流运作效率。

实际上，由于客户多变的需求，企业物流运作越来越表现出个性化的服务特征，越来越多的企业与客户结成了战略联盟，以至于要改变物流渠道其成本变得巨大。早在 1998 年美国物流管理协会已经把物流定义成供应链过程中的一部分，这实际上不仅把物流纳入了企业间互动协作关系的管理范畴，而且要求企业在更广阔的背景下来考虑自身的物流运作，即不仅要考虑自己的客户，而且要考虑自己的供应商；不仅要考虑到客户的客户，而且要考虑到供应商的供应商；不仅要致力于降低某项具体物流的成本，而且要考虑使供应链运作的总成本最低。一句话，就是所有供应链成员企业为了共同的客户服务目标协调它们的行动，直至建立稳定的合作伙伴关系。同时，美国物流管理协会 2001 年年会的主题为“在多变经济环境中的协作关系”，开辟了物流运作从供应链物流向协同物流、向社会物流转变的先河。

二、协同物流的原则

（1）各参与企业在企业文化、组织规模等方面应相近或相似。

（2）各参与企业要做到物流决策的统一。

（3）提供一个灵活的安全模型，防止企业机密泄露。

（4）所有成员共同得到利益且公平分配成本和收益。

（5）建立可靠的服务质量保证机制，防止货物在物流过程中的破损和污染，提高发货和送货的及时性，避免服务水平的下降，抑制物流成本的上升。

（6）允许成员自觉地创造、评估和发展合作伙伴关系。

（7）使协作贯穿于所有商业流程整合。

三、协同化物流的类型

从性质上分，协同物流的类型可以分为防御型和竞争型两种。公司经营者在对以往竞争对手或新对手进行分析比较后，如果发现公司自身的经营模式存在着一定的缺陷，此时物流协作活动的开展将有助于公司选择合理的发展经营模式，使公司至少拥有与竞争对手同等的竞争实力，甚至可具备超越竞争对手的实力。

而对于竞争类型的物流协作活动来说，不管公司在供应链中处于什么位置，制造商、零售商或是服务提供商，理解、拓展和采用物流协作活动将可使公司在竞争中取得强势的地位，从而获取一个全新的有统治力的开端。以往公司物流师无法参与公司的未来发展规划，只能等待公司规划的完成。新的开端意味着物流师们可以开始在公司的规划中发挥其应有的作用。简单来说，可以把物流协作分为两种主要的类型，即以最大量输出为目的的协作和固定资产或服务的协作。

四、协同化物流的特点

协同物流有三个主要特征，只要有一个特征出现就能说明协同物流及其相关利益的潜在性。这三个特征分别是：

1. 运输线路存在着交叉重叠

运输线路交叉重叠，它也是物流协作活动是否潜在的最明显的特征。在物流网络中，包括原材料的来源途径和零售商的产品供货渠道等都存在着一定数量的交叉重叠部分。同一运输线路上，即使出发地和目的地不同也可能会有相同方向的货物流量。

此外，不同公司的客户之间在地理位置上也可能彼此邻近或就在相同的区域。当公司进行配送中心选址研究分析时，会发现配送中心的辐射范围与其他公司的配送区

域也存在着一定的交叉。如果物流协作活动中能综合考虑这些因素的话，各公司之间一定会有达成伙伴关系的潜在机会。

2. 存在着进一步优化配置的可能性

进一步优化配置使得一定区域范围内的物流活动达到某种均衡的状态，从而使公司运输效率更高及运输成本支出更加合理。下面从货物的重量密度上来看。轻重货物之间的合理配载有利于提高车辆额定载重和装载空间的利用率。过去，由于还没有意识到货物装载方面存在的问题，装载重型货物时，卡车或拖车的额定载重量虽然达到了，但车内还存有大量的装载空间。

3. 车辆的装载空间充分利用

另一种相反的情况是，一些以轻便型货源为主的运输公司虽然可以充分利用车辆的装载空间，但却无法充分利用车辆的额定载重量。在这种情况下，如果对重型货物和轻便型货物进行混合装运、合理配载将能够节省原来总费用的15％甚至更多。这对于运费每年动辄就数百万美元的一些公司来说，具有非常重要的意义。

第二节　协同化物流的运行机理

一、协同效应

协同模式的运用，促使物流领域逐渐接受了协同概念，一些协同物流模式应运而生，它们打破了技术层面的界限，通过物流活动的互补和物流资源的共享来实现高效便捷的服务，并产生了相应的协同效应。

1. 规模经济

“1＋1＞2”的协同定义首先使人们想到的是规模经济效应。这种规模经济带来的协同效应与企业的储运过程密切联系，所获得的规模效应可以直接观察到。企业通过对仓储和运输过程的协调管理，发挥资源的组织协同效应，就可以在技术水平和要素组合比例不变的条件下，通过扩大规模，降低单位产品的物流成本。发生规模经济效应的主因是仓储协同和运输协同。

2. 范围经济

范围经济效应更能够反映出物流协同的实质，即通过不同业务之间的协调管理，企业以更低成本和更快速度发挥已有的资源优势，并建立起新的竞争优势。范围经济与规模经济既相互联系又有所区别。如果增大投入，企业能够减少单位成本，则存在规模经济；如果随着企业物流业务多样化增加而减少成本，则存在范围经济。通常企业用平均成本来定义规模经济，而用相对总成本来定义范围经济，即企业多个物流业务同时进行的总成本小于单个业务各自分别进行的成本总和。范围经济效应主要体现在配送协同（多个环节共同分摊物流费用）、仓储协同（共享仓库和设备）、包装和加工工序的操作协同（共同利用操作设备、技术、人力）上。

3. 管理协同

管理协同效应是指贯穿于不同物流业务之间。在财务、法律、会计和人力资源等企业基础设施和管理活动方面形成的协同效应（主要指管理效率的提高和管理技巧的顺利转移）。

4. 学习效应

学习效应是指因物流活动中产生经验而导致单位成本减少以及业务中新协同的产生。学习效应是通过物流环节间的相互沟通和协调，形成内部价值网络，从而建立有效的协同合作方式。学习效应是物流协同效应的核心，不仅为物流系统的协调合作提供了坚实的基础。而且可以创造新的协同机会。

二、协同化物流的技术实现能力

智能体（Agent）技术的研究成为人工智能研究领域的热点，其最大特点是具有自主性和协作性，能够对复杂、协同和难以预测的问题进行处理，可随环境变化修改自己的目标，学习知识并提高能力。与此同时，信息融合技术也在飞速发展，各种面向复杂应用背景的物流系统大量涌现。在这些系统中，信息表现形式的多样性、信息容量以及信息的处理速度等要求越来越高，原有的一些信息处理与融合手段已经渐渐不能满足实际应用的需要。考虑到以上因素，将智能体技术引入到物流信息协同领域中，就可以使协同物流系统的性能大幅提高，并根据这一设计理念，构建基于多智能体技术的协同物流系统。

Agent 是由知识、信念、意向、期望等因素组成的一个实体，具有自主性与交互性的特点，它可以感知系统环境的变化，并对这种变化作出自主的反应。一般认为，Agent 是一个具有自治性、社会性、反应性及能动性的基于硬件或软件的系统，由通信交互模块、信息获取模块、人机交互模块、知识库模块及规划推理模块等组成。

Multi-agent 系统，即多智能体系统，简称 MAS。是由不同的单个 Agent 为完成某一特定任务而组成的集合，单个 Agent 总是处在多 Agent 系统的环境中，多个 Agent 构成的系统是动态、复杂和不确定的，Agent 要对熟悉的环境作出迅速的响应，同时能够处理与其他 Agent 的冲突，或者与其他 Agent 协调解决冲突，规划其行为，并最终作出决策。Agent 通过感知来了解环境，通过执行动作实现其目标并影响环境，Agent 不仅要有知识，而且要有自我意向。

物流系统是一个动态、复杂和具有不确定性的系统，具有明显的时间性和空间性。而 Agent 技术特别适合于分布式系统。因此，协同物流可由基于 MAS 的 Agent 系统来实现。根据物流系统的特点提取出 Agent 的模型结构，它包括了知识、感应器、通信器和行为操作四个部分。

1. 物流车辆 Agent（见图 5－1）

车辆 Agent（Vehicle Agent）是物流系统中货运车辆和驾驶员的抽象，车辆 Agent 是车辆资源的一个智能代理。它不同于以往系统中的车辆记录，是在传统车辆记录的基础上封装了相应的推理、通信和学习等能力，是一个具有自主特性的智能实体对象。各车辆 Agent 在问题求解过程中，既可单独也可相互合作。并能通过问题的不断解决进行自我演化。同时，各车辆 Agent 根据其能力相互竞争，主动进行问题求解。因此，各车辆 Agent 之间的协商机制是问题求解的主要内容。在物流运输过程中，只要在指定的日期内到达目的地，运输路线就由运输工具本身来决定。车辆 Agent 主要负责监控货物的相对位置和条件。它们能够查询，而且能对协同系统中的其他 Agent 的查询作出反应。如在冷货运输中，运输货物需要冷藏而货物本身太热，货物易损而在运输过程中装载在最下面；或货物运输超过了订单规定的日期，车辆 Agent 就会自动报警。

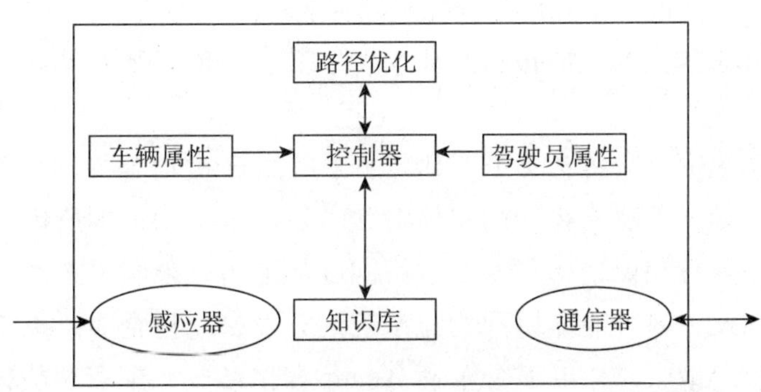

图 5－1　车辆 Agent 结构

2. 仓库 Agent（见图 5－2）

每个资源 Agent 与相应的资源相对应，并与任务 Agent 和管理 Agent 相连接，可用来直接驱动或控制所对应的资源。协同物流系统中，资源 Agent 主要为信息 Agent。信息 Agent 主要控制各信息源的工作状态并调整其工作方式，将其数据信息处理成任务 Agent 和执行 Agent 所需要的形式，回答任务 Agent 的查询和供执行 Agent 作进一步的估计、推理和判断。仓库是重要的物流设施，仓库 Agent 是仓库设施设备及相关人员的抽象，是物流系统中一个重要的资源 Agent，它的基本任务是根据客户的订单要求，运用知识为客户在合适的仓库中选择合适的货物，并与车辆 Agent 进行通信。

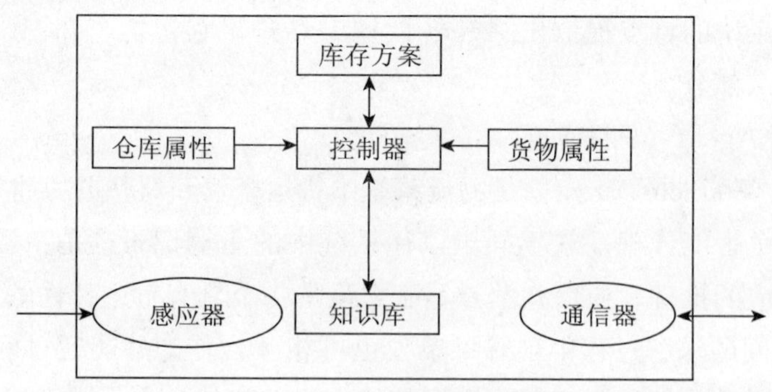

图 5-2　仓库 Agent 结构

3. 多 Agent 的协同物流运输（调度）系统结构（见图 5-3）

Agent 是一个具有感知能力、问题求解能力和与外界进行通信能力的一个实体。作为具有自主特性的一种抽象实体，它能作用于自身和环境，并能对环境作出反应。多智能体技术的中心思想是将大的、复杂的系统分解为小的、相对独立的子系统，依赖这些子系统彼此之间的竞争和协作来完成高智能性的任务。

多 Agent 合作求解问题主要包括两种方法：任务共担（Task-sharing）和结果共享（Result-sharing）。

以往的物流系统中一般将各类型车辆资源看作处于被动等待、被匹配检索和安排任务的静态记录，是一种缺乏智能的实体对象。不具备主动根据所解决的问题及环境的变化来自我调整自身知识结构和主动求解问题的能力，限制了系统求解计划调度车辆问题的效率。因此，多智能体协同物流系统的开发中，将企业所拥有的各类型车辆构造为不同的车辆 Agent，并由多个车辆 Agent 合作形成一个多智能体物流系统，该模型中综合了任务共担和结果共享两种方法，在整个模型结构将问题求解过程分为对话层、控制层和问题求解层。对话层是由多个交互 Agent（Interface Agent）组成。交互 Agent 是供应商与协同物流系统通信的接口。它接收供应商传来的需求信息，并根据这些信息安排货运车辆调度，同时还负责将最终结果输出给对应的客户。

控制层是由综合和控制两个 Agent 组成的。控制 Agent（Control Agent）负责将供应商的需求分解，并根据车辆 Agent 的竞争结果，将合适的需求分配给相应的车辆 Agent，同时各车辆 Agent 的信息都传递到该 Agent 中的黑板中，由该 Agent 控制信息的交换和各 Agent 之间的通信。控制 Agent 由一个黑板知识库系统组成，它包括一个黑板和控制模块两部分。黑板是用于存放信息的全局数据库，它记录了各 Agent 所需要的信息和所产生的假说，并能提供给所有的 Agent 共享。控制模块则是用于监督和控制选择相应的 Agent。相对于控制 Agent 来说，各 Agent 构成了黑板模型中的知识源。

综合 Agent（Synthesizing Agent）则是对各车辆 Agent、仓库 Agent 及路段 A-

gent、控制 Agent 等其他 Agent 的求解结果进行综合和评价，从而求出复杂问题的解，以最低的成本，最高效率和效益为供应商提供协同物流服务。

基于智能体的协同物流模式具有如下特点：

（1）Agent 可主动运行，每一个智能体有自己的目标和行为，可由外部激励和内部状态启动。

（2）Agent 是一个自治主体，具有自己的知识和分析方法，能理解信息并控制自己的行为。

（3）Agent 能根据自己的推理规则进行信息的抽象。智能体下的协同机制其实质是一种决策机制。

企业通过智能体完成企业外部的协同，是提高市场竞争力的有效方法，也是一个基本途径。

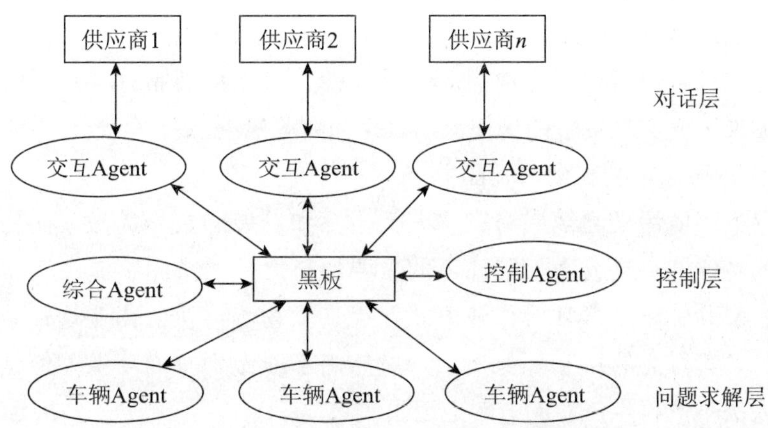

图 5-3 多 Agent 协同物流运输调度系统模型

三、协同化物流的运营效果

1. 信息交流互动，多方协作共赢

投入庞大的资金及人力物力，积极打造基于物流行业的信息化协作平台，充分发挥业内优势，广泛建立协同物流概念，加强物流资源的合理化调控，通过信息化平台的建设，使加盟商与客户需求之间形成紧密的互动联系，进而提高物流运作效率，达成协作双赢的物流新模式。

2. 专业物流操控，合理资源调配

依赖协同物流营运信息平台中先进的 VLMS 综合物流管理系统和 GPS 全球卫星定位系统等管理平台，以及“双程配载、Milk-run（循环取货）和供应商管理库存（Vendor Managed Intentory，VMI）”等专业物流作业技术的运用，极大地提高了加盟商物

流资源的使用和调配效率，在有限的资源前提下，大幅提升了有效实载率，降低了运作成本，使客户和加盟商受益无穷。

3. 专业资源共享，提升营运空间

凭借其物流平台整体运营实力及规模，成功地获取多项物流专业资质，使加盟商的业务领域获得广泛提升空间，能够进入前所未有的物流市场，加强市场竞争资本。

4. 多种加盟模式，共享盛世辉煌

全面分析物流产业的业态状况，充分评估加盟会员的收益模式，将协同物流的特许经营连锁加盟模式划分为四大类型，即：收购/控股加盟模式、协作加盟模式、托管加盟模式、投资加盟模式，方便客户及加盟商根据自身实际情况选择合作类型，共享物流产业的盛世辉煌。

5. 强势资金扶持，坐拥滚滚财源

如何提高资金的使用效率，加快资金的流通速度一直是困扰物流业者的重要问题，资金是企业发展的基础，但是行业通行的支付模式却又困扰着物流企业，协同物流连锁加盟体系更加理解快速支付对加盟商的重要性，为此特别制订了系列资金支付保障措施用以帮助加盟商实现资金的快速流动，坐拥财源滚滚。

6. 物流生态环保，利国利民利已

当今世界的环境污染已经成为影响人类生存和发展的头号大敌，而物流产业由于其作业方式的特殊性更是成为污染环境的重要环节之一，协同物流由于大量使用先进的双程配载、Milk-run、VMI 等作业方式，提高了物流行业的作业运作效率，在一定程度上实现了物流行业的生态环保概念，虽然尚不能做到全面环保，但是在减少汽车尾气污染及人类不可再生资源的节约上迈出了重要一步。

四、协同物流的作用

（1）整合上下游产业的物流业务流程。产品产量与材料等约束因素都将影响着从采购、生产到分销的物流全过程，物流的协同运作消除上下游企业以及合作伙伴之间冗余的业务流程，通过紧密的流程整合拉近贯穿产品全过程企业间的距离。

（2）降低企业的物流成本。协同物流建立在企业互相信赖的基础之上，企业各自从系统整体优化的角度出发规划管理物流业务，使得协同物流中的库存、市场等信息在网络成员中共享，可以避免以往物流节点企业各自为政、高库存保有量的现象，大大降低了企业交易成本和物流运作成本。

（3）缩短前置时间，加快企业反应速度。通过合作伙伴的数据、挖掘数据、清单数据、产品计划、配送计划、运输计划等物流信息，企业可以清楚地了解物流网络的活动，从而增强了整个物流的透明性，缩短协同物流中各环节间的响应时间，使企业即时地对市场做出快速反应。对于消费者，则大大缩短了交货前置时间，提高了服务水平。

第三节　协同化物流的资源整合

一、物流资源整合

物流资源整合就是为适应不断变化的市场环境的需要，在科学合理的制度安排下，借助现代科技特别是计算机网络技术的力量，以培养企业核心竞争力为主要目标，将企业有限的物流资源与社会分散的物流资源进行无缝化链接的一种动态管理运作体系。这个定义概括了企业物流资源整合运作的制度基础和知识技能基础，具有非静态和权变特征。

整合现有物流资源，建立“非资产型”的第三方物流企业模式。一方面，从我国目前的第三方物流企业的状况看，由于部分投资者缺乏足够的资金用于全新的、基于资产的第三方物流企业的构建，迫使他们必须采用“非资产型”的第三方物流形式；另一方面，我国传统的运输部门、企业和商储公司作为物流行业的主力占据着我国物流的主要社会资源，它们有优越的仓库、站场设施，有自己的运输搬运设施、铁路专用线和自己的客户网，但从全国范围来看，这些物流资源利用率不高，浪费严重。因此从实际情况入手，整合现有物流资源，建立“非资产型”的第三方物流企业，一方面可以充分利用社会既有物流资源优势实现资源共享，另一方面避免了组织机构的臃肿庞大。

例如中国储运公司、中外运公司、EMS 等，这些公司都已经在不同程度地进行了协同化物流资源整合模式的探索实践。不进行大的固定资产投资，低成本经营，将部分或全部物流作业委托他人处理，注重自己的销售队伍与管理网络，实行特许代理，将协作单位纳入自己的经营轨道，公司经营的核心能力就是综合物流代理业务的销售、采购、协调管理和组织的设计与经营，并且注重业务流程的创新和组织机构的创新，使公司经营不断产生新的增长点。简单地说，协同化物流资源整合实际上就是有效的物流管理者。采用这种模式的第三方物流企业应该具有很强的实力，陆空俱全，同时拥有发达的网络体系，这样的企业在向物流转型时能做到综合物流代理，从而为客户提供全方位的服务。协同化物流资源整合的特点是物流企业拥有一定的资产和范围较广的物流网络，在某个领域提供集成度较低的物流服务。由于不同领域客户的物流需求千差万别，当一个物流企业能力有限时，他们就可以采取这种集中战略，力求在一个细分市场上做精做强。例如，同样是以铁路为基础的物流公司，某铁路快运公司是在全国范围内提供小件货物的快递服务，而另一物流公司则是提供大宗货物的长距离运输。由于在特定领域有自己的特色，这种物流企业协作模式也是需要重点培育和发展的。

二、协同化物流资源整合的背景

首先是客户需求不断升级，客户个性化、差异化、专业化的要求，迫使物流企业参与到客户的采购、生产、运输等活动中，成为客户供应链中不可分割的组成部分。其次是经营风险不断增加。时间和质量以及降低物流成本的要求，促使物流企业既要追求优质服务，又要不断降低运作成本，双重压力使物流企业的经营风险系数增加。再次是市场竞争日益加剧，随着外资的大规模进入，市场竞争已经不是局部的，而是整体的、综合的。然后是营销方式不断革新。销售方式的改变使物流方式相应地发生变化，要求物流服务必须更快捷、更省钱，同时提供更多的增值服务。最后是信息技术不断进步。信息技术是物流企业发展的基础之一，是企业满足客户需要的前提，智能业务、远程业务、全程业务早已广泛应用。

上述这些背景决定了当前以及未来能够适应客户需求的物流，应该是一种多环节活动，具有规模效益，拥有网络化的特征。当前企业大量兼并重组的整合行为，正是它们追求这些特征的表现。

三、协同化物流资源整合的具体目标

1. 网络化

提高物流效率的最重要条件是构建现代化的物流网络体系，包括物流设施网络、信息网络和业务经营网络。在物流企业的兼并整合中，经营网络往往被视为最有效的优势资源。有关资料表明，全世界跨国公司控制了世界生产的50%，贸易量的60%～70%，对外直接投资的90%。跨国公司为了实现竞争优势和全球范围内优化配置资源，要求物流提供商也能提供网络化、国际化服务。

2. 规模效益

一方面，物流业务需要使用专门的物流设备及快捷的信息系统，这就需要很高的固定资金投入，并导致固定成本中占很大比例。所以，只有随着规模的扩大，物流平均成本才会呈现出下降的趋势，具有规模经济性，达到赢利目的，保证物流企业的生存。

另一方面，物流业务范围一般涉及全国甚至国际市场，要求物流企业必须拥有一个遍布全国的网络体系，才能顺利完成每笔业务的收取、存储、分拣、运输和递送工作。

3. 多环节活动

传统的物流企业根据业务分为水上运输企业、空运企业、储运企业和基于管理的物流企业。在整个物流系统中，这些企业基本上只提供单一环节的服务，或涉足的环

节较少。随着竞争的加剧，市场分工更加明细，大量的制造企业把更多的资源用于增强其自身的核心业务，而要求其物流提供商能够提供有效的一体化综合物流服务。综合物流业务的开展需要实现海陆空等各种运输方式的一体化和各种物流功能的一体化，这就要求物流企业进入物流系统的多个环节和领域。

四、协同化物流资源整合的基本原则

1. 目标导向原则

以顾客满意为企业经营的目标，要求企业物流资源整合必须紧扣顾客需求主题进行，强调以顾客为导向。以顾客为导向必须使企业各级人员都明确：企业生存和发展的理由是为顾客提供价值。顾客作为企业的重要“资产”，企业必须善待客户。必须创建并维护良好的客户关系。将客户关系管理作为企业的长期发展战略，努力培养顾客对企业的忠诚度，这是企业物流资源整合得以成功的重要前提。

2. 规范化运作原则

这一原则指的是企业应按现代物流的要求，对物流整合的具体运作和物流作业流程再造进行规范，并确立科学合理的物流业绩评价标准，并依此进行物流具体的运作组织和管理，以降低物流资源整合成本及损失，提高企业物流资源整合质量。现代物流需要对其所有的系统要素，围绕物流成本和物流客户服务之间的平衡进行系统优化。要想实现这一平衡，物流资源整合必须有完善的流程、作业规范体系和制度体系，这也是进行物流资源整合绩效评价的依据和标准。

3. 系统整体优化原则

这一原则就是：企业物流资源的整合要以实现企业物流系统的整体最优为目标，而不是系统内部的要素目标最优。因此，在实施这一原则并对企业物流资源进行整合时，需要确定一个系统边界，以便于其整合运作的开展。最好以包含其上下游企业和内部所有物流资源的供应链物流系统，作为其系统边界。

4. 知识化战略管理原则

这一原则要求企业必须提高其运用物流知识进行战略管理的能力。因为企业要想取得竞争的优势，只有靠不断地创新，而创新的源泉主要是企业拥有的知识及其对知识管理运用的能力。因此，企业要想整合物流资源，再造物流流程，必须开展全方位的基于物流知识的战略管理，加大企业创新的广度和深度，真正形成以知识化战略管理为基础的核心竞争能力。这是企业物流资源整合能否成功的关键。

五、协同化物流资源整合形式

（1）是具有不同核心竞争力的各物流企业之间的互补性协同合作。对于物流企业来说，可以在构筑自身核心竞争力的基础上，选择适当的其他物流企业进行联盟合作，实现各自核心物流机能的伙伴联合，通过价值链的重构来扬长避短，提升物流企业的竞争力，提高物流服务水平。如专业运输企业可以与配送中心合作，由运输企业完成长距离、大批量的干线货物运输，由配送中心完成货物的存储、分拣、包装、配送等活动。对于受能力限制，只能在某些区域范围内提供物流服务的企业，也可以和具有相似情形的外地物流企业联手，通过“接力”完成物流活动的全过程。这种协同方式机动灵活，能够实现各物流企业间的优势互补，优化资源配置，使各企业在发展的同时开拓市场，扩展业务。同时，通过整合各物流企业的核心能力和资源，能够使企业在管理、技术、资源等方面的实力大大增强，可在短时期内在一定区域中形成较完善的多功能物流网络，更好地满足用户的需求，而各参与企业通过分享市场和顾客，也可以实现共赢的目标。

（2）是具有相同或相似核心竞争力或资源的各物流企业之间的竞合性协同合作。物流活动需要大量的资金和资源投入，当几家物流企业有共同需要，但由于资金等因素的限制，自己单独建造存在一定的困难时，几家物流企业可以共同出资建设所需要的设施，共同使用和管理。如几家仓储企业可以共同组建运输企业，完成货物的运输和配送功能。这种协同方式可以减轻各物流企业的投资负担，有利于实现规模经济的运营效应，各物流企业共同投资建设、共享收益、共担风险和成本，形成紧密的利益共同体，有助于各企业之间形成稳定的协同关系。但由于在实施过程中涉及许多具体的细节问题，如不同行业的产品具有不同的特性、对物流的要求不同、费用和成本如何在各参与企业之间分摊等，使协同物流存在一定的难度。

（3）是物流企业与流通渠道中的生产商、批发商、零售商等在功能和资源整合基础上的协同合作，即供应链的一体化。对于物流企业来说，可以在发展和完善第三方物流服务机能的基础上，以产权方式、契约方式与生产厂商等渠道成员合作，建立稳定的供应链关系，作为供应链的“总集成商”为客户提供全方位快捷的物流服务。如物流企业可以凭借自身的人才、技术、规模优势与生产企业合作，利用生产企业的车队、仓库等物流硬件和人力资源，由生产企业提供大部分运营资金，共同组建新的股份制物流企业，双方协同管理，由该企业负责生产企业的全部物流活动并从事社会化服务。或者，生产企业也可完全将自己的物流资源以租赁的形式交给物流企业运营，自己不参与管理，只按期收取租金，由物流企业代理本企业的全部物流活动。这种协同方式有利于物流企业向社会化、专业化方向转变，提高物流效率，降低物流成本。对于用户企业来说，不仅可以节约成本，降低风险，提高顾客服务质量，更重要的是能够使企业把时间、精力和资源放在设计、开发、制造产品等核心业务上，增强市场竞争力。

六、协同物流资源整合的方案和措施

（一）纵向一体化物流整合方案

处于供应链各个阶段拥有不同物流功能的企业则可以通过合作或并购的形式统一在一起，这就是纵向一体化物流整合方案。纵向整合主要是功能型的整合，是综合型多种物流服务。它凭借供应链一体化管理为基准，将采购、运输、仓储、配送等各个不同物流服务的供应商集中起来，为供应链提供“一站式”的物流服务，使得整条供应链利益最大化的服务流通起来。最典型的纵向物流整合方案是专门从事运输业务的物流公司和专门从事仓储业务的物流企业之间的合作。纵向整合方案可以为企业带来经济性，采取这种整合方案后，企业将外部市场活动内部化有如下经济性：内部控制和协调的经济性，节约交易成本的经济性，稳定关系的经济性；纵向整合方案有助于开拓技术，在某些情况下，纵向一体化提供了进一步熟悉上游或下游经营相关技术的机会；纵向物流整合方案使得第三方物流能够参与到供应链管理中，使第三方物流成为供应链的组织者，去组织物流实施，使得第三方物流在完成资金流及商流中起到重要的作用。而各供应链节点也是随着供应链的运作而发生变化，并直接与第三方物流进行信息交换，这样，就可以对它的效果直接负责，使供应链中物流职能具有快速性、低成本性、传递信息的正确性、物流信息传递的准确性、物流系统的迅捷性和善于应变性等特色。

（二）横向一体化物流整合方案

通过提供同一种物流服务或同一行业中的各企业之间在物流服务方面的合作来实现资源的共享或获得整体上的规模经济，从而提高企业物流运作效率的一种服务水平就是横向一体化物流整合方案。概括地说：横向一体化物流整合方案就是从事相同物流业务的企业实现资源共享。一是市场的共享，合作体内每个企业独立开发的市场即是合作体内所有企业的市场。因为合作经营使这部分市场中的自由竞争被市场合理划分所代替，合作体内的企业所获得的利润高于自由竞争的利润。此时，合作体通过资源整合具有规模性，对于其他想进入合作体市场的企业起着一定的壁垒和威慑作用。二是技术的共享，每个从事物流服务的大型制造业公司都有自己的技术特点，合作经营的结果使得合作体内各种技术特点相互取长补短，形成了合作体共同的、比较全面的物流技术体系优势，既降低了每个企业的技术开发费用，又增强了企业的技术竞争力，扩大了企业的市场竞争范围。总之，由于横向物流资源整合，不但能迅捷地扩大企业的经营规模，而且还能提升物流行业的市场集中度，且并不需要新的投资。此外，通过横向整合物流资源，过剩的企业可以将过剩的资源转移到资源不足的物流企业，既实现了资源共享又降低了服务的单位成本。从经济效益角度而言，它能让分散的物流资源集约化运作且获得规模经济，从社会效益角度而言，它在某种程度上增加了社会福利，减少了社会物流过程的重复劳动。

（三）协同物流资源整合的具体措施

1. 流程再造

业务流程的再造必定要求将资源的分段式管理转化为资源的一体化管理。为了给企业构筑一个可以极快极好地实现客户需求的最佳物流服务流程是流程再造的根本原因，运用合并、重排、简化、消除等方法最大限度地缩减多余繁复的环节，肃清流程中不增值的环节，肃清企业部门之间的障碍，使得每一个环节流通顺畅，形成一个整体，从而明显改进物流企业在速率、服务、质量以及成本等各方面的指标。

2. 组织结构整合，正确处理集中与分散的关系

组织结构整合是指对企业在组织机构和制度上进行必要的调整或重建，以实现企业的组织协同，重建企业的组织指挥系统，以保证企业有健全的制度和合理的组织结构，从而实现制造企业的主要活动（如采购、制造、物流活动）间的最佳的协同效应，降低内耗，提高运作效率。组织结构改变后势必出现协同上的问题，这些应该运用管理制度进行解决和弥补，而不应该为了避免出现这些问题而以牺牲资源为代价。组织结构的整合要以有利于内部资源的优化配置为依据来适应市场的需求。造成传统物流整体的高成本和低效率的根本原因是物流业务将其流程分割了好几段，并各自优化了分段，进行组织结构整合后的物流业是集订单处理、客户服务、运输、仓储、配送为一体的物流运作系统，有利于降低成本、提高收益，是企业不断追求的目标。

资源整合的目的无非是要增强客户服务能力，提升客户服务水平以及获得更好的投资。而物流企业资源整合的方法多种多样，主要有合资合作、兼并重组、租赁托管、协议联盟、建立信息共享或交易平台等。虽然说不同的物流企业在实际运作中所采取的资源整合的方式方法不完全相同，但仍然会有部分共同的概念需要纳入物流企业的范围。这就是客户资源整合、能力资源整合和信息资源整合。对于大型制造物流企业来说，物流资源的分散与集中各有利弊。物流资源的集中度越高，企业对物流的系统控制得就越好；物流资源的分散度越大，企业的专业化水平就越高，对危险的抵抗能力就越大，企业的安全性能就越高，这仅仅是对企业问题认识的一个方面。从控制目标看，企业的物流资源越集中，参与决策的组织领导人就越多，企业物流资源的整合效果就越好。但是从实际控制效果分析，由于参与的人员比较多，不容易产生最优的决策模型，往往只会有折中的解决办法，不是最好的资源整合模式。同样，企业的物流资源控制体系越分散，其所需的局部系统就越多，故障的危害就越小，因而对外部的依赖程度就越小了。

3. 企业并购

并购一方面可以为物流资源整合过程中的资源积累提供保证，以实现扩大再生产的进程，迅速将大量专业人才、设备、原材料等生产要素集中在自己手中，形成强大

的经济基础和全球物流供给能力；另一方面，可以降低物流资源整合过程中存在的风险和所需要花费的成本，快速获取被并购企业的最新物流技术、物流服务网络和物流市场，迅速提高全球物流供给能力。

4. 企业联盟

企业联盟行为是指企业为了实现资源共享、风险共担、优势互补以及扩大市场、降低成本、提高效率、增强竞争力等特定战略目标，在保持自身独立性的同时，通过股权或者非股权协作的形式，与其他企业结成长期稳定的合作伙伴关系的一种战略行为。股权协作有两种方式：一是企业间投资成立合资公司；二是股权参与，即一家公司拥有另一家公司的一定股权从而发挥控制和影响力。非股权协作主要包括发放许可证、授予特许经营权、建立技术合作伙伴关系、建立合作伙伴关系、签订供应商协议和经营协议以及制定生产配额等。

物流联盟可以分为行业内物流联盟和行业外物流联盟。行业内物流联盟是指第三方物流企业之间稳定的集约化的合作行为，它是综合物流服务商、专业物流服务商（提供单一功能服务的传统第三方物流企业）、非资产型的物流中介服务商以及物流基础设施单位等之间长期、稳定的合作。这种行业内联盟行为能够有效提升物流效率，减少物流成本，并且能有效整合利用物流资源，扩大市场份额；同时可避免由于企业规模过大而带来的组织失灵以及企业间的文化冲突。

跨行业物流联盟主要是指第三方物流企业与行业特别是与物流软件公司长期、稳定的契约协作行为。第三方物流是建立在现代电子信息和网络技术基础之上的，电子信息和网络技术既是第三方物流活动的条件，又是第三方物流企业的竞争优势。获得最新物流技术的途径一般有两条：一是自己开发和维护物流技术（或通过兼并的方法增强企业的技术创新能力）；二是投资并与物流技术（软件）公司合作，利用专业技术公司的技术，这种合作技术就是第三方物流企业与不同行业（产业）企业间的跨行业联盟。

第三方物流企业与物流需求企业之间联盟是第三方物流联盟行为的重要内容，也是物流资源整合的重要途径。它是指第三方物流企业为专门承担客户企业部分或全部的物流管理、物流作业或物流设施管理等职能，实现共同的战略目标，而与客户企业建立起以合同为导向的长期稳定、互相协作的合作伙伴关系的企业行为。在合作过程中，双方紧密地结合在一起，共同制订物流解决方案，完成各项物流功能，其业务触及到客户企业销售计划、库存管理、订货计划、生产计划等整个生产经营过程，远远超过了一般意义上的买卖和交易关系，形成了一种战略联盟型的客户关系。

5. 资产整合

资产是一个公司得以运转的基础，资产整合也是物流整合中必不可少的关键部分。目前很多大型制造企业下设很多分公司，各种仓储设备重建严重，交通设备重复采购严重，使很多资产处于闲置的时间较长，造成资产的浪费。因此，要进行物流资源整合对资产进行整合是当务之急。物流资源整合的目的就是要节约资源，达到资源的合理利用，有利于实现企业的经营战略和公司扩张的目的。公司可以将仓储、运输等资产整合到下属的物流公司，这样便于统一管理，真正实现资源的优化配置。

第四节　协同化物流的管理模式

一、协同物流管理的概念

协同物流管理是指运用协同学自组织原理，围绕协同物流任务和目标要求，通过建立“竞争—合作—协调”的协同物流自组织运行机制，从企业网络中挑选出满足协同物流要求的各个物流实体，并将它们组织成一个具有自组织能力的物流体系，协同一致地工作，共同实现统一的物流目标的一种物流管理活动。

二、协同物流管理的特点

（1）协同物流管理以协同学的自组织原理为主要理论依据，研究如何将参与协同物流的各个物流实体构造成一个具有自组织能力的协同物流系统。

（2）由于各物流实体来自于地理上分散、组织上独立和同时有不同利益要求的企业组织。因此，协同物流系统是建立在虚拟企业组织形态之上以实现协同商务的一种物流组织与管理系统，是协同商务系统中的一个重要子系统。

（3）协同物流管理的研究对象是协同物流系统，并以“竞争—合作—协调”协同物流自组织运行机制为手段，使协同物流系统不需任何外界因素的干预，能自发地进行宏观结构的调整，以适应外部环境的变化。这是协同物流管理区别于传统物流管理的重要特性，也是协同物流管理的重要标志。

（4）协同物流管理通过自组织运行机制，使参与协同物流的各个物流实体协同一致地工作，以实现协同物流任务和目标。由于虚拟企业的动态性、分布性、自治性、自利性等特点。而各物流实体存在着动态变化的和难以预测的相互作用，几乎每一个物流实体都需独立地、自主地作出局部决策。因此，可以运用MAS技术，通过在各决策结点上建立起对应的Agent，构造一种基于Agent的协同物流系统，更好地实现系统目标。

（5）协同物流管理的最终任务是要建立一种使参与协同物流的各物流实体能协调一致地工作的协同物流系统，高效、快速、敏捷地提供满足用户定制要求的解决方案。

三、协同物流管理的实施步骤

（1）核心企业不断捕捉市场机会。通过市场机会确认机制，将可行的市场机会，转化为可实施的任务。

（2）按运输、仓储、装卸、包装、配送、流通加工等物流功能，对任务进行分解。

（3）核心企业进行自身资源的优势与劣势分析，为自身优势资源分配相应任务。对其他任务，通过 Internet/Intranet 向企业网发布资源请求，寻找所需资源。

（4）寻找物流资源，依据评价指标选择符合要求的物流资源。

（5）与被选资源进行协商，安排任务，达成协同物流协议，将承诺承担任务的资源列入协同物流成员清单。

（6）判断所有任务是否被全部承诺承担。如果“No”则返回步骤 4，如果“Yes”，则继续。

（7）对参与协同物流的所有资源进行动态自组织协同物流组织，直至为市场提供满意的物流服务方案。

四、协同化物流管理的实施模式

1. 战略联盟型物流运作模式

第三方物流包括运输、仓储、信息经营者等以契约形式结成战略联盟，内部信息共享和信息交流，相互间协作，形成第三方物流网络系统，联盟可包括多家同地和异地的各类运输企业、场站、仓储经营者，理论上联盟规模越大，可获得的总体效益越大。信息处理这一块，可以共同租用某信息经营商的信息平台，由信息经营商负责收集处理信息，也可连接联盟内部各成员的共享数据库（技术上已可实现）实现信息共享和信息沟通。目前我国的一些电子商务网站普遍采用这种模式。这种模式有两方面好处。首先系统中加入了信息平台，实现了信息共享和信息交流，各单项实体以信息为指导制订运营计划，在联盟内部优化资源。同时信息平台可作为交易系统，完成产销双方的订单和对第三方物流服务的预定购买。其次，联盟内部各实体实行协作，某些票据联盟内部通用，可减少中间手续，提高效率，使得供应链衔接更顺畅。例如，联盟内部经营各种方式的运输企业进行合作，实现多式联运，一票到底，大大节约运输成本。缺陷是这种方式联盟成员是合作伙伴关系，实行独立核算，彼此间服务租用，因此有时很难协调彼此的利益，在彼此利益不一致的情况下，要实现资源更大范围的优化就存在一定的局限。例如，A 地某运输企业运送一批货物到 B 地，而 B 地恰有一批货物运往 A 地，为减少空驶率，B 地承包这项业务的某运输企业应转包这次运输，但 A、B 两家企业在利益协调上也许很难达成共识。

2. 综合协同运作模式

这种模式就是组建综合物流公司或集团。综合物流公司集成物流的多种功能——仓储、运输、配送、信息处理和其他一些物流的辅助功能，例如包装、装卸、流通加工等，组建完成各相应功能的部门，综合第三方物流大大扩展物流服务范围，对上游生产商可提供产品代理、管理服务和原材料供应，对下游经销商可全权代理为其配货送货业务，可同时完成商流、信息流、资金流、物流的传递。

综合协同物流项目必须进行整体网络设计，即确定每一种设施的数量、地理位置、各自承担的工作。其中信息中心的系统设计和功能设计以及配送中心的选址流程设计都是非常重要的问题。物流信息系统基本功能应包括信息采集、信息处理、调控和管理，物流系统的信息交换目前主要利用 EDI、无线电和 Internet，因为其成本较低（相对于 EDI 技术）、信息量大，已成为物流信息平台发展趋势。配送中心是综合物流的体现，地位非常重要，它衔接物流运输、仓储等各环节，综合协同物流是第三方物流发展的趋势，组建方式有多种渠道，目前我国正处在探索阶段，但一定要注意避免重复建设，资源浪费问题。根据我国目前的现状，有三种方案可实行：①由某一项目发展商，投资新建或改建自己原有设备，完善综合物流设施，组织执行综合物流各功能的业务部门，这种方案非常适合迫切需要转型的大型的运输、仓储企业，可充分利用原有资源，凭借原有专项实力，有较强的竞争力；②项目发展商收购一些小的仓储、运输企业以及一部分生产、销售企业原有的自备车辆和仓库，对其进行整编改造，据统计，企业自备车辆和仓库占到总体物流设施的一半左右，如果能够对这一部分设施收编改造，就可直接推动商家租用第三方物流的服务，激活第三方物流市场；③原有的专项物流运营商以入股方式进行联合，这种方式初期投入资金少，组建周期短，联合后各单项物流运营商还是致力于自己的专项，业务熟悉有利于发挥核心竞争力，参股方式可避免联盟模式中存在的利益矛盾，更利于协作。

物流活动是一个社会化的活动，涉及行业面广，涉及地域范围更广，所以它必须形成一个网络才可能更好地发挥其效用。综合物流公司或集团必须根据自己的实际情况选择网络组织结构。现在主要有两种网络结构，一种是大物流中心加小配送网点的模式，另一种是连锁经营的模式。前者适合商家、用户比较集中的小地域，选取一合适地点建立综合物流中心，在各用户集中区建立若干小配送点或营业部，采取统一集货、逐层配送的方式。后者是在业务涉及的主要城市建立连锁公司，负责对该城市和周围地区的物流业务、地区间各连锁店实行协作，该模式适合地域间或全国性物流，连锁模式还可以兼容前一模式。

第五节　协同化物流战略

一、协同化物流战略概念

协同化物流战略是打破单个企业的绩效界限，通过相互协调和统一，创造出最适宜物流运行结构的战略。

二、协同化物流战略产生的历史背景

在如今流通形式多样化的情况下，各经济主体都在构建自己富有效率的物流体系，因而反映到流通渠道中必然会积极推动有利于自身的物流活动和流通形式，这无疑会产生经济主体间的利益冲突。

除此之外，不同规模的企业也会因为单个企业物流管理的封闭性产生非经济性。随着消费者消费个性化、多样化的发展，客观上要求企业在商品生产、经营和配送上必须充分应对消费者不断变化的趋势，这无疑大大推动了多品种、少批量、多频度的配送，而且这种趋势会越来越强烈。

在这种即时化物流的背景下，一些中小型的企业面临着经营成本上升和竞争的巨大压力，一方面由于自身规模较小，不具备商品即时配送的能力，也没有相应的物流系统；另一方面，由于经验少、发展时间短等各种原因，也不拥有物流服务所必需的技术和 Know-how（技术诀窍），因此，难以适应如今多频度少量配送的要求。即使有些企业具有这些能力，限于经济上的考虑，也要等到商品配送总和能达到企业配送规模经济要求才能够开展，这又有悖于即时化物流的宗旨。

面对上述问题，作为企业物流战略发展的新方向，旨在弥合流通渠道中企业间对立或企业规模与实际对应矛盾的协同化物流战略应运而生。

三、协同化物流战略的类型

协同化物流战略又分为横向协同物流战略、纵向协同物流战略和第三方物流协同战略等类型。

（1）横向协同物流战略是指相同或不同产业的企业间通过物流或配送中心，集中统一进行物流管理和运营的战略形式。不同产业企业间的横向协同既能保证物流集中处理的规模经济，又能克服同产业协同易于泄露企业机密的缺点，处理的商品范围也较广，因此相对发展较快。

（2）纵向协同物流战略是指位于流通渠道不同阶段上的企业相互协调而形成合作

性、共同化的物流管理系统，主要有批发商与生产商之间的物流协作和零售商与批发商之间的物流协作等形式。

(3) 第三方物流协同战略是指第三方物流企业依托下游的零售商业企业或上游的生产企业，成为零售店铺的配送、加工中心或生产企业的物流代理。

四、协同化物流战略的表现形式

1. 横向协同物流战略

所谓横向物流协同是指同产业或不同产业的企业之间就物流管理达成协调、统一运营的机制。前者是产业内不同的企业之间为了有效地开展物流服务，降低多样化和及时配送产生的高额物流成本，而相互之间形成的一种通过物流中心的集中处理实现低成本物流的系统。从实践上来看，它往往有两种形式，一是在承认并保留各企业原有的配送中心的前提下，实行商品别的集中配送和处理；二是各企业放弃自建配送中心，通过共同配送中心的建立，来实现物流管理的效率性和集中化。不同产业之间的协同物流是将不同产业企业生产经营的商品集中起来，通过物流或配送中心达成企业间物流管理的协调与规模效益性。一般来讲，不同产业横向协同物流处理的商品范围比较广，而且从企业内部管理的角度看，更容易被接受，这主要是因为同产业协同物流由于相同类型企业的商品活动是集中进行的，因而各企业经营的情况以及商品流转的信息等易为竞争者所获得，即所谓的“企业机密的泄漏”，从而不利于企业经营战略的施展。相反，不同产业企业间的协同物流，由于相互之间分属于不同的产业，不存在直接的竞争替代性，因而既能保证物流集中处理的规模经济性，又能有效地维护各企业的利益以及经营战略的有效实施。正因为如此，如今国际上不同产业间的协同物流相对发展较快，这也是发展横向协同物流中我们不得不关注的问题。

2. 纵向协同物流战略

纵向协同物流战略是流通渠道不同阶段企业相互协调，形成合作性、共同化的物流管理系统。这种协同作业所追求的目标不仅是物流活动的效率性（即通过集中作业实现物流费用的递减），而且还包括物流活动的效果性（即商品能迅速、有效地从上游企业向下游企业转移，提高商品物流服务水准）。纵向协同物流的形式主要有批发商与生产商之间的物流协作和零售商和批发商之间的物流协作等形式。批发与厂商间的物流协作有两种形式：一是在厂商实力较强的产业，为了强化批发物流机能或实现批发中心的效率化，厂商自身代行批发功能，或利用自己的信息网络，对批发企业多频度、小单位配送服务给予支援；二是在厂商以中小企业为主、批发商力量较强的产业，由批发商集中处理多个生产商的物流活动。零售与批发的协作则表现为一是大型零售业建立自己的物流中心，批发商经销的商品都必须经由该中心再向零售企业的各店铺进行配送。此外，与零售商交易的批发商数目尽可能减少，因此要求批发商从原来从事

专业商品的经营转向多种类经营，零售企业物流中心订货、收货等手续得到简化；二是对于大型以外的中型零售企业来讲，它们不是自己建立物流中心，而是由批发商建立某零售商专用型的物流中心，并借此代行零售物流。这种方法对于中型零售企业来讲，既可以有效利用批发商所持有的物流 Know-how，又能享受省略本企业物流中心集配商品环节所带来的利益。

第六章　制造企业物流流程

在当今国际化大环境下，企业之间的竞争越来越趋于白热化，企业也更加注重自身业务流程的优化，而制造业的工艺流程更是直接决定了其产品在市场上立不立得住脚以及是否能满足消费者的需求。随着对物流的不断研究，其在企业中的重要性日益凸显。

第一节　企业物流流程概述

一、企业物流流程的基本构造

企业物流运作流程基本上分为横向结构和纵向结构。

（1）横向结构是指企业物流运作从投入到产出总过程相关的一系列基本流程。主要包括以下流程。

①物流作业流程。即接单、采购、运输、库存、检验配送等组成的基本流程。物流服务流程。②物流服务流程主要是为顾客提供物流需求分析、系统设计、管理咨询等系统物流服务组成的基本流程。③物流信息流程。是指从各部门各方面收集、处理、汇总、传递信息、共享信息、创造信息价值等活动组成的基本流程。④物流管理流程。即对物流运作过程实施计划、组织、控制、协调以优化资源配置，提高管理效率的活动组成的基本流程。

（2）纵向结构是指从企业物流运作决策到物流运作执行的过程。主要包括：物流运作决策流程。即企业从最高层到基层员工形成物流运作决策的基本流程，目标是实现企业物流的有效运作。物流运作执行流程即企业物流运作的实施流程，包括了执行方法、执行监督等。

二、基本功能

1. 标准功能

任何流程都需要建立一个明确的评价标准。当企业物流战略目标发生变化，物流组织实施变革，物流外部环境发生变化时，企业物流运作流程就要按照新的标准重新

进行设计。

2. 整合功能

没有合理的流程整合，就没有企业物流运作流程的发展。虽然专业分工导致了流程中工作环节或工作步骤的独立化、专门化，有助于更快更好地完成任务，但是企业物流运作流程则是先进行分工，形成一系列基本的工作环节、工作岗位、工作步骤，再按照工作的内在逻辑，按照完成任务和目标的先后形成一个有效的流程，对工作环节、岗位、步骤进行流程的整合。

3. 效率功能

一个流程可以分解成较为稳定的工作环节、工作岗位、工作步骤。在技术设备配置、人员素质提高的情况下，可以计算出每一个工作环节、工作步骤的完成时间，进而可以计算出企业物流运作的效率。

三、影响企业物流流程设计的因素

1. 企业宗旨

企业宗旨就是指企业经营管理所信奉的行为准则和对社会、经济等方面的价值判断。企业宗旨是企业物流运作流程设计的基本出发点。企业物流运作流程必须围绕企业宗旨进行设计。

2. 企业经营战略目标

企业经营战略目标是企业宗旨在不同时期的具体体现。企业物流运作流程必须服从企业经营战略目标，围绕企业经营战略目标进行流程设计。

3. 技术条件

企业物流运作流程的设计与企业物流技术条件有着非常密切的关系。企业物流的技术条件决定着物流运作流程的基本路径、工作环节。没有技术条件的有效支持，企业物流运作流程的重新设计就不能成功。

四、企业物流流程存在的问题

由于制造企业物流发展还处于起步阶段，大多数制造企业的物流活动主要由制造企业自身承担，造成物流资源分散、资金短缺、产品积压、库存资金占用多、设备利用率低、生产管理水平低下等一系列问题。

（1）制造企业内部物流各自为政，供产销相互脱节，物流系统协调性差，导致生产制造柔性较差、产品生产不均衡、按时供货率较低、客户服务质量水平不高等问题。

大多数制造企业将物流活动置于附属地位，将仓储、运输、装卸搬运、采购、包装、配送等物流活动分散在不同部门，没有纳入一个部门对物流活动进行系统规划和统一运作与管理，使物流的专业化、网络化和社会化程度不高；有些制造企业物流系统内拥有的物流设施、设备为数不少，但设施布置不合理，设备利用率普遍偏低，很少能提供全国性或全球性的物流服务；由于物流活动跨职能、跨部门设置，且各部门各自为政，缺乏对物流成本的核算和物流财务分析，致使整个系统的运作效率非常低下。

（2）制造企业内部信息系统不完善，企业之间的信息传递工具落后，各业务部门之间层次关系不明确，流程中断，信息集成和共享程度低，部门间协作能力不强，物流难以畅通无阻。由于信息收集、处理、跟踪的低效性以及企业缺乏对各方物流信息全面、准确、动态的把握，使企业无法实现内、外部物流一体化，无法追求物流系统的最优化和合理化，无法参与供应链管理，很难满足消费者快速变化、日趋个性化和多样化的需求。

（3）经营管理模式比较落后，粗放型经营突出，缺乏对核心竞争力的培养。产品技术创新能力较弱，市场反应速度缓慢，无法及时满足客户少批量、多品种、定制开发的需求。多数企业都有自己的运输、仓储等部门，或有自己专门的运输公司、仓储公司等进行物流自营，致使企业市场竞争力不强。

第二节　采购物流流程

采购物流是指包括原材料等一切生产物资的采购、进货运输、仓储、库存管理、用料管理和供应管理，也称为原材料采购物流。它是生产物流系统中相对独立性较强的子系统，并且和生产系统、财务系统等生产企业各部门以及企业外部的资源市场、运输部门有密切的联系。采购物流是企业为保证生产节奏，不断组织原材料、零部件、燃料、辅助材料供应的物流活动，这种活动对企业生产的正常、高效率进行发挥着保障作用。企业采购物流不仅要实现保证供应的目标，而且要在低成本、少消耗、高可靠性的限制条件下来组织采购物流活动，因此难度很大。

企业采购流程通常是指有制造需求的企业选择和购买生产所需的各种原材料、零部件等物料的全过程。

一、采购的概念

广义的采购是指除了以购买的方式占有物品之外，还可以通过租赁、借贷、交换等各种途径取得物品的使用权来达到满足需求的目的。狭义的采购是指企业根据需求提出采购计划，审核修订计划，选择供应商，进行商务谈判确定价格、交货的相关条件，最终签订合同并按要求收货付款的过程。

二、采购的特征和重要性

1. 特征

（1）采购是从资源市场获取资源的过程。

（2）采购是信息流、商流和物流三者相结合的过程。

（3）采购是一种经济活动。

2. 重要性

（1）采购资金比例大。

（2）满足产品制造需求。

（3）在企业结构改革中具有战略地位。

三、采购流程

采购物流过程因不同企业、不同供应环节和不同的供应链而有所区别，这个区别就使企业的采购物流出现了许多不同种类的模式。但是，尽管不同的模式在某些环节具有非常复杂的特点，但是采购物流的基本流程是相同的，如图 6－1 所示，其过程有以下几个环节。

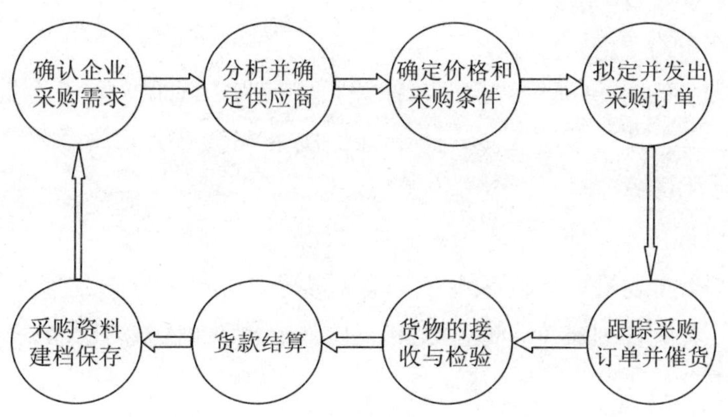

图 6－1　采购流程

1. 取得资源

取得资源是完成以后所有供应活动的前提条件。取得什么样的资源，这是核心生产过程提出来的，同时也要按照采购物流可以承受的技术条件和成本条件辅助这一决策。

2. 组织到厂物流

所取得的资源必须经过物流才能到达企业。这个物流过程是企业外部的物流过程，在物流过程中，往往要反复运用装卸、搬运、储存、运输等物流活动才能使取得的资源到达企业的门口。

3. 组织厂内物流

如果企业外物流到达企业的“门”，便以“门”作为企业内外的划分界限，例如以企业的仓库为外部物流终点，便以仓库作为划分企业内、外物流的界限。这种从“门”和仓库开始继续到达车间或生产线的物流过程，称作采购物流的企业内物流。

传统的企业采购物流，都是以企业仓库为调节企业内、外物流的一个节点。因此，企业的供应仓库在工业化时代是一个非常重要的设施。

四、企业采购策略

1. 分享合同策略

依据上级部门/单位、母公司已签署的涵盖多项目的战略合作协议、长期合同等合同文件，各项目通过分享，提高采购效率，获得价格优势，稳定与供应商/承包商的合作关系，确保资源的及时可用性，享受更优质、全面的服务。

2. 战略合作策略

在一定层面与特定对象建立战略合作关系，有利于在保障作业生产需要、技术发展需要的前提下稳定、改善、提升合作关系，降低综合成本，获得超值的服务，使得合作的双方达到双赢的目的。

3. 长期合作策略

与特定的供应商/承包商建立长期合作关系。有利于降低采购工作量，提高采购效率，发挥规模效应，降低采购成本，降低维护成本，稳定供需关系，建立长期的合作关系，确保供应/服务资源。

4. 横向打包策略

有利于减少合同数量，提高采购效率，减少供应商/承包商数量，便于供应商/承包商队伍管理，降低管理难度，减少配套、协调难度。确保作业生产顺利进行，降低作业生产成本。

5. 综合成本策略

有利于降低产品/服务全生命周期成本，从而真正降低作业成本。提高作业、生产时效，降低作业风险，便于作业生产管理，促进技术进步。

6. 工作订单策略

有利于带动关联公司协调发展，降低采购风险，便于供应商/承包商队伍管理，增强服务可靠性、可协调性。

7. 竞争策略

在供应市场/服务市场条件成熟、竞争激烈时，采用招标、询价等采办方式，引发市场竞争，从而获得最大让利、降低采购成本的策略。

8. 备份合同策略

采购过程中，为了规避某个供应商/承包商的执行能力、效果对作业进度、作业保障等的影响，在签订合同时同时与一家以上为同一个采办项签订合同的行为。这样，在第一选择的合同执行中一旦有偏差，必要时可以废除第一合同的继续履行，而启动备份的第二个合同。

9. 数量折扣策略

数量折扣策略就是根据代理商、中间商或顾客购买货物的数量多少，分别给予不同折扣的一种定价方法。数量越大，折扣越多。其目的是鼓励大量购买，或集中向本企业购买。数量折扣包括累计数量折扣和一次性数量折扣两种形式。累计数量折扣规定顾客在一定时间内，购买的商品若达到一定数量或金额，则按其总量给予一定折扣，其目的是鼓励顾客经常向本企业购买，成为可信赖的长期客户。一次性数量折扣规定对一次购买某种产品达到一定数量或购买多种产品达到一定金额的顾客给予折扣优惠，其目的是鼓励顾客大批量购买，促进产品多销、快销。

数量折扣的实质是将销售费用的一部分，以价格折扣方式分配给买方。企业因单位产品利润减少而产生的损失通过销量的增加得到补偿。此外，销售速度的加快，使企业资金周转次数增加，流通费用下降，产品成本降低，从而使企业总赢利水平上升。运用数量折扣策略的难点是如何确定合适的折扣标准和折扣比例。如果享受折扣的数量标准定得太高，比例太低，则只有很少的客户才能获得优待，绝大多数客户将感到失望；购买数量标准过低，比例不合理，又起不到鼓励客户购买和促进企业销售的作用。因此，企业应结合产品特点、销售目标、成本水平、资金利润率、需求规模、购买频率、竞争者手段以及传统的商业惯例等因素来制定科学的折扣标准和比例。

五、作业成本法（ABC 法）

传统的采购方式存在着许多与现代采购不相容的地方，影响了采购的效率和有效性，从而导致了采购成本、运输成本居高不下。企业物资采购既牵扯到企业自身，同时也与供应商关系重大，在这种情况下，宜使用 ABC 法（Activity-based，作业成本法）。

1. ABC 法的基本原理

ABC 法以作业为中心，通过对作业成本的确认和计量，对所有作业活动追踪其动态反应，为尽可能消除“非增值作业”，改进“可增值作业”及时提供有用信息，促使损失、浪费减少到最低限度，提高决策、计划、控制的科学性和有效性，促进企业管理水平的不断提高。

2. ABC 法的分析步骤

（1）描述作业。首先确定企业的经营目标，然后判别并描述企业为客户提供产品成本或服务而进行的各个作业。

(2) 分析作业的必要性。这要从企业和客户两个角度来分析。如果某作业对客户来说是必要的，那么就是必要的作业，能为客户增加价值；如果某作业对客户来说是不必要的，则要进一步看该作业对企业是否必要，如果对企业必要，即使与客户无关也是必要作业。那些既非客户所要，也不能为企业组织管理发挥作用的作业，都是不必要的，必须消除。

(3) 对于必要作业，通过对企业调研数据的分析，判定其是否是高效作业或最佳作业，若不是，则根据企业发展及社会发展寻求改进的机会。

(4) 分析作业之间的联系。各种作业相互联系，形成作业链。这个作业链必须使作业的完成时间和重复次数最少。理想的作业链应该是作业与作业之间环环相扣，而且每次必要的作业只在最短的时间内出现一次。

3. ABC法的分析标准

(1) 对最终产品是否增值。如果客户愿意为一项作业付费，则该作业为增值、必要作业；如果客户不愿意为一项作业付费，即对客户来说该作业是非必要的，但对企业来讲是不可少的，则该作业为非增值、必要作业；如果一项作业对客户和企业来讲都是非必要的，则该作业为非增值、非必要作业。

(2) 作业是否必要。实施企业物流管理信息化及供应链管理后可以消除的作业，或在供应商处就应该控制好的作业就是非必要的，反之则为必要的。

第三节 生产物流流程

基于JIT模式下丰田生产物流分析

准时制生产 (Just in Time) 作为一种牵引式生产系统，是日本丰田汽车公司创立的一种独具特色的生产管理方式。它以市场需求为核心，通过看板管理，实现“在必要的时刻生产必要数量的必要产品 (或零部件)”，彻底消除在制品过量的浪费及间接浪费的生产安排系统。作为无浪费的管理方式，JIT可以概括为在需要的时间，按需要的数量，提供用户需要的产品。

JIT的目标是尽最大限度降低库存，减少资源浪费，最终实现零库存。

丰田看板管理的特点与启示如下所述。

（1）丰田看板方式的特点是在企业内部各工序之间采用固定格式的卡片传递信息，由下一个环节根据自己的生产节奏逆向向上一个环节提出供货要求，上一个环节根据卡片上指定的供应数量、品种等即时组织供货。供方准时、同步地向需求者提供供应货物，使工作流程畅通。

（2）丰田看板方式的应用可以最大限度地减少库存，利用看板的周转传递，可使制件占用降到最少，从而实现“零库存”。

（3）丰田看板方式强调各部门之间的协作与紧密配合，特别是每一个上下道工序之间在时间与数量上的有效衔接，如果缺少这一点，“看板”将无法正常运行。

JIT是一种生产方式，其核心是削减库存，直到实现零库存，同时又能使生产过程顺利进行。JIT应用到物流领域里也是一种理念，基于这种理念，在多品种、小批量、多批次、短周期的消费需求压力下，生产者、供应商以及物流配送中心、零售商要调整自己的生产、供应、流通过程，按下游的需求时间、数量、结构以及其他要求组织好均衡生产、供应和流通，在这些作业内部采用看板管理中的系列手段来削减库存，合理规划物流作业。在此过程中，无论是生产者、供应商还是物流配送中心或零售商，均应对各自下游客户的消费需求做出精确的预测，否则就使用不好JIT。

生产物流作为企业物流的基础环节，只有生产的不断进展，才能创造利润，为企业整体有序运作起着重要作用。生产物流的大致流程是原材料、燃料、外购品在投入生产后，经过下料、发料，运送到各加工点和存储点，以在制品的形态，按照规定的工艺过程进行加工、储存，借助一定的运输装置，在某个点内流转，又从某个点内流出，始终体现着物料实物形态的流转过程。所以，生产物流起始于原材料、外购品的投入，终止于成品入库，其间贯穿于生产全过程。

一、生产物流的概念和多角度分析

企业的生产物流活动是指在生产工艺中的物流活动。这种物流活动是与整个生产工艺过程伴生的，实际上已经构成了生产工艺过程的一部分。生产物流一般是指原材料、燃料、外购件投入生产后，经过下料、发料，运送到各加工点和存储点，以在制品的形态，从一个生产单位（仓库）流入另一个生产单位，按照规定的工艺过程进行加工、储存，借助一定的运输装置，在某个点内流转，又从某个点内流出，始终体现着物料实物形态的流转过程。

生产物流是企业物流的关键环节，从物流的范围分析，企业生产系统中物流的边界起于原材料、外购件的投入，止于成品入库。它贯穿生产全过程，横跨整个企业（车间、工段），其流经的范围是全厂性的、全过程的。物料投入生产后即形成物流，并随着时间进程不断改变自己的实物形态（如加工、装配、储存、搬运、等待状态）

和场所位置（各车间、工段、工作地、仓库）。

从物流属性分析，企业生产物流是指生产所需物料在时间和空间上的运动全过程，是生产系统的动态表现。换言之，物料（原材料、辅助材料、零配件、在制品、成品）经历生产系统各个生产阶段或工序的全部运动过程就是生产物流。

从生产工艺角度分析，生产物流是指企业在生产工艺中的物流活动，即物料不断地离开上一工序，进入下一工序，不断发生搬上搬下、向前运动、暂时停滞等活动。这种物流活动是与整个生产工艺过程伴生的，实际上已构成了生产工艺过程的一部分。

因此，生产物流是企业生产活动与物流活动的有机结合，对生产物流流程的优化设计离不开对企业生产因素的考虑，二者是不可分割的。生产物流的优化设计主要从三个方面入手：第一，生产流程对物流线路的影响；第二，生产能力对物流设施配备的要求；第三，生产节拍对物流量的影响。

二、生产物流的特点

1. 实现价值的特点

企业生产物流和社会物流的一个最本质的不同之处，也即企业物流最本质的特点，主要不是实现时间价值和空间价值的经济活动，而主要是实现加工附加价值的经济活动。

企业生产物流一般是在企业的小范围内完成，当然，这不包括在全国或者世界范围内布局的巨型企业。因此，空间距离的变化不大，在企业内部的储存和社会储存的目的也不相同，这种储存是对生产的保证，而不是一种追求利润的独立功能，因此，时间价值不高。

企业生产物流伴随加工活动而发生，实现加工附加价值，也即实现企业的主要目的。所以，虽然物流空间、时间价值潜力不高，但加工附加价值却很高。

2. 物流过程的特点

企业生产物流是一种工艺过程性物流，一旦企业生产工艺、生产装备及生产流程确定，企业物流也因而成了一种稳定性的物流，物流便成了工艺流程的重要组成部分。由于这种稳定性，企业物流的可控性、计划性很强，一旦进入这一物流过程，选择性及可变性便很小。对物流的改进只能通过对工艺流程的优化，这方面和随机性很强的社会物流也有很大的不同。

3. 主要功能要素的特点

企业生产物流的主要功能要素也不同于社会物流。一般物流的功能的主要要素是运输和储存，其他是作为辅助性或次要功能或强化性功能要素出现的。企业物流主要功能要素则是搬运活动。

许多生产企业的生产过程，实际上是物料不停搬运的过程，在不停搬运过程中，

物料得到了加工，改变了形态。

即使是配送企业和批发企业的企业内部物流，实际也是不断搬运过程，通过搬运，商品完成了分货、拣选、配货工作，完成了大改小、小集大的换装工作，从而使商品形成了可配送或可批发的形态。

三、生产物流的过程

企业生产物流的过程大体为原材料、零部件、燃料等辅助材料从企业仓库和企业的“门口”开始，进入到生产线开始端，再进一步随生产加工过程各个环节运动，在运动过程中，本身被加工，同时产生一些废料、余料，直到生产加工终结，再运动至成品仓库便终结了企业生产物流过程。

生产流程可以从不同的视角进行分类。如从设备的先进程度可分为技术密集型和劳动密集型；从产品形成的特点可以分成装配型（如机械制造企业产品）、分解型（如化工企业产品，原料在加工过程中产出多种产品）以及调整型（如钢铁企业产品，原材料的形状和性能在加工过程中不断改变而制成的产品）。对于机械制造企业，其生产流程基本是以产品为导向的装配型流程建立的。生产流程是物流路线优化的基础，在加工装配企业中首先应明确产品的生产流程，然后根据生产流程进一步确定最优的物流线路。

四、企业生产物流工艺流程及工厂布置

1. 工艺流程

工艺流程是技术加工过程、化学反应过程与物流过程的统一体。在以往的工艺过程中，如果认真分析物料的运动，会发现有许多不合理的运动。例如，厂内起始仓库搬运路线不合理，搬运装卸次数过多；仓库对各车间的相对位置不合理；在工艺过程中物料过长的运动、迂回运动、相向运动等。这些问题都反映了工艺过程缺乏物流考虑。

工艺流程有以下几种典型的物流形式。

（1）加工物固定，加工和制造操作处于物流状态。例如建筑工程工艺、大型船舶制造等。

（2）加工和制造的手段固定，被加工物处于物流状态。这种工艺形式是广泛存在的形式，如化学工业中许多在管道或反应釜中的化学反应过程，水泥工业中窑炉内物料不停运动完成高温热化学反应过程，高炉冶金过程、轧钢过程。更典型的是流水线装配机械、汽车、电视机等，都属于这种类型。

（3）被加工物及加工手段都在运动中完成加工的工艺。除去上述两类极端工艺外，许多工艺是上述两类的过渡形式，并具备二者特点。

2. 工厂布置

工厂布置是指工厂范围内，各生产手段的位置确定，各生产手段之间的衔接和以何种方式实现这些生产手段。具体来讲，就是机械装备、仓库、厂房等生产手段和实现生产手段的建筑设施的位置确定。这是生产物流的前提条件，应当是生产物流活动的一个环节。在确定工厂布置时，单考虑工艺是不够的，必须要考虑整个物流过程。

五、生产物流设施及装备

1. 利用输送机的生产物流

输送机是生产物流采用的主要通用物流机具，甚至形成了一种生产方式的代表。21 世纪初，泰勒的“科学管理”就以传送带为“科学管理”方法的内容之一。同时期，美国汽车工业巨头亨利·福特创造的“福特制”，更以连续不停的传送带运转来组织标准化的、机械化的甚至自动化的生产，使输送机成了现代化大生产非常重要的机具。

输送机在生产工艺中采用，主要体现在两方面，一方面是用于物料输送，例如矿石、煤炭原材料的运输；另一方面是用作装配中的主要机具，工人固定在装配线上某一位置，每个工人完成一种标准的作业，随输送机不停运行，从输送机一端进入的半成品（如汽车骨架）在输送机前进过程中，不断安装各个组件、零件，在输送机另一端输出制成品。

采用输送机作为装配线或生产工艺的生产领域主要有汽车工业、家用电器工业、电子工业、仪表工业、机械制造工业等。在生产流水线采用的主要输送机种类有：皮带输送机、辊道输送机、链式输送机、悬挂输送机、板式输送机等。

2. 集装单元器具

主要有集装箱、托盘、周转箱和其他集装单元器具。货物经过集装器具的集装或组合包装后，具有较高的灵活性，随时都处于准备运行的状态，利于实现储存、装卸搬运、运输和包装的一体化，达到物流作业的机械化和标准化。

3. 叉车、托盘

叉车，工业搬运车辆，是指对成件托盘货物进行装卸、堆垛和短距离运输作业的各种轮式搬运车辆。国际标准化组织 ISO/TC110 称为工业车辆。在企业的物流系统中扮演着非常重要的角色，是物料搬运设备中的主力军。

中国国家标准《物流术语》对托盘（Pallet）的定义是：用于集装、堆放、搬运和运输的放置作为单元负荷的货物和制品的水平平台装置。作为与集装箱类似的一种集装设备，托盘现已广泛应用于生产、运输、仓储和流通等领域，被认为是 20 世纪物流产业中两大关键性创新之一。托盘作为物流运作过程中重要的装卸、储存和运输设备，与叉车配套使用在现代物流中发挥着巨大的作用。

第四节　分销物流流程

一、产品包装

销售的产品都是经过一定的包装才能进入流通领域的，销售包装的目的是向消费者展示、传递信息、吸引客户、方便零售。但是分销物流中还会用到运输包装，运输包装的目的是保护商品，便于运输、装卸搬运和储存。

二、产品储存

能够平衡供给和需求的时间和数量的不平衡性，是满足客户对商品可得性的前提。通过仓储规划、库存管理与控制、仓储机械化等，提高仓储物流工作效率、降低库存水平，提高分销物流的及时性，从而提高客户服务水平。帮助客户管理库存，便于与客户的长期合作。

三、货物运输与配送

运输和配送转移以商品本身为载体的产品使用价值，运输是解决货物在空间上的位移，是长距离干线运输；配送是在局部范围内对多个用户实行单一品种或多品种的按时按量送货。根据客户的需求进行配送，客户得到更高水平的服务；通过共同配送、合作配送，企业可以降低物流成本，减少城市的环境污染。

四、装卸搬运

装卸搬运频率高，时间长，货损产生的概率高，因此此过程需主要考虑提高机械化水平、减少无效作业、实现集装单元化、提高机动性能、实现系统效率最大化、改进装卸搬运、提高分销物流作用效率。

五、流通加工

流通加工是根据需要进行分割、计量、分拣、组装等作业的过程。在分销物流的过程中进行流通加工，不但可以提高物流的效率，还可以满足消费者多样化的需求，促进产品的销售。主要考虑流通加工方式、成本和效益、与配送的结合、废物再生利用等。

六、退货

流通加工由于销售退还的商品也需要进行登记和管理，同样会有费用产生，因此退货作业环节与企业的经济效益也是密切相关的，不可小视。处理方法可以在数据上将库存商品分为退换商品与正品，但是实际物理存放空间不发生变化。

七、分销渠道的概念

分销渠道的定义：目前对分销渠道的定义还没有一个统一的说法。如国美营销专家菲利普·科特勒认为：一条分销渠道是指某种货物或劳务从生产者向消费者移动时取得这种货物或劳务的所有权或帮助其取得所有权的所有企业和个人。美国市场营销协会（AMA）定义委员会给分销渠道下的定义是：企业内部和外部代理商和经销商（批发和零售）的组织机构，通过这些组织，商品（产品和劳务）才得以上市行销。Louis. W. Stern 的《分销渠道》中，对分销渠道的定义为：促使产品或服务顺利地被使用或消费的一整套相互依存的组织。李先国先生认为：分销渠道是指产品或服务从生产者向消费者转移过程中所经过的、由各中间环节联合而成的路径。

很显然，这些定义各有侧重，但在本质上是一致的；也就是说，分销渠道是介于生产者和消费者之间的桥梁，简单来说的话，分销渠道的起点是生产者，而终点则是消费者。

综合以上概念，我们可以得到如下定义：所谓分销渠道，是指产品或服务在其所有权转移的过程中，从生产者手中到消费者手中的途径，它包括生产者、中间商和用户。企业生产出来的产品只有通过一定的分销渠道才能在适当的时间、地点、以适当的价格供应给消费者，从而克服生产者和消费者之间的差异和矛盾，满足市场需要，实现企业的营销目标。

第五节　回收物流

一、回收物流产生的背景

“世界工厂”与“世界垃圾场”

据统计，中国已有 172 类产品的产量位居世界第一位。目前，世界 70%以上的玩具、灯具、空调、微波炉；60%以上的维生素、鞋类、电饭煲；50%以上的彩电、箱包、手机、建筑、陶瓷；40%以上的电冰箱、洗衣机都产自中国。目前我国每年电冰箱报废 1510 万台，电视报废 3273 万台，空调报废 1572 万台，洗衣机报废 1766 万台，电脑报废 2629 万台，手机报废 7000 万部。全世界数量惊人的电子垃圾中，有 80%被运往亚洲，而其中有 90%被丢弃在了中国。

二、回收物流的含义

回收物流（Returned Logistics）指不合格物品的返修、退货以及周转使用的包装容器从需方返回到供方所形成的物品实体流动，也称为逆向物流、反向物流。即企业在生产、供应、销售的活动中总会产生各种边角余料和废料，这些东西的回收是需要伴随物流活动的。如果回收物品处理不当，往往会影响整个生产环境，甚至影响产品的质量，占用很大空间，造成浪费。

三、回收物流的目的

回收物流的目的就是在产品的整个生命周期过程中实现“5R”，即研究（Research）、重复使用（Reuse）、减量化（Reduce）、再循环（Recycle）、挽救（Rescue），也就是说其主要目的是支持和提高产品的再使用率。

四、回收物流的驱动因素

（1）新的分销渠道。

（2）顾客的退货行为。

（3）国际和法律的环境保护因素。

（4）供应商的产品召回行为。

（5）日益缩短的生命周期。

（6）供应链中的力量转移。

苹果宣布召回 180 万块索尼制造电脑电池

（1）在全球召回 180 万块索尼制造的笔记本电脑电池，原因是这些电池可能会出现过热现象并存在起火的危险。

（2）被宣布召回的产品销售渠道包括：苹果电脑的在线商店、苹果电脑在美国的零售店、苹果电脑授权零售商。

（3）苹果电脑表示，索尼可能将会为此次电池召回买单，预计索尼将支出 1.72 亿～2.78 亿美元。

（4）美国消费产品安全委员会表示，消费者应立即停止使用被宣布召回的电池，联系苹果安排免费更换事宜。

五、逆向物流与正向物流的关系

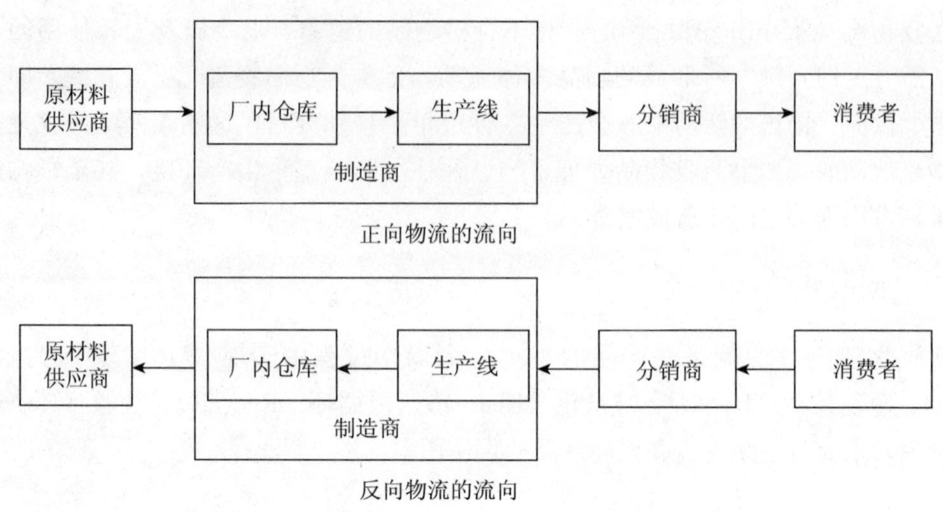

图 6－2　正、反向物流

正向物流和逆向物流是一个完整物流系统的两个子系统，如图 6－2 所示，两者相互联结、相互作用、相互制约，共同构成了一个开放式的物流循环系统。逆向物流是在正向物流运作过程中产生和形成的，没有正向物流，就没有逆向物流；逆向物流流量、流向、流速等特性是由正向物流属性决定的。如果正向物流利用效率高、损耗小，则逆向物流必然流量小、成本低，反之则流量大、成本高。

另外在一定条件下，正向物流与逆向物流也可以相互转化，正向物流管理不善、技术不完备就会转化成逆向物流；逆向物流经过再处理、再加工、改善管理方法制度，又会转化成正向物流，被生产者和消费者再利用。

六、系统流程

1. 制造企业

制造企业是产品的生产者，它在回收物流合理化中是一个关键环节，如果能解决好制造企业的问题，就能促使回收物流的合理化。

生产或制造商品企业的生产原料可采用原物料、再生物料，制造过程中采用可再用的工具或器械，生产过程剩余的废弃品或物料可以进行适当的资源回收，并在生产时就要注意到产品的回收问题，尽量做到绿色生产，从源头上提高物品的回收活性。

2. 物流中心

我国物流中心的闲置率已经达到 60％，可以考虑把回收物流系统纳入其中，这样能在一定程度上减轻物流中心的压力，在物流中心，可以用两次包装进行理货等作业，

并用废弃物分类的处理方式，得到资源回收的效益。

3. 消费者

消费者从一定程度上影响着制造企业在原料选择和制造方式中的取向，如果对消费者的购物意向能进行合理引导，也是使我国回收物流趋于合理化的有效途径。为提高废弃物的回收活性，消费者还可采用正确的废弃物分类，一方面可增加资源的复生效率，另一方面也可减少废弃物对于环境的污染。

4. 回收企业和处理中心

回收企业担负着将废旧品进行处理的任务，它们对废旧品的处理方式，将直接影响到最终这些废旧品处理的合理程度，是回收物流合理化的一个重要方面。处理中心在处理方式上，可根据被处理物品的状况，用回收或再生的方式恢复其经济价值或效益。对低价值的废弃物，采用无害化的掩埋、造肥或焚化产生能源的方式进行处理等。

七、回收物流的分类

（1）产品及包装物回收物流：第一步，预处理（清洗、检测、归集和分类）；第二步，运输；第三步，最终处理（当包装物已经破损得不能进行修理时，要合理地处理这些运输材料）。

（2）零部件回收物流：又包括返回制造商的零部件回收物流、选择出售的零部件回收物流、再制造或整修的零部件回收物流和循环再利用的零部件回收物流。具体步骤是：收集—分拣—运输—测试—拆卸/装配—复原/再制造。

（3）物料回收物流。

经典案例

耐克公司鼓励消费者把他们穿破的耐克鞋送回到购买时的商店，然后这些废弃的鞋子被送回到耐克公司进行碎化，制成篮球场地和跑道，并成立基金维护这些篮球场。耐克公司的这种经营策略虽然要增加成本费用，但这种行为却提升了耐克的品牌价值，并且还促使消费者购买其商品。

第七章　制造企业物流流程再造

丰田模式 14 条原则

原则 1：管理决策以长期理念为基础，即使因此牺牲短期财务目标也在所不惜。

原则 2：建立连续的作业流程以使问题浮现。

原则 3：使用拉动式生产方式以避免生产过剩。

原则 4：使工作负荷平均（生产均衡化）。

原则 5：建立立即暂停以解决问题、从一开始就重视质量控制的文化。

原则 6：工作的标准化是持续改善与授权员工的基础。

原则 7：通过可视化管理使问题无所隐藏。

原则 8：使用可靠且已经充分测试的技术以协助员工及生产流程。

原则 9：培养深谙公司理念的领袖，使他们能教导其他员工。

原则 10：培养与发展信奉公司理念的杰出人才与团队。

原则 11：重视合作伙伴与供应商，激励并助其改善。

原则 12：亲临现场，彻底了解情况（现地现物）。

原则 13：制定决策时要稳健，穷尽所有的选择，并征得一致意见；实施决策时要迅速。

原则 14：通过不断省思与持续改善以成为一个学习型组织。

第一节　物流流程再造概述

企业物流流程再造，是指遵循现代物流企业运作的基本规律，根据企业自身特点，分析诊断企业的所有流程，以用户为中心并利用信息技术，使传统物流流程在统一的框架内不断得以优化，逐渐向精简化、核心化、高效化和信息化的流程转变的过程。

对制造业的物流业务流程进行再造，一方面要打破传统职能层级体制的界限，消除流程的复杂化和流程的延长，以客户需求为中心设置业务流程，形成对跨职能的横向流程的统一控制和协调，从系统论的观点出发，提升企业整体效益；另一方面要对物流业务的具体方面进行流程再造，消除浪费，简化流程，有效利用现有资源，形成最大产出。

一、制造企业物流流程再造的思路

1. 制造企业的职能结构设置要合理

企业传统物流管理组织结构注重职能层级机制，组织关注的中心可能被导向组织内部的上级机构，职能部门界限的存在会导致一些无效工序的存在，许多任务仅仅是为了满足企业内部需要而设立的，容易导致流程的复杂化和流程的延长，忽视了客户的需要；而流程再造则强调流程观念，打破职能层级体制的界限，以客户需求为中心设置业务流程。

2. 制造企业物流流程要一体化

传统物流过程中，完整的业务流程往往被各职能部门所分化，物流流程中包含很多交接、传递，容易引起错误和延迟，对客户的需求也反应迟钝。

3. 制造企业对物流过程要统一规划

由于物流过程分散在各个职能部门当中，缺乏对跨职能的横向流程的统一控制和协调，容易使得每个职能部门只关心本部门的效率和效益，而忽视了制造企业物流的整体效率和效益。制造企业是一个有机的整体，物流贯穿于企业采购、生产、销售的全过程，为了适应现代市场环境对制造企业物流系统的要求，对制造企业传统的物流流程进行优化是非常必要的。

二、制造企业流程再造策略

1. 仓储管理数字化

传统企业的仓储管理一般依赖于人工，并且没有一个合理的操作控制方法，导致业务流程的复杂无序，针对这些不足，我们可以根据实际情况合理划分配送中心的功能区域，对其相互关系的密切程度进行等级划分，以搬运距离最短的原则进行功能布局调整，最大限度地减少总物流量。

在此基础上，推行库位分区，按品牌规格及销量情况对产品实行 ABC 分类管理，确定其存放位置，实现库存管理的高效率运作。这一来不仅可以增大仓储量，提高存储能力，还能够减少产品年搬运距离与人员年行走时间。此外，实施动态监控。以先进物流信息技术为支撑，实现产品的远程查询及图形化管理，对其出入量、库存、库位等关键指标进行可视化监控，加强对产品入库、存放、调拨、出库、盘点、移位、拣选、发货等各个环节的规范化管理，使业务流程简便化、可视化，使定位、决策只在“点击之间”。

2. 分拣管理精细化

企业可以对各品种的产品进行 EIQ 分析，即运用客户订单、品项、数量等数据进行出货特性分析，以抓取次数作为工作负荷量的度量标准，合理分布各产品品种及货格的顺序，使每条分拣线上拣货员之间的月拣选次数差额不超过一定指标约束，从而有效平衡分拣作业人员的劳动强度，提高工作效率，改变传统企业分拣作业脏、乱、杂的状况。

3. 装卸搬运合理化

用物料活性系数来衡量物料搬运的难易程度。所费的人工越多，活性就越低。反之，所需的人工越少，活性越高，但相应的投资费用也越高。企业在对物料的活性进行分析定义的基础上，可以利用活性理论，改善搬运作业。活性系数越高，所需人工越少，但设备投入越多。在进行搬运系统设计时，不应机械地认为活性系数越高越好，而应综合考虑。

4. 加强物流信息系统建设

企业应当结合订单生产的开展以及对物流的实际需要，加快对信息技术的分析和应用，通过信息化改造提升，做好与公司信息网络技术应用的无缝衔接，仓储管理数字化、配送管理智能化、打造专业化、信息化、标准化的现代物流体系，促进产品入库、存放、分拣、出库、调拨、盘点、拣选、发货等各个环节的规范化管理。最终达到以信息流替代物流、以速度取代库存的目的。

企业要结合自身实际的业务流程以及资金状况，将先进的物流技术与产品（如 GPS、GIS、EDI、RF、无线终端、条码技术等）嫁接到企业的日常生产管理中，使用自动化器械，建立自动化立体仓库，发展自动化物流系统设计和制造。

信息化建设的另一个重要的方面便是 ERP 系统的实施，虽然很多制造企业已经上了 ERP 系统，但是由于原有的业务流程比较繁杂，或者其他种种原因不能适应 ERP 管理的要求，同时缺乏流程再造意识，使得很多 ERP 项目失败，即使实施 ERP 成功的企业，也不能完全发挥出 ERP 的效用。可以看出，对基于 ERP 的 BPR 实施模式需要进一步探索，以开发一套适合自身企业业务特点的 ERP 系统，实现企业的信息化、网络化和一体化，同时降低企业成本，取得相比于同类其他企业的竞争优势。

5. 在物流流程再造的基础上加快企业组织管理结构优化

制造企业目前存在的较大问题主要在物流成本上，要想获得比较优势就必须以更高效率、更低成本提高物流效益。因此，物流流程优化成为企业流程优化的关键流程。另外，组织结构是流程优化的根本保证。因此，要以高效的物流流程为目的，以此为核心设计企业组织结构。企业工作绩效的衡量要以物流的合理与效率为基准，要对阻碍物流畅通、增加物流成本的管理层次尽可能地削减，减少物流的中间环节，设立的

仓储管理部门、配送中心和运输部门等的数量和权限、物流网络的规模都以物流流程的效率提高为基准。同时，成立企业物流流程设计小组，负责从全局角度把握物流的整体优化，具有对其他部门的业务进行指导的职能。

6. 以客户为中心，加强物流一体化运作

制造企业在物流运作的过程中，流程优化必须以用户为中心，以为用户制造价值为目的，设计和组合流程。因而物流流程要方便供应商对物流效果的认识和对过程的监控，以更好地满足供应商的要求。具体要求就是反应快速，运作高效，物资损耗率低，服务收费低廉。要达到这些目标，还是要顺应企业采购与订单处理流程的特征，加强订单、配送、仓储和采购的一体化，从用户出发，自末端到始端，顺畅连接订单接收、配送、运输、仓储、采购一系列作业，形成一体联动的流程。其中一个环节发生细小变化，能够很快地传递到其他环节，快速采取应变措施，加强集成化和柔性化管理。

三、物流模式选择

要进行物流业务流程再造，必须要明确企业的物流模式，是自营、外包，还是协作，不同的物流模式对应着不同的业务流程，对于这一点，企业需要好好把握。

关于企业物流模式的选择并没有一个定论，一般都是结合企业自身特点，根据企业的发展战略及核心竞争力发展的需要，考虑企业对物流的控制，决定选用何种模式。制造企业的物流因其基本属于生产物流，属于企业内物流，故大多选用自营模式。而制造企业物流又不仅仅只是生产物流和企业内物流，所以企业可以选择属于上述两种类型的物流进行自营，实施实时控制，而对于“涉外”物流，则可逐步外包，提升整个供应链的效用和效率。

自营＋外包的业务模式可以细分为自营外包比例分摊、自营管理＋外包操作、自营操作＋外包管理三种模式，虽然三种模式均有其不同侧重，但自营管理＋外包操作模式无疑是最吸引眼球的一个。自营管理加外包操作模式下，企业物流外包的只是部分物流作业功能环节而已，大部分的物流系统管理职能仍由企业自身经营。企业将报关代理、仓库管理、运费支付、货代、配载、直接运输等外包给第三方物流，而存货管理、订单处理和执行、分销控制、供应链管理、采购、车队管理、物流信息技术和IT系统等全部进行自营操作。

这种模式下，企业既可以亲自服务到家，可拉近与客户的距离，使客户了解企业、熟悉产品，提高企业在客户群体中的亲和力，树立良好的企业形象；同时企业又可以掌握最新的客户信息和市场信息，从而根据客户需求和市场发展动向调整战略方案，提高企业的竞争力。这种模式下，物流服务能够完全按照企业自己的管理文化和原则来管控物流业务，使物流活动在自己的控制范围内。无论是追求质量还是追求成本控制都可以运用自如。完全可以达到甚至超过自营物流的管理效果和控制能力。

企业的物流模式对企业发展起到至关重要的作用，物流资源和专业技术所起到的杠杆作用，也会给企业带来巨大的竞争优势。

第二节　采购物流流程再造

为了满足公司发展中采购管理及采购集中管理的需要，应在满足采购业务操作的基础上提升系统的采购综合管理功能，在物资供应系统原有的功能上进行扩展，对生产企业的采购物流流程进行再造升级。

一、采购时间和数量的优化

定期订货方法和定量订货方法是优化采购时间和数量的传统方法，而两种方法都认为一定数量的周转存货和安全库存是必需的，从而会产生一定数量的仓库报关费用，蕴含着一定程度的变价损失风险。而准时制采购（Just In Time，JIT）的实施致力于实现零库存的目标，从而将上述与存货相关的费用降到零。

所谓 JIT 采购，是指在需要的时间、需要的地点，采购到具有质量保证的所需要数量的原材料及零部件。是由准时化生产管理思想演变而来的。要进行 JIT 生产，除了企业内部，还需要企业外部生产的原材料及零部件及时供应。

JIT 采购的实施需要具备一定的条件，不但要求生产企业自身拥有较强的采购管理能力，而且取决于供应商的生产能力和管理水平，取决于社会物流产业的发展。

二、采购价格及服务的优化

在采购过程中，企业常犯的一个错误是过分注重采购价格的高低，而忽视了采购价格的真实内涵。事实上，采购价格是与一系列交易条件，如支付时间、送货服务紧密联系在一起的。单纯追求低廉的价格，而忽视其他交易条件，是极不明智的。因此，对于生产企业而言，采购价格应与供应商服务水平结合在一起进行考虑。

三、采购质量的优化

原材料及零部件采购质量不仅关系到企业最终产品的质量，而且关系到采购物流的效率。如果采购的原材料及零部件质量低劣，最坏的情况是将导致企业最终产品由于质量问题而在市场上丧失竞争力。

6σ 管理法是近些年来流行的一种重要的质量管理方法。σ 是一个希腊字母，在统计学里用来描述正态数据的离散程度，即标准差。目前，在质量管理领域，用来表示

质量控制水平，若控制在 3σ 水平，表示产品合格率不低于 99.73%；若控制在 6σ 水平，表示产品不合格率不超过 0.002ppm，也就是每生产 100 万个产品，不合格品不超过 0.002 个，考虑 1.5 倍漂移，不合格率也只有 3.4ppm，接近于零缺陷水平。

6σ 管理法以提升质量作为主线，以客户需求为中心，利用对事实和数据的分析，改进企业的业务流程，将质量意识与企业每个员工的日常工作交融在一起。将资源放在认识、改善和控制产生质量问题的原因上，而不是放在质量检查、售后服务等活动上，改变了传统的以检查审核为主的质量控制观念，从企业核心流程的角度保证了产品的质量。

供应商是否实施 6σ 管理法可以成为生产企业判定供应商的产品质量、选择供应商的重要依据，可以有效实现对供应商供货质量的事前控制。

四、供应商数量的优化

供应商数量关系到企业的原材料及零部件的订货费用、价格折扣及供货的稳定性。

1. 多源供应

多源供应是指企业就某种原材料或零部件同时选择多家供应商。对于生产企业而言，多源供应的好处在于：可以避免供应商发生意外或违约行为而终止供货可能形成的风险。但不利之处在于：增加了供应商管理难度，造成订货费用增加；不利于获取较高的价格折扣；造成原材料及零部件的送货费用增加。

2. 单源供应

单源供应是指企业就某种原材料或零部件只选择一家供应商。单源供应可以使供应商获得大量、稳定的订单来源，为降低原材料或零部件的供应成本创造了条件，这种成本降低可以被供应商和生产企业所共享。同时，单源供应可以使供应商集中精力于原材料或零部件的生产和技术开发，有利于进一步改进质量。对于生产企业而言，单源供应的好处在于：节约订货费用，可以获得较高的价格折扣，可以获得质量更好的供应，便于集中开展送货服务，节约送货费用。单源供应较容易导致原材料及零部件供应的不稳定性。

如何选择关键取决于供应商的供应能力及信誉程度，企业是否与供应商建立了长期的战略伙伴关系。如果供应商的供应能力稳定且具有较大的弹性，信誉可靠，与企业拥有长期的合作关系，则单源供应有利。随着供应链管理思想逐渐为企业所接受，单源供应的比例呈上升趋势。当然，为了减少风险，一些采取单源供应的生产企业也会建立自己的后备供应商资料库，以便在发生意外时，能够迅速地找到新的原材料及零部件供应来源。

五、供应商布局的优化

供应商布局直接关系到生产企业所需原材料及零部件的运输、配送费用，生产企业在选择供应商时，应将其地理位置作为重要的考虑因素，合理进行供应商布局。

1. 全球布局

由于各国的原材料及零部件的生产成本差异很大，为了以最少的资金采购到质量最好、技术最先进的原材料及零部件，一些生产企业将供应商选择的范围扩大到全球。

2. 就近布局

生产企业与供应商的距离近，可以大大节约仓储和运输费用，使供应商实现对生产企业原材料或零部件订货的快速响应。同时有助于双方人员的交流，进一步密切合作关系。

第三节 生产物流流程再造

过去人们在研究生产活动时，主要关注一个又一个的生产加工过程，而忽视了将每一个生产加工过程串在一起的、并且又和每一个生产加工过程同时出现的物流活动。例如，不断离开上一道工序，进入下一道工序，便会不断发生搬上搬下、向前运动、暂时停止等物流活动。实际上，一个生产周期，物流活动所用的时间远多于实际加工的时间。所以，企业生产物流研究的潜力，时间节约的潜力、劳动节约的潜力是非常大的。

在实际的生产物流系统中，由于受系统内部和外部各种因素的影响，计划与实际之间会产生偏差，为了保证计划的完成，必须对物流活动进行有效控制。因此，物流控制是物流管理的重要内容，也是物流管理的重要职能。

对制造业的生产流程再造，一方面要打破传统职能层级体制的界限，消除流程的复杂化和流程的延长，以客户需求为中心设置业务流程，形成对跨职能的横向流程的统一控制和协调，从系统论的观点出发，提升企业整体效益；另一方面要对物流业务的具体方面进行流程再造，消除浪费，简化流程，有效利用现有资源，形成最大产出。下面就物流的仓储管理，分拣管理及装卸搬运三个方面做出流程改造的例证。

一、仓储管理数字化

传统企业的仓储管理一般依赖于人工，并且没有一个合理的操作控制方法，导致业务流程的复杂无序，针对这些不足，我们可以根据实际情况合理划分配送中心的功能区域，对其相互关系的密切程度进行等级划分，以搬运距离最短的原则进行功能布局调整，最大限度减少总物流量。在此基础上，推行库位分区，按品牌规格及销量情况对产品实行 ABC 分类管理，确定其存放位置，实现库存管理的高效率运作。这一来不仅可以增大存储量，提高存储能力，还能够减少产品年搬运距离与人员年行走时间。

二、分拣管理精细化

企业可以对各品种的产品进行 EIQ 分析，即运用客户订单、品项、数量等数据进行出货特性分析，以抓取次数作为工作负荷量的度量标准，合理分布各产品品种及货格的顺序，使每条分拣线上拣货员之间的月拣选次数差额不超过一定指标约束，从而有效平衡分拣作业人员的劳动强度，提高工作效率，改变传统企业分拣作业脏、乱、杂的状况。

三、装卸搬运合理化

用物料活性系数来衡量物料搬运的难易程度。所费的人工越多，活性就越低。反之，所需的人工越少，活性越高，但相应的投资费用也越高。企业在对物料的活性进行分析定义的基础上，可以利用活性理论，改善搬运作业。我们可以根据下面这个物料活性分析图来进行分析，考虑提高某些作业的活性系数，如活性系数为 0 的散放，通过放入容器中（活性系数为 1）或码放在托盘上（活性系数为 2）来提升搬运活性、提高工作效率。活性系数越高，所需人工越少，但设备投入越多。在进行搬运系统设计时，不应机械地认为活性系数越高越好，而应综合考虑。

第四节　分销物流流程再造

一、ECR 战略

有效客户反应（Efficient Consumer Response，ECR）是一种分销商与供应商为消除系统中不必要的成本和费用并给客户带来更大效益而进行密切合作的一种供应链管理战略。ECR 对分销物流提出的基本要求如下所述。

（1）与经销商紧密合作，认真进行市场调研，合理开展市场预测，使产品的库存数量保持在一个合理的水平上，节约库存费用。

（2）合理进行工厂、配送中心的选址，选择合适的运输方式、运输路线，确定配送车辆、配送路线及频次，节约运输、配送费用。

（3）认真选择包装材料、容器、方法，在确保产品品质不受损的情况下，尽可能节约包装费用。

（4）积极采用装卸搬运机械，提高效率，努力消除无效的装卸搬运活动，减少次数。

（5）在确定到底是自营物流还是第三方物流，或是综合采用多种物流形式方面，应充分考虑物流的规模经济效应因素。

二、QR 战略

快速反应（Quick Response，QR）指通过共享信息资源，建立一个快速供应体系来实现销售额增长，以达到客户服务的最大化及库存量、商品缺货、商品风险和减价最小化的目的。对分销物流提出的要求如下所述。

（1）进行合理的订货流程设计，建立计算机管理的订货系统，使得订货信息可以迅速、有效地转变为原材料及零部件的采购信息和产品的生产信息。

（2）缩短物流中转环节。既可以与商流中间环节的缩短相配合，也可以在商流不发生变化的情况下致力于精简物流环节。而且产品的物流也从生产企业的配送中心直接送达客户，而不必先运抵小企业或零售企业的配送中心，从而减少流通的环节，减少货物在途时间。

（3）选择有竞争力的物流服务商，并加强对其的监督和考核，确保物流服务的快速高效，并增加物流服务质量的安全及可靠性，从而减少货损和退换货的发生。

第八章　制造企业物流流程协同模式设计

第一节　制造企业传统物流流程分析

一、传统物流与现代物流

传统物流：一般指产品出厂后的包装、装卸、运输、仓储；只提供简单的位移，是被动服务，实行人工控制，没有统一的服务标准，多是点对点或是线到线的服务。

现代物流：则更提倡物流的整体化、系统化和综合化，将企业物流向两头延伸并注入新的内涵，有机结合社会物流与企业物流，以采购物流为起点，经过生产物流和销售物流，还要经过包装、运输、仓储、装卸、加工配送等环节使货品到达最终用户手中，最后还要考虑回收物流。现代物流不仅是把制造、运输、销售等市场情况统一起来考虑的一种战略措施，也是一种先进的组织方式和管理技术。

传统的制造企业里，物流的各个职能往往被分散到各个职能部门中，如：物流职能被割裂地纳入采购部门和销售部门，它们往往也有采购、运输、装卸搬运、仓库、配送等与物流相关的部门，只是叫法不同，但是这样的设置却常常使得物流活动处于附属的角色，地位低下且不稳定，一方面机械地、被动地、缺乏创造性地顺应生产、销售等企业认为的主要活动；另一方面又经常由于生产、销售的无计划性或差错，以及追求局部优化而使问题最终表面化地从执行物流活动的部门反映出来。

由于制造企业物流发展还处于起步阶段，长期以来受“商流重于物流”理论的影响，对物流在制造企业中的作用和地位缺乏足够认识和重视；物流标准化和规范化建设、学科化建设严重滞后；物流的法律法规建设相对落后；由于长期受计划经济体制的影响，对于支撑物流发展的基础设施建设、信息网络建设等缺乏统筹规划，各部门、各地区各自为政，尚没有形成统一、开放的物流市场；物流业的协调机制处于分散状态，由于行业管理既分散又薄弱，因此，在很大程度上影响了中国制造企业物流的快速发展。制造企业本身物流管理与运作不容乐观，大多数制造企业的物流活动主要由制造企业自身承担，造成物流资源分散，资金短缺、产品积压、库存资金占用多、设备利用率低、生产管理水平低下等，具体分析如下所述。

（1）制造企业传统物流各自为政，供、产、销相互脱节，物流系统协调性差。大多数制造企业将物流活动置于附属地位，将仓储、运输、装卸搬运、采购、包装、配送等物流活动分散在不同部门，没有纳入一个部门对物流活动进行系统规划和统一运作与管理，使物流的专业化、网络化和社会化程度不高，物流流程中包含很多交接、传递，容易引起错误和延迟，对客户的需求也反应迟钝。

（2）由于物流活动跨职能、跨部门设置，且各部门各自为战，缺乏对物流成本的核算和物流财务分析，致使整个系统的运作效率非常低下。由于信息收集、处理、跟踪的低效性以及企业缺乏对各方物流信息全面、准确、动态的把握，使企业无法实现内、外部物流一体化，无法追求物流系统的最优化和合理化，无法参与供应链管理，很难满足消费者快速变化、日趋个性化和多样化的需求。

（3）企业传统物流管理组织结构注重职能层级机制，组织关注的中心可能被导向组织内部的上级机构，职能部门界限的存在会导致一些无效工序的存在，许多任务仅仅是为了满足企业内部需要而设立的，容易导致流程的复杂化和流程的延长，忽视了客户的需要。

（4）有些制造企业物流系统内拥有的物流设施、设备为数不少，但利用率却普遍偏低，很少能提供全国性或全球性的物流服务；并且，制造企业内部信息系统不完善，企业之间的信息传递工具落后，物流难以畅通无阻。

（5）粗放型经营突出，缺乏对核心竞争力的培育。多数企业都有自己的运输、仓储等部门，或有自己专门的运输公司、仓储公司等，进行物流自营。

二、制造企业传统物流流程的薄弱环节

1. 一体化物流和供应链管理应用程度较低

我国制造业企业供应链管理的应用管理程度低。大多数制造企业内部采购物流、制造物流、销售物流相互分离，处于分割状态，分别由不同部门管理，缺乏统一协调。

2. 高水平物流是企业的挑战，使企业竞争力减弱

对生产服务业来说，制造业物流和制造之间并不会有着太紧密的关系，制造业没有形成与工作效率及同行业竞争的供应链，造成了企业成本过高、库存量大、材料占用成本高、资金周转不合理等问题。制造业物流费用率仍然高居不下。2005—2010 年年均增长率高达 18.8%；2005—2010 年，我国重点企业的物流费用率平均为 8.6%，接近日本同期水平 4.9%的 2 倍。

3. 缺乏专业人才

调查显示，2011 年，我国 79%的企业缺乏综合性物流管理人才，35%的企业缺乏物流信息管理人才。几年来，国内高校虽然纷纷设置物流专业，但由于学校教育与企业物流实践的脱节，不少物流专业的毕业生难以适应企业实际工作需要，尤其是缺乏

能够从企业整体角度认识物流问题、提出解决方案的高层次复合型人才。这也造成企业在物流资源整合上“有心无力”的局面。

4. 物流技术落后，管理水平较低

我国制造业企业先进物流技术应用范围不广、应用层次较低。根据调查，目前仅有41%的企业应用GPS系统、37%的企业应用EOS系统，15.3%的企业应用RFID系统，整体上看物流信息技术应用比例仍然相对很低。

5. 企业自营物流居多，物流设施利用率低

由于我国制造企业多数是从计划经济体制延续发展而来，企业自建物流系统居多。根据第十次中国物流市场供需状况调查，采购物流在我国有70%以上由制造企业自己办理，外包仅为10.8%，产成品物流外包仅为7.3%。

三、制造企业传统物流流程分析

1. 现代物流理念缺失

制造企业引入现代物流理念的时间还不长，各方面认识还有限，从企业整体出发系统整合物流运作体系观念仍然需要进一步加强；在企业的运作过程中，采购、制造、营销活动的协调性较差，各个模块独立运作，各自为政，相互脱节的现象比较严重；经营活动中往往偏重于销售、制造，忽略了过程整体的优化和协调，造成物流信息不畅，供、产、销系统相互缺乏协调。

2. 成本计量不够科学、合理

不重视时间成本和资金成本、对物流成本缺乏全面系统的计量和核算，企业之间物流成本的核算方法并不统一，企业之间难以比较和借鉴，“心中无数”自然也就难以实施有效的管理了。

3. 物流企业服务能力低

相对于制造企业多种多样的物流服务需求，多数专业物流企业仅仅能够提供单项或分段的物流服务，物流服务能力不能满足客户需要。再加上企业不重视信用，物流企业与制造企业之间存在信任缺失，难以开展合作和资源共享，无法实现相互资源互通有无和优势互补。在信息技术应用上，多数物流企业仍停留在手工处理阶段，EDI、Internet等先进技术应用水平低，信息处理速度慢、准确度低、集成度低、协调性差，很大程度上阻碍了为制造企业提供现代物流服务的能力。

4. 信息技术落后

企业内部信息化基础工作落后，没充分利用EDI、RFID等先进技术，致使信息采集、处理、集成水平低，信息沟通不充分。外部物流服务商，如第三方物流企业和客户不能充分共享信息资源，没有结成相互依赖的伙伴关系。

此外，国家对物流发展的规划、标准化及税收等、企业内部物流运作与管理模式

落后、物流设施不健全、物流人才素质偏低等也是造成上述问题的原因。

四、实际案例分析——汽车制造业的零部件供应物流

零部件供应物流的主要矛盾是确定需求与保障供给，确定需求是汽车制造业供应链管理领域中的首要难点。因为需求是拉动供应链良性运转的动力，不能准确识别和表达需求，就不能有效开展其他任何活动。而保障供给是为了保证在合适的时间、将合适的物品、以合适的数量送到合适的地点，需要动态地研究和解决使用什么、制造什么、缺乏什么、拥有什么，以及怎样满足的问题。要解决好怎样满足需求的问题，在具体的实践中，并非是轻而易举的事情。解决好需求与供给的矛盾所面对的困难，主要集中在以下几个方面。

1. 柔性连接的产销环节

为了保证再生产时有充足的供货，又不会因产生库存而占用资金和仓库，这就需要汽车制造业供应链采用以客户订单为依据来安排定制产品的大规模定制制造模式，使得制造与需求在理论上同步。

为了保证零部件供应物流环节的及时供货，进而保证产品的准时交付，可以通过对市场需求订单的预测，适时地做好工业资源的准备。使汽车制造企业能够适应市场多变而且竞争激烈的外部环境，协调供应链的柔性和敏捷性，从而降低供应链的综合成本，这就是汽车制造业供应链管理所追求的目标。为了保证入厂物流的良性运转，需要具备适当柔性的产销环节的连接。但汽车制造业的零部件供应物流面对极大的困难，是因为在现实中有个时间差，市场需求瞬息万变，但是汽车制造企业的制造却需要一定的时间。

2. 准确性的工业资源协调

在制造准备时，汽车制造业供应链上的节点企业，对企业内外部的管理和基础设施配备提出了极高的要求，不仅要准确地把握资源状况，而且要准确地使用资源调度。工业领域的响应周期和资源准备的变化幅度是一对矛盾共同体，在资源调度的工作中，供货周期越长的物料，对计划变化的满足难度和运作成本就越高。

我国的汽车制造业相比欧美国家起步较晚，加上工业资源协调准确实现的难度极大，使得汽车制造业供应链上的所有企业在基础设施和管理水平上也都比较薄弱，也使得汽车零部件供应物流环节的成本居高不下。

3. 及时性的交付

在我国，以轿车制造厂为例，汽车整车生产厂的装配线通常的制造方式是采用多品种混流，其制造节拍通常是每小时大约多少辆车，每种车型的装配零部件多达万余种，所以供货的及时性决定了制造的准时性。而需要连续不断地按照整车制造厂的要货指令向装配生产线准时交付，就必须采用在汽车整车制造厂附近建立中间库存的模

式，而由于零部件供应厂商的地理位置和物流能力的局限。这种模式却不能有效降低零部件供应物流环节的总体成本。所以，怎样才能有效地保证交付的及时性，就亟须研究并建立新的运作与管理模式。

4. 标准化的贯彻

贯彻标准化，是因为多达几百家的上游生产企业，围绕着汽车制造业供应链整车制造厂运转。但是由于上游生产企业在经营战略上有差异，产品生产线不相同，合资的背景也不相同，导致管理模式、质量体系、信息体统、运输工具及其零部件包装单元等包罗万象，给信息交换、资源综合利用以及提高运输效率等带来了极其巨大的障碍。所以，若要使汽车零部件供应物流环节效率得到改善，减少非增值环节，提高资源利用率，其关键保证是要贯彻标准化，对发展水平并不平衡的上游生产企业来说，也并非一件易事，因为推行标准化需要较大的投入。

5. 管理的信息化

汽车制造业供应链上的所有企业虽然均或多或少、或深或浅地实现了一定水平的信息化管理，装备了相当的信息化设施。但是，大部分只是企业内部或者局部的管理软件，软件之间呈单一孤岛的形态，而且各类管理软件相对非常简单，很少有企业建立一个全面的解决方案，也就是建立整个汽车制造业供应链的综合信息管理系统。

信息化管理是现代汽车制造业供应链物流的标志，但是实现信息化管理是优化零部件供应物流的关键和难点。因为企业对物流信息技术的运用大多还处在初级阶段，对于汽车制造业供应链管理物流流程的复杂性认识不够，管理软件供应商缺乏与用户之间的及时沟通，技术人员也没有汽车制造业供应链管理方面的经验，开发出来的软件产品很难满足汽车生产企业的需要。

在解决这些难题的过程中，需要理论指导、实践经验、信息系统、先进技术、合适的管理方法，还需树立价值流的观念、贯彻始终的战略方向，而对这些需要的集成表达，正是难中之难和必须解决的主要矛盾。

第二节　制造企业物流流程协同模式设计

一、制造企业物流流程协同

随着信息技术的普及和知识经济时代的来临，21 世纪的商业环境发生了巨大的变化，市场竞争日趋激烈、客户要求逐步提高，市场的竞争已由原来单一的企业间的竞争升级到供应链之间的竞争。在这样一个供应链变革的年代，制造企业作为整个供应链中的一个节点，只有充分跟上供应链的变化才能在激烈的竞争中不被淘汰出局，而物流作为供应链管理的一个环节、一个载体，将在制造企业中突现出其越来越重要的地位。针对制造企业中物流职能被割裂到各个职能部门的状况，进行制造企业物流流程协同势在必行。

流程协同打破传统企业模式的一个重要点是以往的企业都是以追求企业利润最大化为企业的根本目标，而流程协同则是在以往的基础上以客户最大程度的满意作为企业服务的根本原则，客户可以是外部的，如在商场里，营业员直接面对的真正的顾客；也可以是内部的，如一条生产线上，下一道工序的操作工人便是上一道工序操作工人的客户。每一个人的工作质量都由他的客户来评定，每一个人的工作目标就是让他的客户满意。

企业物流流程协同，是指遵循现代物流企业运作的基本规律，根据企业自身特点，分析诊断企业的所有流程，以用户为中心和利用信息技术，使传统物流流程在统一的框架内不断得以优化，逐渐向精简化、核心化、高效化和信息化的流程转变的过程。

物流流程协同是制造企业全部流程重要的组成部分，它是创造物流运动时间和空间效用的经济活动过程，物流流程协同涉及与物流相关的业务活动流程重新定义及优化，它是业务流程优化理论在企业物流管理方面的重要运用。流程协同是以用户为中心，以信息技术为牵引，对传统的和不适应的流程实施长期不断的改进，更稳健地实现企业效率的战略性提高，制造企业物流流程的优化也必将带动整个企业流程的优化。

二、制造企业物流流程协同优化策略

1. 加强物流信息系统建设

信息技术替代了原来的部分工作，如办公自动化系统替代了大量的办公管理，管理信息系统替代了文件、单证等收存和转发。更进一步说，信息技术改变了原来的业务流程。物资入库流程原来需要经过财务部门、库存管理部门之间多次单证的流转和确认，网络出现以后，单证流在网上实现，转发和确认速度加快、过程简化、方便快捷。以信息流替代物流、速度取代库存是信息技术渗透到物流过程的重要特点，也是依托信息技术改造传统物流流程的依据。

2. 在物流流程再造的基础上，加快企业组织管理结构优化

制造企业目前存在较大的问题主要在物流成本上，要想获得比较优势就必须以更高效率、更低成本提高物流效益。因此，物流流程优化成为企业流程优化的关键流程。另外，组织结构是流程优化的根本保证。因此，要以高效的物流流程为目的，以此为核心设计企业组织结构。企业工作绩效的衡量要以物流的合理与效率为基准，要对阻碍物流畅通、增加物流成本的管理层次尽可能地削减，减少物流的中间环节，设立的仓储管理部门、配送中心和运输部门等的数量和权限、物流网络的规模都以物流流程的效率提高为基准。同时，成立企业物流流程设计小组，负责从全局角度把握物流的

整体协同优化，具有对其他部门业务的指导职能。

3. 以客户为中心，加强物流一体化运作

制造企业在物流运作的过程中，流程协同优化必须以用户为中心，按照为用户创造价值的目的，设计和组合流程。因而物流流程要方便供应商对物流效果的认识和对过程的监控，以更好地满足供应商的要求。具体要求就是反应快速，运作高效，物资损耗率低，服务收费低廉。要达到这些目标，还是要顺应企业采购与订单处理流程的特征，加强订单、配送、仓储和采购的一体化，从用户出发，自末端到始端，顺畅连接订单接收、配送、运输、仓储、采购一系列作业，形成一体联动的流程。其中一个环节发生细小变化，能够很快地传递到其他环节，快速采取应变措施，加强集成化和柔性化管理。

协同物流系统模型要形成差异化的比较结果。物流系统由运输、储存、配送、流通加工、包装、装卸搬运、信息管理等基本物流环节组成。物流环节是物流经济活动最微小的活动单元，是物流系统的基本子系统，也是物流研究的最基本单位。相应地，协同物流体系内部实体中最基本的因素也是各物流作业环节。如汽车制造企业物流由零部件和原材料的入厂物流、整车生产物流、销售物流、售后服务物流等环节构成。

三、制造企业物流流程协同模式设计步骤

（1）流程分析与诊断。它是对制造企业现有的物流流程进行描述，分析其中存在的问题并进而给予诊断。

（2）物流流程的再设计。首先选取最关键的物流流程（能够满足顾客的关键需求，满足经营目标，满足竞争需求）进行设计，可以取得以点带面，最后全面突破的效果。制造企业物流业务的关键性价值是物流服务水平，它由服务响应速度、服务成本、服务的稳定性、服务的质量、服务的变异性等方面体现。体现服务水平的关键性活动是客户服务（客户对物流的要求、客户对物流的反应）、运输、库存管理、信息流动及管理。针对前面分析诊断的结果，重新设计现有流程，使其趋于合理化。

（3）流程设计的实施。这一阶段是将重新设计的流程真正落实到企业的经营管理中来。流程设计的关键是信息技术的支持和现代管理技术的应用，企业在进行业务流程再造的同时实施 MIS 或 ERP 系统，不但彻底转变了制造企业的管理模式，而且还可以保证系统实施的成功，达到事半功倍的效果。

四、制造企业物流流程协同模式设计方法

一般来说，企业流程再设计有以下三种思路：一是对流程各个作业任务本身进行再设计，使其在形式、内容、执行效率等方面有新的突破；二是对流程各个作业任务之间关系进行重新组织，使其在次序、侧重点、衔接关系等方面有新的突破；三是对

流程各个作业任务执行者的调整，例如合并整合部门、设计专责部门等。

具体来说，有以下 5 种常用流程再设计方法。

（1）消除法。消除部分冗余的流程作业任务，提高流程执行的准确性和效率。

（2）整合法。将原来几种分散执行的作业任务，压缩整合成一个流程作业任务。

（3）简化法。就是将原来烦琐的、庞杂的作业任务，去繁就简，强化关键作业。

（4）细化法。其主要思路是将原来集中于专业人员或单一部门的流程作业任务，扩散融入更大的范围和更加深入具体的执行环节之中。

（5）信息化法。就是通过信息技术手段，优化、改进传统的企业业务流程。

上面 5 种方法分别从不同的角度研究了流程再设计，对于基于物流运作模式选择的物理流程再设计有很好的指导意义。但是，基于物流运作模式选择的物流流程再设计不是简单地对物流流程进行重新设计，它还涉及物流运作模式对物流流程设计的影响以及物流流程实施者——物流组织机构的设计。因此，提出消除—简化—整合的物流流程再设计方法。

消除—简化—整合法的主要思想是通过将相关的物流职能整合到物流部，整合物流相关活动之间的业务流程，并借此简化其他部门或实体与物流职能部门之间的联系和流程。然后根据前一阶段的既有物流流程诊断的结果，消除物流流程中不合理的环节。在具体实施的过程中，为了使物流流程合理和实用，首先将企业物流系统分解为供应物流、生产物流、销售物流和逆向物流四个环节，然后采用一定的分类或归类方式运用消除—简化—整合法对四个环节进行物流流程再造。

1. 供应物流

生产企业物流系统的输入，即供应物流，是企业物流过程的初始阶段。供应物流是保证企业生产经营活动正常进行的前提条件，现代企业生产具备规模大、品种多、技术复杂等特点，再加上专业化、协作化、共同化的发展，生产社会化程度提高，企业间的生产技术活动更加密切。供应物流包括原材料、零部件等一切生产资料的采购，进货运输、装卸搬运等物流活动。

2. 生产物流

生产物流是企业物流的核心部分。生产物流包括各专业工厂或车间的半成品或成品流转的微观物流。各专业工厂或车间之间以及它们与总厂之间的半成品、成品流转。企业生产物流活动是与整个生产工艺过程相伴的，实际上已构成了生产工艺过程的一部分。生产物流系统的边界条件起源于原材料、零部件等的投入，经过制造转换为成品，止于从成品库再运至中转部门或直接配送给用户，因此生产物流的活动范围是从原材料的库存管理开始直接到产成品出厂进入流通环节之前为止，这个过程所设计的物流功能活动主要包括仓储、装卸搬运、包装、信息处理等。

3. 销售物流

销售物流是生产企业物流的输出系统，承担完成企业产品的输出任务，并形成对生产经营活动的反馈因子。销售物流是企业物流终点，同时又是社会物流的终点。社会物流接受它所传递的企业产品、信息以及辐射的经济能量，进行社会经济范围的信息、交易、实物流通活动，把一个个相对独立的企业子系统相联合起来，形成社会再生产系统。如果不能很好地组织企业的销售物流，企业生产的产品滞销或脱销，系统的功能则无法实现，经济能量辐射被破坏，产品的劳动价值将无法得以补偿和实现，产品也不能最终实现成为有用品。

4. 逆向物流

制造企业逆向物流就是回收和处理生产过程和销售过程中所产生的各种废弃物和次品。在强调环保的今天，逆向物流越来越受到人们的重视，特别是对于那些污染严重的企业，科学合理地处理其逆向物流是企业需要重点解决的问题之一。此外，处理好逆向物流也能为企业带来巨大的效益，如建立有效的次品或废弃物回收网络能够为企业节省大量的原材料采购成本，先进的废弃物处理技术能够为企业带来好的市场信誉，树立良好的企业形象。

第三节　制造企业物流流程协同的组织保障

一、制造企业物流流程协同的现状

在物流行业中，物流企业之间建立虚拟企业联盟以增强竞争优势，是一个发展方向，尤其对于目前我国大量的由传统企业转型而来的物流企业由于本身不具备完整的现代物流服务机能，所以这些物流企业间的协同合作问题具有很强的现实意义，目前对于物流企业协同合作问题的研究十分薄弱，具体表现为以下几点。

（1）缺乏全面整体的对物流企业合作问题的分析。主要的研究集中和停留在物流企业协同合作战略的提出，以及论述我国传统物流企业的第三方转型，对合作的动因、合作的组织模式、合作中的监督管理方法等具有实践价值的理论分析没有重点研究，所以加强这方面的理论研究是一个趋势，能够填补这个研究空白。

（2）研究结果过于简单，宏观性较强。对物流企业的实际工作提供指导意义不大，目前研究结果中操作性不强是一个弱点，以后的研究应从宏观逐步深入到企业层面。

（3）合作伙伴选择方法研究缺乏全面性和全局性。合作伙伴的选择方法较多，目前的方法在定性与定量的结合、局部与整体的结合方面都有所欠缺，需要不断完善。

（4）核心企业对于伙伴企业的管理问题没有系统性的研究和深入的分析。对于成员企业的管理需要一个整体的管理体系，包括对成员行为中的可观察行为、不可观察行为的监督都应有各自的管理方法，同时由于管理问题具有很强的实践性和针对意义，所以应深入分析和探讨。

二、制造企业物流流程协同的组织保障

1. 加强物流基础设施建设

加强基础设施建设不能仅仅局限于某个部门或者行业范畴设施的发展，而是要站在全局的高度对物流基础设施建设的问题进行规划，否则就会出现大量占用土地、重复建设等现象。物流基础设施的建设不仅包括物流园区、物流中心和配送中心等，在物流组织的不同环节发挥运输、储存等功能的，货运站场、仓储设施的建设同样重要。过分强调物流园区等占地多、投资大的物流基础设施兴建而忽略相关功能性和支持性的物流基础设施发展，将使整个社会物流组织缺乏良好的系统性支撑，现代物流业的组织效应将很难产生，转变也就失去了根基。

加强物流基础设施建设，应当充分利用交通部门在运输基础设施建设方面的优势，把公路主枢纽和货运站场建设同物流园区规划有机结合，有效整合利用社会现有的物流仓储设施资源和生产能力，发挥现有货运站场网络化优势和货运企业开展物流经营的便利条件，逐步完善物流服务功能。其中政府应当以投资为主导，吸引外资、民间资金形成多元化的物流基础设施建设投资体系。最后，物流基础设施建设要参照国外发展经验，在规划时就具有一定的超前性，充分预计到将来现代物流业发展所带来的需求，避免积压现象的产生。

2. 提高物流信息化水平

信息化水平的高低是区别传统物流业与现代物流业的重要标志。在发达国家现代物流业是信息化程度最高的产业部门之一。政府需主导建立铁路、公路、水路、航空、邮政等运输与服务信息网络，构建行业物流信息网，逐步实现行业之间的信息联网。加快企业物流信息化建设，丰富网上信息资源，保证有效信息量。物流行业的信息系统应实现与银行、保险等金融服务行业以及税务、工商、海关、检验检疫等政府职能部门信息系统的对接，打造一个全省性的公共物流信息平台。通过物流信息系统对物流系统资源整合提供支持，沟通企业群体之间及与政府管理部门之间的信息联系，促进协同工作及协同经营机制的建立。

3. 推进物流标准化和物流新技术应用

物流技术是物流各项功能实现和完善的手段，包括运输技术、仓储技术、包装技术、信息技术等。鼓励企业采用集装单元、射频识别、货物跟踪、自动分拣、立体仓库、配送中心信息系统、冷链等物流新技术和装备，逐步实现仓库立体化、装卸搬运机械化、商品配货电子化、物流功能条码化、配送过程无纸化，建立安全、可靠、高

效的配送体系，提升物流企业的技术含量和配送效率。同时，物流标准化滞后也是制约现代物流业发展的主要瓶颈之一，所引发的各种矛盾亟待解决。推广物流标准化是政府义不容辞的责任。

4. 加快培养现代物流管理人才

现代物流业是一门综合性极强的学科，它所需要的人才必须既懂经济又懂管理，还要掌握物流专业相关技术，专业人才的数量和素质直接影响物流业的发展。加大对物流教育的投入，完善课程设置，可以由院校与企业联合对从业人员实行专业培训，联合培养；另外，可以从国外、省外引进高级人才，加强对从业人员的培训，提高现有物流从业人员职业技能和业务水平；借鉴国际经验，逐步推行从业人员资格认证制度。引导企业与院校加强合作，促进现代物流领域的研究和创新，使新理念和新技术能够广泛应用于企业。

5. 完善物流统计工作

发达国家很早就开始对物流业进行专门的统计工作，组织全国性的物流调查，在实践中建立了科学合理的统计指标体系，所收集的统计数据能够为现代物流业发展的科学决策提供可靠依据。我国在这方面落后较多，统计指标体系设计不合理，关键数据缺失是现代物流业发展规划缺乏科学依据的主要原因。

6. 营造有利的政策环境

政府是国家统治者用于实现其目标的一种重要组织制度安排，国家利益、经济利益、社会利益以及统治者自身的利益是政府决策的依据。政府出于对国家利益的考虑，特别是当认识到物流业对本国经济的发展和对国际竞争力的提高有重大影响作用时，往往会制定相应的物流立法和制定国家物流发展战略。通过完善物流法律法规体系，构建物流服务诚信保证体系，实施各种优惠的税收政策等各种措施，为物流流程协同提供一定的外在保障，同时也为物流流程协同提供了有力的指引方向，提高了物流业的整体素质，也为我国物流企业进军国际市场打下了坚实的基础。

7. 充分利用行业协会、科研、咨询机构

行业协会是物流流程协同顺利实施中的一个重要机构，它可以给物流企业提供一定的建议，甚至给予有力的政策指引。咨询与专业协会不受公司的约束，不必考虑公司组织内部的网络关系，能够从一种独立的角度更加客观地看待组织中的问题，也能够客观地找出企业存在的问题症结，从而为企业的发展提出更好的建议。科研机构具有雄厚的科研能力，能够解决企业不能解决的问题，同时，科研机构又具有较多的高技术和高学术的人才。积极推进企业与大学、科研机构之间的交流与合作，对于企业提升物流管理水平具有独特的意义和作用。

三、物流流程协同组织保障的相关配套措施

为了保障设计的物流流程能顺利、有效地实施，切实提高企业的管理效率、降低

企业的成本，提高企业的市场反应水平，需要一些配套措施，以提高物流流程再造的成功率。

（1）管理制度的改革。改革原有的管理制度，以适应新的机构设置和物流流程的要求。

（2）推广先进适用的物流技术。先进物流技术（如条码技术、自动化仓储技术、ERP 等）不仅可以提高物流流程再造的成功率，而且可以提高物流流程再造的质量，在最大程度上提高企业的物流效率，降低物流成本。

（3）实施企业物流人才保障措施。再造后的物流流程更加紧凑，而且采用了先进的信息技术和设备，这些对操作人员和管理者的素质都提出了更高的要求。因此，企业要通过内部提升、社会招聘和员工培训等多种方式，保障流程再造所需人才。

（4）硬件设施的匹配。建设和配置与企业生产需求和物流流程再造要求的物流设施设备，如自动化输送设备、叉车、吊装设备、立体化仓库等。

（5）与原材料零部件供应商建立战略合作伙伴关系。与原材料零部件供应商建立战略合作伙伴关系，可以稳定企业原材料零部件供应，保障物料流动的顺畅，稳定企业生产。

（6）与第三方物流服务供应商建立战略合作伙伴关系。当前，第三方物流企业的实力及服务水平参差不齐，因此，企业应通过采用合理的评价指标和评价方法，选择符合企业要求的第三方物流供应商，并与之建立战略合作伙伴关系。

第九章　制造企业协同物流成本管理

第一节　协同物流成本构成

一、协同物流及其物流成本

协同物流具有网络经济的成本优势，是供应链管理的进一步发展，它将企业控制范围扩大到供应链上所有节点企业，第一次让企业有可能及时获得供应链中完整的信息，最重要的是它让企业知道产品的状态，如生产、运输以及能否按时到达等。协同物流是以 Web 为基础的主机软件服务，它使生产企业、零售企业、运输企业用更低的成本解决企业内外物流问题。

物流成本是指产品空间位移包括静止过程中所耗费的各种劳动的货币表现，也就是在物流活动中所消耗的活劳动和物化劳动的总和，它可以反映企业物流活动的经济状态。物流成本的内容包括包装、装卸搬运、运输、储存、流通加工、物流信息等各个环节所支出的人力、物力和财力的总和，可以说，物流成本就是完成各种物流活动所需的费用。如果企业在物流活动中，对日常的物流成本支出采取各种方法进行合理的控制与管理，提高物流运营的效率，降低物流成本的比率，将足以产生巨大的经济效益。

二、物流成本的构成

按照物流功能的划分，物流基本成本主要由以下几个部分构成。

（1）运输成本。主要包括人工费用，如运输人员工资、福利、奖金、津贴和补贴等营运费用，如营运车辆燃料费、折旧、维修费、养路费、保险费、公路运输管理费等其他费用，如差旅费、事故损失、相关税金等。运输成本通常在物流成本中占有最大的比重。

（2）仓储成本。主要包括建造、购买或租赁等仓库设施设备的成本和各类仓储作业带来的成本，如出入库作业、理货作业、场所管理作业、分区分拣作业中的人工成本和相关机器设备费用。为了提高物流效率和降低物流成本，都引入了先进的库存管理方法，如快速反应和连续补货等。

（3）流通加工成本。主要有流通加工设备费用、流通加工材料费用、流通加工劳务费用及其他费用，如在流通加工中耗用的电力、燃料、油料等费用。

（4）包装成本。包括包装材料费用、包装机械费用、包装技术费用、包装人工费用等。

（5）装卸与搬运成本。主要包括人工费用、资产折旧费、维修费、能源消耗费以及其他相关费用。

（6）物流信息和管理费用。包括企业为物流管理所发生的差旅费、会议费、交际费、管理信息系统费以及其他杂费。

三、协同物流系统的物流总成本

协同物流系统的物流总成本取决于运输成本、库存维持成本、批量成本（包括物料加工费和采购费、仓储固定费用和变动费用以及订单处理费用等），这些成本之间存在着二律悖反的关系，成本结构的重组会直接关系到物流服务水平的高低。因此，降低成本的空间并非是无止境的，要考虑到企业的经济规模增长点和盈利基础，有计划地协调成本与核心竞争力之间的关系，平衡成本管理与市场联盟之间的关系。

物流利润是物流系统根本目的和发展动力。相应地，物流成本就成为影响物流系统运作的决定性因素，也是评价物流系统运作效率的基本标准。

实施成本最低目标时，需要注意局部成本最低化和系统整体成本最低化的关系。各项物流功能成本最低化，并不意味着总成本的最低。各物流环节成本优化，可通过适合环节特性的各种措施进行改进，例如运输环节的联合运输方式以取得较低的联合运输成本。而整体物流成本的降低，需要理解物流成本构成，开展功能成本分析和动态的成本计算，不能单一强调从会计和财务角度考察。

第二节　协同物流成本分析及核算方法

一、协同物流成本的影响因素

1. 竞争性因素

企业所处的市场环境充满了竞争，企业之间的竞争除了产品的价格、性能、质量外，从某种意义上来讲，优质的客户服务是决定竞争成败的关键，客户的服务水平又直接决定物流成本的高低，因此物流成本在很大程度上是由于日趋激烈的竞争而不断发生变化的，并受到以下因素的影响：

（1）订货周期。企业物流系统的高效必然可以缩短企业的订货周期，降低客户的库存，从而降低客户的库存成本，提高企业的客户服务水平，提高企业的竞争力。

（2）库存水平。存货的成本提高，可以减少缺货成本，即缺货成本与存货成本成反比。库存水平过低，会导致缺货成本增加但库存水平过高，虽然会降低缺货成本，但是存货成本会显著增加。因此，合理的库存应保持在使总成本最小的水平上。

（3）运输。不同的运输工具，运输能力大小不等，成本高低不同。运输工具的选择，一方面取决于所运货物的体积、重量及价值大小，另一方面又取决于企业对某种物品的需求程度及工艺要求。选择运输工具要同时兼顾既保证生产与销售的需要，又要力求物流成本最低两个方面。企业采用更快捷的运输方式，虽然会增加运输成本，却可以缩短运输时间，降低库存成本，提高企业的快速反应能力。

2. 产品因素

产品的特性不同也会影响物流成本，主要包括以下几点：

（1）产品价值。一般来讲，产品的价值越大，对其所需使用的运输工具要求越高，仓储和库存成本也随着产品价值的增加而增加。高价值意味着存货中的高成本，以及包装成本的增加。

（2）产品密度。产品密度越大，相同运输单位所装的货物越多，运输成本就越低。同理，仓库中一定空间领域存放的货物也越多，库存成本就会降低。

（3）易损性。物品的易损性对物流成本的影响是显而易见的，易损性的产品对物流各环节如运输、包装、仓储等都提出了更高的要求。高质量的产品可杜绝因次品、废品等回收、退货而发生的各种物流成本。

（4）特殊搬运。有些物品对搬运提出了特殊的要求。如对长大物品的搬运，需要特殊的装载工具，有些物品在搬运过程中需要加热或制冷等，这些都会增加物流成本。

3. 空间因素

空间因素是指物流系统中企业制造中心或仓库相对于目标市场或供货点的位置关系。进货方向决定了企业货物运输距离的远近，同时也影响着运输工具的选择、进货批量等各方面。若企业距离目标市场太远，则必然会增加运输及包装等成本。若在目标市场建立或租用仓库，也会增加库存成本，因此空间因素对物流成本的影响是很大的。

4. 其他因素

除上述因素外，影响企业物流成本的因素还包括企业管理成本开支大小、资金利用率、货物的保管制度、物流管理合理化程度、企业的物流决策、企业外部市场环境的变化等方面的因素。

二、协同物流成本分析

由于物流活动贯穿于企业活动的全过程，包括原材料物流、生产物流、从工厂到配送中心再到用户的物流，物流成本是指产品在空间移位含静止过程中所耗费的各种劳动和物化劳动的货币表现，因此，包装、装卸搬运、储存、流通加工等各个活动中的费用构成了物流成本。物流成本是以物流活动的整体为对象，是唯一基础性的、可以共同使用的基本数据。因而是进行物流管理、使物流合理化的基础。

日本的西泽修教授将物流形象比喻为隐藏在企业水面下的“冰山”部分，而物流成为企业的“第三利润源”解释了现代物流的本质，使物流能在战略和管理上统筹企业生产、经营的全过程。节约成本开支、降低产品售价，这是提高企业竞争力、改善经营效益的关键所在。据理论界估算，物流成本可以占到商品价值的30%～50%。据统计，在美国，制造成本已不足产品总成本的10%；在日本，物流业每增长2.6个百分点就会带来1%的经济总量增加，物流份额约占总成本的10%～12%；目前在我国，物流费用大约占商品进销差价的70%，仅在账面上反映的物流费用就占商品总成本的40%；物流平均成本占GDP的比重为16.7%，比发达国家高出近一倍。据中国物流与采购联合会统计，我国的物流服务仅占整个工业产值的2%，与美国的25%比例相比，物流成本和信息管理还有相当大的发展空间。物流协同过程中的成本管理有利于制订完全透明的、共同控制的联合发展计划。

由于物流成本没有被列入企业的财务会计制度，如不进行特别计算，不容易把握，制造企业习惯将物流费用计入产品成本，流通企业则将物流费用包括在商品流通费用中。因此，无论是制造企业还是流通企业，不仅难以按照物流成本的内涵完整地计算出物流成本，而且连已经被生产领域或流通领域分割开来的物流成本，也不能单独真实地计算并反映出来，物流成本的计算更是被分解得支离破碎、难辨虚实。任何人都无法看到物流成本真实的全貌，了解其可观的支出。

协同物流成本类似于物理学中的杠杆原理，协同物流成本的下降通过一定的支点，可以使销售额获得成倍的增长。而其上升一点，也可使销售额成倍地削减。假定销售额为1万元，协同物流成本为1万元，如协同物流成本下降1万元，就可多得到1万元的收益。协同物流成本的下降会产生极大的效益。

协同物流成本的效益背反现象，常称之为“交替损益”现象，指改变系统中任何一个要素都会影响其他要素，欲使系统中任何一个要素增益都将对系统其他要素产生减益影响，也可以简单理解为二律悖反。通常，人们希望最短的物流时间，希望最好的服务质量，希望最少的物流成本。显然，要满足上述所有要求是很难办到的。它存在于物流活动的各个方面运输、储存、包装、装卸等各物流功能间的“效益悖反”。为了有效地降低库存成本，要求有高质量的运输质量与其相适应，这无疑会增加运输的成本。企业内部物流的“效益悖反”，即企业各部门物流成本之间的效益悖反。充足的原材料库存有利于保证生产的顺利进行，高水平的成品库存也可以使生产线从容应对市场需求，但这些库存却给采购和销售部门带来众多压力，如上下游企业在库存设置上存在“博弈”的利益选择。由于各企业之间有着明晰的产权关系，不同产权的企业谋求利益的最大化，使得各节点在降低其成本的过程中陷入各自为政的状态，最终导

致“效益悖反”的产生。

协同物流放大扭曲效应是协同物流固有的属性，由于节点企业之间不能有效地实现信息共享，造成下游企业的需求信息在向上游企业传递时被逐级放大、扭曲，导致协同物流效率低下和物流成本上升。为了应付增大了的需求变动性，企业不得不保有比放大扭曲效应不存在时还要高的库存水平，增加相应的仓储空间运输成本。制造商及其入厂物流商在不同时期的运输需求与订单的完成密切相关，放大扭曲效应使运输需求随着时间的变化而剧烈波动，要满足高峰时的需求必须增加运输资源的总成本、配送成本。订单的波动同样导致所需劳力、设备的波动，为保持剩余劳动力物流必须增加劳动力总成本协调成本。因为放大扭曲效应的存在，网络内物流节点将责任归咎于其他企业，导致物流节点企业之间的互不信任，增加企业间的沟通协调成本。

三、协同物流成本核算方法

协调物流成本核算以其“二维”观念，一方面通过提示“资源流动”和“成本流动”过程，全面提供有关资源、作业、作业成本的信息；另一方面，向物流提供作业是由什么引起的，以及作业完成得怎么样的信息。对于我国制造业而言，通过物流成本核算，能够全面地揭示物流活动的全部耗费，提高人们对物流成本重要性的认识，从而达到改善物流管理、降低成本、提高效益的目的。为了更好地进行物流成本控制，提出物流成本改进的措施，必须准确地进行物流成本核算。因此，成本核算为了实现这个目的，总是反复提出这个问题：哪些成本发生了；这些成本在什么地方发生的；这些成本是为谁发生的。从而引出以下三方面的核算内容：成本种类核算、成本位置核算、成本承担者核算。

1. 物流成本种类核算

物流成本种类核算要回答的问题是：在某一核算期内，企业发生了哪些成本；各是多少；总量是多少；在成本种类核算中，企业运行过程中所有价值损耗的收集是核心工作。成本种类核算所需的数据来自财务会计的辅助核算部门。成本种类核算中成本种类和财务会计的账号是对应的，如成本核算部门要求增减或合并账号，财务会计部门应给予合作。

2. 物流成本位置核算

物流成本位置核算要回答的问题是：在某一核算期内，各个成本内容发生了哪些；成本各是多少；成本位置核算是在成本种类核算的基础上完成的，通过企业核算矩阵可将成本种类核算的结果分摊到相应的位置上，从而获得成本位置核算结果。通过成本位置核算，还可将不能直接计入最终产品的成本分摊到最终产品上去。企业中的每个成本位置都表明一个编号和所包含的成本种类，这样可以很容易地核算出成本位置上的成本。一般而言，企业中的各个部门都可以看成是成本位置，部门领导要对其责任区内所发生的成本负责。

3. 物流成本承担者核算

成本承担者核算要回答的问题是：在某一核算期内，企业发生了哪些成本，为谁发生的；各是多少成本；承担者具有双重任务，一是要对每个效益单位的成本进行评价；二是对核算期内总生产成本进行评价。前者称为单位产品成本核算，后者称为企业经济效益核算。

四、物流成本核算的具体步骤

1. 明确物流范围

物流范围作为成本的核算领域，是指物流的起点和终点的长短。通常所说的物流范围一般包括原材料物流和企业内部物流，即从工厂到仓库的物流，从仓库到客户的物流这样一个广泛的领域。明确物流范围是进行物流成本核算的前提，因为物流领域从哪里开始到哪里停止，作为物流成本核算，对物流成本大小的影响是不同的。

2. 确定物流功能范围

物流功能范围是指在物流诸种功能中，把哪些功能作为物流成本的核算对象。物流功能可分为包装、运输、保管、装卸、流通加工、情报信息流通、物流管理等活动。作为会计核算项目，又可划分为运输开支、保管费开支等委托费和本企业物流活动中支付的内部物流费。内部物流费进而又可分为材料费、人工费、加工费、管理费和特许经费等。

3. 确定核算科目的范围

核算科目的范围是指在核算物流成本时，把核算科目中的哪些项列入核算对象的问题。在核算科目中，既有运费开支、保管费开支等企业外部开支，也有人工费、折旧费、修理费、燃料费等企业内部开支。这些开支项目把哪些列入成本核算科目，对物流成本的大小是有影响的。企业在核算某一物流成本时，既可以实行部分科目核算，也可以全部总额成本核算。另外，还可按费用发生的地点核算外部费用和内部费用，其中内部费用存在一个费用分解问题，即把物流费用从其他费用中分解出来。

这三个方面的范围选择，决定着物流成本的大小。企业在核算物流费用时，应根据自己的实际情况，选择使上述三个方面趋于一致的成本核算方法，如实核算物流费用。

五、协同物流成本核算系统

1. 物流资源

物流资源表明了物流作业所消耗的成本源泉。如：流通加工是一个加工车间的一个作业，特定的机器、工具、助手等即是使这个作业顺利进行的资源。当一项资源只服务于一种作业时，分配成本到作业形成一个作业成本库就比较简单。当一项资源服务于多个作业时，就必须通过第一阶段成本动因和资源动因来把资源的消耗恰当地分

配给相应的作业。

2. 物流资源动因

物流作业引起资源的消耗。资源动因便是分配资源耗费给各个作业形成作业成本库的依据，它在资源的耗费和作业成本库之间建立起一个因果联系。

3. 物流作业中心

物流作业中心是物流成本归集和分配的基本单位，它由一项物流作业或一组性质相似的物流作业组成。依据物流资源动因将资源费用分配给各个物流作业中心后，物流作业中心就形成了物流作业成本库。

4. 物流作业动因

企业物流成本控制研究物流作业动因是将物流作业成本库中的成本分配到成本对象的依据，它在作业成本库和成本对象之间建立了因果联系。

5. 物流成本对象

成本对象是作业成本分配的归属，常见的成本对象有产品、服务、批次、客户、推销渠道、销售地域等。在物流过程中，作业成本常依据作业动因在三个层次上分配给成本对象单位水平层、批量层、产品维持层。由于不同层次上的作业成本随不同的因素变化，如单位水平作业的成本与生产成本正比，与销售数量成反比。而批量层作业的成本常取决于批量数，因而，把不同层次的作业区分开来是必要的。

6. 直接成本

直接成本是那些易于追溯到成本对象上的成本，如常用原料清单和原料请求单来将直接材料分配到每一个单位产品上。最多的时候，存在着三种直接成本：直接材料、直接人工和直接技术设备。在作业成本系统中，总是先确定那些能直接追溯给成本对象的成本，然后再把其余的成本分配给作业成本库。

第三节　协同物流成本管理与控制

商品的流通时间和流通成本绝大部分被物流所占用，物流水平成为解决流通现代化问题的瓶颈和关键。据统计，在美国，全部生产过程中只有10％的时间用于加工制造，其余的时间则用于运输、搬运、储存、包装等物流过程。在我国，物流过程在制造业中占整个工业过程的70％～80％，如汽车零配件行业，只有20％左右的时间用于生产、加工，其余的时间用于原材料的购运和成品包装、储存及装卸。

据估计，在我国大部分企业中，物流费用不包括转移价值，占产品总成本的20％～50％，加上生产过程中的搬运费，可达30％～60％，若以时间来论，从物料进厂直到产品销出，生产线上占用的时间占5％～20％，其他80％～95％的时间为搬运和库存时间，因此，如果能将物流费用降低5%～10%，物流时间缩短5%～10%，则全国每年可增利税超过千亿元。所以，进行协同物流成本管理与控制具有重要作用。

一、协同物流成本控制原则

1. 物流总成本最低原则

物流成本的降低不应只是一味地降低某部分或某种形式的物流成本，而不注意由于效益背反该项目的降低引起其他形式物流成本的升高，也不能因为该项目物流成本的降低引起其他形式物流成本的上升而放弃这些降低成本的措施，关键是要看该项物流成本的变动引起的物流总成本的变化方向。

2. 成本与服务同步控制原则

物流成本与服务质量具有一致性，享受什么形式的物流服务，就会发生与之对应的一定量的物流成本。物流成本的控制应结合相应的物流服务级别来控制，控制的重点应是低质量高成本的物流服务，而不能在享受高质量的物流服务的同时想把物流成本强行控制在低成本，这样脱离实际地控制物流成本反而使物流成本上升，并降低物流服务的质量。

3. 全面控制与重点控制原则

物流成本的控制要遵循全面控制的原则，但不意味着对所有的物流成本都进行同等程度的控制。控制程序是根据物流成本目标设计的，只有在某部分物流成本实施控制程序所消耗的代价小于实施该项目控制程序所带来的物流成本节约时，拟定的物流成本控制程序才是适合并且必要的，否则应选用耗费较低的物流成本控制程序。制造企业的物流成本控制主要包括采购物流成本控制、生产物流成本控制、销售物流成本控制以及售后备件物流成本控制。在进行成本管理时，应站在企业发展的战略高度。通过价值链分析能使企业发现企业竞争力产生的源泉，确定行业价值链、企业内部价值链以及关键作业，分析成本动因，得出信息，这些对制订战略，消除成本劣势和创造成本优势，建立可持续的竞争战略起着非常重要的作用。

二、协同物流成本控制的方法

1. 入厂物流成本控制

入厂物流成本是降低物流成本的主要环节，入厂物流成本大都可以通过管理控制上的边际改进将其水分挤出去。首先，选择可靠的零部件入厂物流商可以基本上保证采购质量，但是在一般情况下，入厂物流商不会主动考虑降低采购成本，所以有必要采取降低采购成本的措施。据研究，美国和欧洲的一些汽车生产企业同第三方物流企业已结成了较为紧密的合作关系，相当多的物流企业介入了生产企业的生产和物料采购等业务环节。如通用汽车公司为了有效管理采购供应及生产物料的及时备货，与潘

斯科物流公司签订了采购物流和生产物流的外包协议。

有效降低入厂物流成本的方法如下。

（1）确定请购类别。原材料或零配件的入厂一般首先由生产部门根据生产计划或即将签发的生产订单提出请购单。材料保管人员接到请购单后，应将材料保管卡上记录的库存数同生产部门需要的数量进行比较。当材料保管员认为生产所需的数量超过库存的数量时，就应签字同意请购。

（2）规范核准权限。不同类别的请购单要由不同的管理层次的主管核准。另外，还应对与采购有关的人员及部门的权限做出明确的划分。

（3）控制订货批量。一次的订购数量会影响到价格、运输成本和库存成本。基本原则是仅购买需要时的数量，不过多采购。如果预计今后的价格会升高，也许会采取提前采购的措施，以避免涨价的损失。当然，在低价时多采购一些，如果可以抵消库存费用，则提前大量采购是有利的。对于一些可以再出售的物品，低价的大量囤积，高价时出售能取得差价的利润就更好了。

（4）采用多种入厂方式。一般在大批量的采购情况下，应采用多种入厂方式，例如招标采购、询价现购、比价采购、议价采购、定价采购、公开市场采购等，目的是提高入厂业绩。

降低入厂物流成本减少了资金占用，加快了资金周转，避免积压物资的产生。提高了所购物资的质量。通过比质比价采购，采购物资质量进一步提高，可靠性提高，从而延长了使用周期。

2. 生产物流成本控制

生产过程的物流成本控制，其关键是控制和减少生产源头上的浪费。过大的浪费就会增加企业总成本，汽车制造企业生产物流过程中的浪费主要表现在生产过量的浪费、窝工造成的浪费、搬运上的浪费、加工本身的浪费、库存的浪费、操作上的浪费、制造次品的浪费。这些可以通过减少无效劳动、杜绝浪费的恶性循环、节约、挖潜与降耗等方式获得。

（1）研究开发与设计成本。协调协同物流的产品开发活动，协助入厂物流商开发新的、成本更低的、更具竞争力的零部件，成为企业成功的关键。

（2）目标成本。目标成本法不是转嫁市场压力，而是与零部件入厂物流商进行协调，使每个企业都能保证自己的赢利能力。企业根据历史趋势、竞争计划和其他数据来判断每个组件或部件的成本与可接受成本进行比较，当前成本高于可接受成本，就必须进行成本缩减。一旦确定了新产品的目标成本，跨职能部门的产品设计团队就会分解新产品的目标成本。协调协同物流中企业的生产成本活动来实现以改善成本生产产品和零部件，通过大规模批量生产降低管理成本，通过小批量精益生产方式降低库存成本。

（3）作业成本。作业成本由企业所采用的流程驱动，生产批量的大小对作业成本有显著影响，关注价值创造流程，审查协同物流业务流程中的低效率环节，所有影响零部件开发的基础流程和支持性流程都要服从协同物流的协同优化。

（4）物流费用。缓解企业在市场中所面临的价格压力，不仅要将注意力转向协同系统合作伙伴，而且还要挖掘内部的成本节约之道。费用包括车间之间的厂内运输车辆电瓶车、叉车费用、自有货运车辆费用、工厂间物流费用等。

3. 销售物流成本控制

销售物流成本控制包括库存、销售、配送成本控制，销售物流一般是企业外活动，如果管理不到位就会引起客户不满，更严重的是造成客户流失、物资破损和增加销售费用。所以，企业在以客户为中心的经营管理中搞好销售物流成本控制尤为重要。

（1）库存成本的控制。库存成本控制的目的是在满足客户服务要求的前提下，通过对企业的库存水平进行控制，力求尽可能降低库存水平、减少库存成本、提高物流系统的效率，以强化企业的竞争力。其主要方法有库存成本控制法、定量库存成本控制法、定期库存成本控制法、定期定量混合控制法、经济批量的最优控制和零库存管理法。提升企业的效率，加快企业的反应时间，首先要解决的问题便是降低库存。库存过高，从来就是离散企业的头号大敌。库存一方面制约了销售的反馈时间，减缓了企业现金回流。另一方面消耗了大量的资源，减少了企业的可支配资金和整体反应能力。而降低库存不单单是降低整个的库存。相反，它意味着提升整体协同物流的库存、物流管理水平，意味着减少整体协同物流的原材料积压，并缩短整体在途运输时间。

（2）销售成本的控制。许多制造企业业绩不佳多半不是由于营销战略不当、市场开拓不力造成的，而是因为销售成本管理体系不系统、不全面、不到位，由此说明销售成本管理的重要性。销售成本的控制方法包括以下几点。

①强化订单管理。订单处理主要包括三种作业，即客户询价报价、订单接受确认与生产、物流的协调。

②推行销售物流合理化。销售物流合理化是销售成本管理的基础。它的形式是多种多样的，分为大量化、计划化、商务分离化、差别化等类型。

③销售成本的协同管理。销售环节的成本包括广告费、销售费、运输费、装卸费、保险费、包装费、仓储费等。销售商从协同物流成本管理中分配到应有利润。能够激励企业积极参与成本管理。保证协同物流销售环节的成本都在可以接受的范围。

（3）配送成本的控制。利用物流外包降低企业物流成本，降低投资成本。企业把物流外包给专业化的第三方物流公司，可以缩短商品在途时间，减少商品周转过程的费用和损失。有条件的制造业企业可以采用第三方物流公司直供上线，实现零库存，降低成本。所谓协同配送是指在城市里为使物流合理化，在几个有定期运货需求的货主同不同的销售商的合作下，由一个运输汽车队，使用一个运输系统所进行的配送，即把过去按不同货主，不同商品分别进行配送，改为不区分货主和商品，集中运货的

货物及配送的集约化。它是经长期的发展和探索优化出的一种追求合理化配送的配送形式，也是美国、日本等一些发达国家采用较广泛、影响面较大的一种先进的物流配送方式，协同配送是物流配送发展的总体趋势。协同配送的内涵在于在资源共享的理念下建立的企业联盟，企业间通过沟通、交流逐步形成共识，在互信互利的基础上，通过水平、垂直、同业、异业的整合，以策略联盟、协同组合、物流共同化等合作方式共享有限资源，从而达到物流配送的整合，降低营运成本、提高获利能力及整体社会资源的有效利用。协同配送的目的在于最大限度地提高人员、物资、资金、时间等物流资源的效率，降低成本，取得最大效益、提高服务。

4．企业售后服务成本的协同管理

竞争使企业不得不放弃往日采取的高成本，高收益，转向关注、提高售后服务水平。研究售后服务成本的规划和精细管理，以及协同物流企业把握售后服务的成本开支，根据客户的需求制订服务资源的投入。售后服务的成本管理包括售后服务的管理成本、售后服务网络的建直、组织机构的运营、售后服务设施的布局、未来可能需求零部件的市场预测、长时间零部件的库存、有问题产品的召回。

5．企业的管理成本控制

由于信息沟通的手段和工具落后，目前很多制造业企业主要还是采用传统方式如电话、传真、信件与入厂物流商进行信息交流，这样使信息不能及时传达，导致采购效率低下，使整个物流成本增加、效率低下，企业对市场的反应速度迟滞，造成生产与市场的脱节，而入厂物流商为了适应由于信息不畅造成的需求变化，只得加大库存量，导致流动资金占用过多。协同采购就是针对制造企业所面临的这些问题而提出来的一个解决方案，旨在提高协同物流的效率，降低协同物流的整体成本，从而使零部件的成本得以降低，并且采用协同和实时的机制，提高企业的响应速度，增强企业的核心竞争能力。

企业内外部协同物流复杂，不仅需要企业自身理顺研发与管理，还需要零部件制造商和原材料入厂物流商、物流提供商、代理商、销售商之间高度协同。因此，企业不仅需要在企业内部加速实施信息化，而且要重点解决上下游企业间的协同问题。

物流成本控制的目的是以低的物流成本获得好的客户服务，以确保企业整体效益最大，或在规定的顾客服务水平条件下，使物流费用最少，达到物流整体效益最大。协同作用对物流成本降低有重大贡献，表现在信息可视性与可控性、合作关系的协调和有效订单的管理。

三、控制物流成本的协同方式

1．借助物流系统的神经体系降低成本

如果说物流系统内各个环节是系统要素，环节间的关系是物流系统的结构，那么

整个物流系统的信息化便形成了物流系统的神经体系。企业必须在追求内部物流效率化的同时，借助于现代化信息系统的构筑，把物流内部各功能要素和外部的战略伙伴有效地联系起来，形成物流快速反应系统和经营战略系统，与其他交易或联盟企业之间形成一种效率化的合作关系，解决物流系统中的“蝴蝶效应”。借助于现代信息系统的构筑，一方面，使各种物流作业或业务处理能准确和迅速地进行。另一方面，能将企业订购的意向、数量和价格等信息在网络上进行传输，从而使生产和流通全过程的企业或部门分享由此带来的利益，充分预测可能发生的各种需求，进而调整不同企业间的经营行为和计划，实现供需同步快速反应、同步生产和降低库存，提高资金周转率，降低经营风险，这无疑从整体上控制了物流成本增加的可能性。

2. 实施物流共同化战略以降低成本

物流要素分别追求自身利益最大化的现象，致使物流部门的利益建立在其他物流部门利润减少的基础上，最终导致物流系统的整体价值增效不显著，而物流共同化战略恰恰能够打破这种物流系统的越墙式障碍。共同化策略包含两个层次：一是方法上的共同化；二是共同配送。方法上的共同化主要是指企业利用相同的生产要素和设备进行物流操作，如包装和流通加工过程中，充分利用设备的工作能力，提高设备利用率。共同配送是一种产权层次上的共享，也称为集中配送，它是几个企业联合小量为大量，共同利用一切物流设施，在较大的区域内协调运作，共同对某一个或者几个客户提供系列化配送服务，不同厂商产品间的关联性有强有弱，于是产生了横向和纵向的混合型协同。横向协同中，同产业厂商，根据自己的配送能力采取委托或受托的方式进行配送。不同产业厂商，把各自产品集中，由指定的批发商或多家批发商联合进行配送，还可以与运输企业合作实现共同集配。纵向协同中，企业自行建立批发中心，或通过分散在各地的批发中心进行统一配送，既面向批发商又面向零售企业，利用共同化战略的高效率削减流通成本。

3. 通过物流模式的权衡和战略组合降低物流成本

从产权角度，物流模式大致可以分为自营物流、物流联盟和第三方物流。在物流实践中，企业该选择哪一种或者哪几种物流模式，应该以物流成本最小化为最终目标，并从战略的高度进行综合权衡。权衡和选择的依据主要有四个维度：企业的资金实力、管理能力、物流在企业发展中的战略地位以及物流市场的交易成本。如果物流对企业发展非常重要，企业的管理协同成本小于委托第三方物流的交易成本，则应该选择自营物流。对于那些物流管理经验缺乏，资金实力不强的中小企业，采用第三方物流是明智的选择。如果管理能力较差，物流对企业发展又非常重要，则应该考虑物流联盟。

第十章　制造企业协同物流人力资源管理

经典案例

华为人力资源策略

以职位价值定工资，以任职资格定晋升，以工作绩效定奖金；关键绩效考核指标与战略分解相一致，劳动态度评估与文化、价值观相一致。这暗含了其人力资源管理的5大战略，以下我们来一一剖析：

一、职位价值体系

早期，Hay Group（合益集团）帮华为设计了三张表格，用来客观评价正常情况下每个岗位的能力要求、风险和责任度，每一个岗位对应相应的级别，从而建立起了25级的薪酬架构体系。这样就实现了公司内部价值分配的相对公平。

二、绩效管理体系

华为的绩效考核表的内容和工作目标息息相关，学的是IBM的PBC（Personal Business Commitments）即个人事业承诺，主要分为业绩和行为两部分。业绩部分指的是KPI（企业关键业绩指标）的各项指标，强调绩效评估；行为部分主要指员工每个阶段所需要做的事和需要改进的内容，强调能力评估，这就是现在华为的价值评价体系。工资、奖金、股权等应该怎么分，都靠这个体系来提供依据。

更具体地说，KPI体系是与战略地图挂钩的。每年公司所制订的战略目标不同，对应的KPI指标也不一样。然后这套KPI指标会由上至下地分解到各个系统、各个岗位，从而成为考核的标准，每个岗位都有所不同。比如同为市场部的销售人员，班组主任的考核指标更侧重高层关系，而客户经理更侧重销售额。

三、任职资格体系

能力主义工资（或称职能工资制度，相对于职务工资制度、年薪工资制度、年薪制），其考核工具是任职资格体系。华为的专业人员一般分为六个等级，一级最低，六级最高。每个职业都有相应的职业资格标准，且每个级别对应一套技能结构，一个职业大概有四到六项技能结构。（比如作为一个销售人员，应该具备信息收集、产品知识、项目管理和影响力等几项技能，那么从一级向二级晋升时，他会非常明确自己应该在哪些方面学习和提高。这是知识分子自我管理的路径设定。)

现在的任职资格体系其实是把最好的经验全部总结提炼，形成了一套标准化的、可复制的模板。从经营人才的企业转向经营知识的企业。

尽管借鉴了英国NVQ（国家职业资格体系），但华为的这套体系是自己开发出来的，因为每一个职业都不一样，当时花了很多时间。（比如说销售人员的任职资格体系，是人力资源部六个人花了半年时间写出来的。三人一组，到各班组里面去待了三个月，天天和销售人员吃在一起，住在一起，把他们的行为全部记录了下来。）

四、素质模型体系

任职资格体系和素质模型其实是两个概念。任职资格体系更多的是一种对日常工作行为的要求，比如一个优秀的销售人员应该如何去收集信息、和客户的沟通交流、进行项目公关等，重点在于各类技能。而素质模型更侧重人才的内在特质，譬如个体的成就感、影响力等，这些特质往往不是靠培养出来的，而是靠选择。所以华为在晋升的时候更多地使用任职资格体系，而在招聘当中会更多地使用素质模型。

五、劳动态度评估体系

每年年末，都会发一张劳动态度评价表，表上大概有几十个问题，都是非常详细琐碎的，比如“你有没拿公司的纸回家”或“上班时间有没有打过私人电话”。这是一般员工的评估表，对管理层的要求更加严格，比如会有“能不能为了公司的整体利益牺牲个人利益”这种问题。

这张表每个人自己填，没有人会督查你是不是填了真实答案，目的主要是让大家在填写的过程中自我检查。这其实是在潜移默化地不断传递信息、强化观念，让公司统一的文化和价值观深入人心的过程。

总而言之，知识型员工的管理是公认的世界性难题，企业也许只有两条路可以走，一是把知识分子老板化，按合伙人的方式进行管理，二是把知识分子工人化，按照流程切割的方式进行管理，而华为做到了“兼得”。

第一节　协同物流人力资源战略

人力资源战略是科学地分析预测组织在未来环境变化中人力资源的供给与需求状况，制订必要的人力资源获取、利用、保持和开发策略，确保组织在需要的时间和需要的岗位上，能满足对人力资源在数量上和质量上的需求，使组织和个人获得不断的发展与利益，可以看作是企业发展战略的人力资源开发战略。

人力资源开发战略，就是指有效地发掘企业和社会上的人力资源并积极地提高员工的智慧和能力所进行的长远性的谋划和方略。可供选择的人力资源开发战略方案有：

（1）引进人才战略；
（2）借用人才战略；
（3）招聘人才战略；
（4）自主培养人才战略；
（5）定向培养人才战略；
（6）鼓励自学成才战略。

一、人力资源战略的选择

企业应结合以下因素来选择以上的各种人力资源战略：
（1）国家有关劳动人事制度的改革和政策；
（2）劳动力市场和人才市场的发育状况；
（3）企业的人力资源开发能力；
（4）企业人力开发投资水平；
（5）社会保障制度的建立情况。

二、人力资源战略的意义

1. 人力资源战略是企业战略的核心

在企业竞争中，人才是企业的核心资源，人力资源战略处于企业战略的核心地位。企业的发展取决于企业战略决策的制订，企业的战略决策基于企业的发展目标和行动方案的制订，而最终起决定作用的还是企业对高素质人才的拥有量。有效地利用与企业发展战略相适应的管理和专业技术人才，最大限度地发掘他们的才能，可以推动企业战略的实施，促进企业的飞跃发展。

2. 人力资源战略可提高企业的绩效

员工的工作绩效是企业效益的基本保障，企业绩效的实现是通过向客户提供有效的产品和服务体现出来的。而人力资源战略的重要目标之一就是实施对提高企业绩效有益的活动，并通过这些活动来发挥其对企业成功所做出的贡献。过去，人力资源管理是以活动为宗旨，主要考虑做什么，而不考虑成本和人力的需求；经济发展正在从资源型经济向知识型经济过渡，企业人力资源管理也就必须实行战略性的转化。人力资源管理者必须把他们活动所产生的结果作为企业的成果，特别是作为人力资源投资的回报，使企业获得更多的利润。从企业战略上讲，人力资源管理作为一个战略杠杆能有效地影响公司的经营绩效。人力资源战略与企业经营战略结合，能有效推进企业的调整和优化，促进企业战略的成功实施。

3. 利于企业形成持续的竞争优势

正确的人力资源战略对企业保持持续的竞争优势具有重要意义。人力资源战略的目标就是不断增强企业的人力资本总合。扩展人力资本，利用企业内部所有员工的才能吸引外部的优秀人才，是企业战略的一部分。人力资源工作就是要保证各个工作岗位所需人员的供给，保证这些人员具有其岗位所需的技能，即通过培训和开发来缩短及消除企业各职位所要求的技能和员工所具有的能力之间的差距。当然，还可以设计与企业的战略目标相一致薪酬系统、福利计划、提供更多的培训、为员工设计职业生涯计划等来增强企业人力资本的竞争力，达到扩展人力资本，形成持续的竞争优势的目的。

4. 对企业管理工作具有指导作用

人力资源战略可以帮助企业根据市场环境变化与人力资源管理自身的发展，建立适合本企业特点的人力资源管理方法。一个适合企业自身发展的人力资源战略可以提升企业人力资源管理水平，提高人力资源质量；可以指导企业的人才建设和人力资源配置，从而使人才效益最大化。将人力资源由社会性资源转变成企业性资源，最终转化为企业的现实劳动力。

人力资源战略是实现企业战略目标，获得企业最大绩效的关键。研究和分析人力资源战略，有利于提升企业自身的竞争力，是达到人力资本储存和扩张的有效途径。人力资源战略在企业实施过程中必须服从企业战略，企业战略形成的实际中也必须积极考虑人力资源因素，两者只有达到相互一致、相互匹配，才能促进企业全面、协调、可持续发展。

第二节　协同物流人力资源管理机制

人力资源管理机制，在本质上就是要揭示人力资源管理系统的各要素通过什么样的机理来整合企业的人力资源，以及整合人力资源之后所达到的状态和效果。本书中提出了人力资源管理的四大机制模型，即牵引机制、激励机制、约束机制和竞争淘汰机制。这四大机制相互协同，从不同的角度来整合和激活组织的人力资源，提升人力资源管理的有效性。

一、牵引机制

所谓牵引机制，是指通过明确组织对员工的期望和要求，使员工能够正确地选择自身的行为，最终组织能够将员工的努力和贡献纳入到帮助企业完成其目标，提升其核心能力的轨道中来。牵引机制的关键在于向员工清晰地表达组织和工作对员工的行为和绩效期望。因此，牵引机制主要依靠以下人力资源管理模块来实现。

1. 职位说明书

明确组织和工作对员工的期望和要求首先是通过职位说明书来完成的。通过职位说明书我们可以明确员工承担的职位所要履行的主要职责和工作内容，完成这些职责的业绩标准，以及完成这些职责所需具备的知识、技能和胜任能力要求。因此，职位说明书一方面向员工传达了在本职位上的主要工作内容的要求，另一方面也向员工传述了完成这些工作内容的标准要求，以及所需的能力要求。

2. KPI 指标体系

职位说明书仅仅说明了组织对员工行为和工作的基本期望，但如果要从组织战略和部门目标达成的高度来提出对员工的期望，则需要建立以战略为导向的 KPI 指标体系。KPI 指标不仅仅是企业的考核体系，更为重要的是，它通过对组织战略的层层分解，形成企业自上而下的目标牵引机制。通过 KPI，可以让每个部门、每个员工都明确，为了实现组织的战略，自身应该承担什么样的 KPI 指标，以及自己应该采取什么样的行动来确保 KPI 指标的达成。因此可以说，KPI 指标体系是形成一个企业的牵引机制的核心职能模块。

3. 企业的文化与价值观体系

企业文化往往隐藏于每个员工的行为和企业的制度化系统的背后，并借助于他们来得以体现。通过企业文化，企业传递给每一位员工什么是正确的行为，什么是错误的行为，什么是企业所赞同和提倡的，什么是企业所反对和打击的。因此，文化也是企业牵引机制的重要组成部分。

4. 培训开发体系

对员工的行为进行牵引，还要依赖于企业的培训开发体系。通过培训开发，不仅可以提高员工为顾客创造价值的核心专长与技能，而且还可以传递企业的文化与价值观，并提高员工对企业管理系统的理解与认同，从而使企业的制度化牵引和文化牵引能够找到合适的载体和落地的途径。因此，培训开发体系也是企业牵引机制的重要组成部分。

二、激励机制

根据现代组织行为学理论，激励的本质是员工去做某件事的意愿，这种意愿是以满足员工的个人需要为条件的。因此激励的核心在于对员工内在需求的把握与满足，而需求意味着一种生理或者心理上的缺乏。

从人力资源管理的操作实践来看，激励在企业的人力资源管理系统设计中，更多地体现为企业的薪酬体系设计、职业生涯管理和升迁异动制度。即依靠科学、公平、公正的薪酬体系设计，将员工对企业的价值、员工的投入、员工承担的责任、员工的工作成果等与其获得的报酬待遇相挂钩，依靠利益驱动和对员工的内在需求的满足来实现对员工的激励，这充分体现了需求理论和公平理论的主要思想。

另外，现代企业的员工越来越重视在企业中获得更多更广的发展空间以及提高自身终身就业能力的机会，因此为员工提供更多的培训机会和建立多元化的职业生涯通道、以能力和业绩为导向的升迁异动制度也将成为现代企业激励机制至关重要的组成部分，这一点则主要体现了赫伯格的双因素理论，以及对当代企业知识型员工的激励因素分析的理论。具体而言，企业的激励机制主要依靠以下几个人力资源模块来完成。

1. 薪酬体系设计

薪酬是现代企业人力资源管理的核心职能。而要实现薪酬对员工的有效激励，企业必须树立科学的薪酬分配理念，合理拉开分配差距，在企业中建立依靠业绩和能力来支付报酬的制度化体系，实现职位分析、职位评价、职务工资设计的一体化；实现能力分析、能力定价、能力工资设计的一体化；实现薪酬与绩效考核的有机衔接；实现薪酬与外部劳动力市场价格的有机衔接；将员工的长期激励和短期激励进行有机结合。

2. 职业生涯管理与升迁异动制度

企业传统的职业生涯通道是建立在企业的职务等级体系的基础之上的，是一种官本位的职业生涯管理制度。现代人力资源管理往往倡导建立多元化的职业生涯通道，为同一个员工提供职务等级和职能等级两种不同的职业生涯通道，即一位员工可以选择成为企业中的管理者，也可以选择成为企业中具有核心专长和技能的专家，专家在企业中也可以获得和管理者同样的报酬待遇、权限、地位和尊重。

3. 分权与授权机制

所谓分权与授权，是指根据组织中每个部门和每个职位的工作职责与内容，同时充分考虑任职者的成熟度、企业制度化管理的规范性等因素，合理赋予每个员工在财务、人事和业务方面的权限。

在知识经济时代的知识型工作者，不仅将薪酬分配和升迁发展看作是一种重要的需求，而且将组织所赋予的工作自主性和工作权限也视为极为重要的工作要素。因此，企业建立科学有序的分权和授权机制，不仅能够大幅度提高组织运行的效率和效果，同时还是对员工进行激励的重要手段。

三、约束机制

所谓约束机制，其本质是对员工的行为进行限定，使其符合企业的发展要求的一种行为控制，它使得员工的行为始终在预定的轨道上运行。约束机制的核心是企业以KPI指标为核心的绩效考核体系和以任职资格体系为核心的职业化行为评价体系。

1. 以 KPI 指标体系为核心的绩效考核体系

KPI 指标体系一方面来自于对企业战略目标的分解，另一方面来自于对外部市场

需求的分解，通过这两种分解，使得企业的战略目标和外部市场的要求能够有效地传递到组织中的每一位员工，将高层管理的战略职责和市场终端的压力都得到无阻碍的传递。同时依靠将 KPI 指标考核结果与员工的报酬待遇、升迁发展相挂钩，依靠利益动力机制形成对员工的约束。

2. 以任职资格体系为核心的职业化行为评价体系

任职资格具体包括完成工作所需采取的行为，以及在背后支持这些行为的知识、技能和素质等。基于任职资格，可以建立企业的职业化行为评价体系，即参照任职资格标准，去评价任职者的行为是否符合组织的期望、流程的要求，是否能够支撑企业的战略目标，获取高的绩效水平。

四、竞争与淘汰机制

企业不仅要有正向的牵引机制和激励机制，不断推动员工提升自己的能力和业绩，而且还必须有反向的竞争淘汰机制，将不适合组织成长和发展需要的员工释放于组织之外，同时将外部市场的压力传递到组织之中，从而实现对企业人力资源的激活，防止人力资本的沉淀或者缩水。企业的竞争与淘汰机制在制度上主要体现为竞聘上岗与末位淘汰制度。

1. 竞聘上岗

客观地讲，一个组织中并不是每个人都能适应对工作岗位提出的新要求。所以，无论是对员工个人，还是对于组织而言，都面临着重新选择和重新安置的问题。解决这一问题的有效途径之一就是建立公平有效的竞争上岗制度，全体人员不论职务高低，贡献大小，都站在同一起跑线上，重新接受组织的挑选和任用。

竞聘上岗制度可以避免或降低部分人不平衡的心志，有利于强化员工的使命感、责任感；同时也有利于打破因循守旧，故步自封的传统观念，摒弃论资排辈的落后体制。

2. 末位淘汰

末位淘汰并不意味着完全要将排名最后的员工淘汰出组织之外，而是可以采取如调岗、降职等更为温和的处理手段，这在中国企业现实的管理状况下，将是一个更好的选择。国内学者何凡兴将“末位淘汰”界定为：企业为满足竞争的需要，通过科学的评价手段，对员工进行合理排序，并在一定的范围内，实行奖优罚劣，对排名在后面的员工，以一定的比例予以调岗、降职、降薪或下岗、辞退的行为。其目的是促进在岗者激发工作潜力，为企业获得竞争力。

之所以把绩效考核制度的建立作为企业“末位淘汰”的前提条件之一，在于末位淘汰首先要找出一个末位来，而一个员工认可的考核标准和制度，有利于指导员工的行为，也有利于企业能根据自己的需要来找到末位，并减少由于末位选拔标准的不科学不统一所带来的争议，提高末位淘汰的可行性。

考核评价体系和薪酬分配体系往往在不同的机制中同时出现，并且协同发挥作用，从而成为整个人力资源管理机制的重心。进一步深入地来讲，整个人力资源管理机制的重心在于对企业的人力资源价值链的整合。所谓人力资源价值链，是指关于人力资源在企业中的价值创造、价值评价、价值分配三个环节所形成的整个人力资源管理的横向链条。这一价值链的前一环节都是后一个环节赖以存在的基础，这三个环节形成一个前后呼应的有机整体，从而使得企业的牵引机制、激励机制、约束机制能够相互整合，使四大人力资源管理机制能够形成一个有机的整体。

第三节　协同物流绩效管理

经典案例

在第三季度的绩效考评中，某民营集团下属核心产品工厂F厂长又一次只获得“基本称职”，这已经是今年的第三次了。该集团对下属业务单位负责人的绩效考评分为“出色”“优秀”“称职”“基本称职”“不称职”五档。一个负责核心产品生产的中层经理仅能获得“基本称职”的绩效，这不能不引起集团Z总的关注。在向Z总提交绩效报告前，人力资源部经理简单回顾了F厂长的绩效问题。

F厂长的绩效问题一是不能按时完成生产计划，二是培养基层主管效果差。其实，第一季度绩效考评后，针对F厂长的绩效问题，集团从第二季度起已有意识安排F厂长参加了生产组织、沟通技巧、授权艺术等方面的短期委外培训。为塑造车间积极进取的文化氛围，集团在车间预算外还特批了5万元文化建设经费，规定用于购置图书供员工借阅，组织员工培训等。甚至，集团Z总还亲任导师开展相关企业文化建设培训。然而，事情不但没有朝着集团所期望的那样逐步改善，反而还有恶化趋势。

五年前，F厂长从一名技术工人干起，由生产线组长晋升到车间主任，凭借敢想敢干的工作作风以及卓有成效的业绩，确保了市场快速扩张的供货需求，三年前升任现职。从情感上，集团并不想解聘F厂长。然而，如果不解聘F厂长，那么如何看待F厂长的绩效问题，怎样才能彻底解决他的绩效问题?

此外，在向集团两总提交报告前，人力资源部经理隐约感觉到自己还必须思考另一个问题：公司为帮助F厂长改善绩效所提供的培训为什么收效甚微?

一、绩效管理的含义

绩效管理是指管理者确保员工的工作活动和结果与组织目标保持一致的过程，是

综合管理组织和员工绩效的系统，它通过将员工个人工作和组织目标联系在一起，提高组织业绩，实现组织目标。绩效管理具体是指制订员工的绩效目标并收集与绩效相关的信息，定期对员工的绩效目标完成情况做出评价和反馈，以改善员工工作绩效并最终提高组织整体绩效的制度化过程。

准确地理解绩效管理的含义必须从广义与狭义两个方面来进行。广义绩效管理是指明确企业战略，对企业战略目标进行分解、细化，使企业战略目标落实到部门和个人，从而通过推动战略执行来提高企业经营业绩的过程。狭义绩效管理是指为员工设定工作目标、对目标的实现程度进行评估并根据评估结果制定奖惩决策的过程。

绩效管理强调组织目标和个人目标的一致性，强调组织和个人同步成长，形成“多赢”局面；绩效管理体现“以人为本”的思想，在绩效管理的各个环节中都需要管理者和员工的共同参与。

绩效管理是一个管理者和员工保持双向沟通的过程，在过程之初，管理者和员工通过认真平等的沟通，对未来一段时间（通常是一年）的工作目标和任务达成一致，确立员工未来一年的工作目标，在高层次的绩效管理中用关键绩效目标（KPI）和平衡计分卡表示。

绩效管理的过程通常被看作一个循环，这个循环分为四个环节，即绩效计划、绩效辅导、绩效考核与绩效反馈。

按管理主题来划分，绩效管理可分为两大类：一类是激励型绩效管理，侧重于激发员工的工作积极性，比较适用于成长期的企业；另一类是管控型绩效管理，侧重于规范员工的工作行为，比较适用于成熟期的企业。无论采用哪种考核方式，其核心都应有利于提升企业的整体绩效，而不应在指标的得分上斤斤计较。

因此，绩效管理是人力资源管理体系中的核心内容，绩效管理是一个完整的管理过程，主要面向未来，侧重于信息沟通与绩效提高，强调事先沟通与承诺，它伴随着管理活动的全过程。

二、绩效管理的内容

1. 明确组织的战略目标和规划

绩效管理是为组织的战略服务的，作为组织战略目标实现的重要辅助手段帮助组织的战略得以执行和实现。为此，组织必须首先对战略目标和规划达成一致。这是绩效管理的前期工作，不但要做，而且要认真做好，唯有如此，才可以谈后续绩效管理工作的开展。

2. 完善的绩效管理体系

与单纯的绩效考核不同，绩效管理作为一个体系，拥有完备的流程，包括以下几个环节。

（1）绩效计划。绩效计划是建立在组织整体战略的基础上并对战略进行分析、分解，经过组织工作重点到部门工作重点，再到具体的工作岗位。从上到下或者自下而上都是统一、明确的，并且是具有引导性的。对绩效计划的判断是根据 Smart 原则，即目标要符合具体的、可衡量的、可达到的、相关的和基于时间的五项标准。

（2）绩效实施与管理。它连接了绩效计划与绩效评价。必须在做好数据收集和记录的基础上保持好管理者和员工之间的持续沟通，以分享信息。

（3）绩效考核。在绩效管理过程中，对员工绩效的评价是一个连续的过程，而绩效考核是这个过程中根据设定的考核方法和标准进行的正式评价。

（4）绩效反馈。将绩效考核的结果反馈给员工，分析原因，找出有待改进的地方，管理者与员工共同确定下一期的绩效计划和改进点，是绩效管理体系中非常重要的一个节点，也往往是最容易被忽视的一个阶段。为最终的绩效改善提供支持，其作用可能反映出绩效管理体系的动态性和成长性。

（5）绩效考核结果的应用。根据绩效考核结果达成的改进方向，制订绩效改进目标、个人发展目标和相应的行动计划，并落实在下一阶段的绩效目标中，进入下一轮的绩效管理循环。

三、绩效管理的特征

绩效管理对于企业发展非常重要，有效的绩效管理能激发员工的工作潜能、使组织运转通畅、促进组织长期和短期目标的完成；无效的绩效管理会带来很多问题。例如：缺乏绩效沟通辅导和绩效反馈的绩效管理可能带来考核者和被考核者的对立情绪，进而影响团队合作热情，降低组织绩效；和企业发展阶段以及管理现状不相适应的考核方法不仅不能提高组织的绩效，而且可能会成为各级管理者的负担，浪费大量时间和资源；不公平的考核结果影响管理者的可信度，挫伤员工的积极性。因此有效的绩效管理解决问题，促使绩效提升；糟糕的绩效管理产生问题，降低组织绩效。

（1）通过恰当的激励机制，激发员工主动性、积极性以充分利用组织的内部资源和提高员工能力素质，最大限度地提高个人绩效，从而促进部门和组织绩效提升。

（2）建立激励机制要考虑企业员工成熟度，正激励和负激励要平衡使用，不能走极端。只有负激励没有正激励是不能调动员工积极性的，只有正激励缺乏负激励的制度安排在中国目前条件下也要慎重使用。另外，激励内容要符合员工的真正需求，在目前条件下，对大多数企业而言，以物质需求为主要内容的低层次需求对员工来说还是非常重要的，在满足员工低层次需求的同时，不能轻视高层次需求对于某些员工的作用，因此设计激励内容的时候要充分考虑社会发展现状以及员工个体实际需求特征。

（3）绩效管理体系是站在公司战略发展的角度来设计的，绩效管理不仅促进了组织和个人绩效的提升，而且绩效管理能实现公司发展战略导向，能使个人目标、部门

目标和组织目标保持高度一致。

(4) 绩效管理体系是站在提高组织和个人绩效的角度来设计的，绩效考核工作仅仅是绩效管理工作中的一个环节，绩效计划制订、绩效辅导沟通和绩效结果应用等方面都是绩效管理工作的重要环节。

(5) 系统的绩效管理需要具备一定的前提条件，如企业的基础管理水平相对较高，公司企业文化比较健康，公司发展战略比较清晰，组织结构适应公司发展战略，岗位责权明晰，薪酬体系能实现公平目标和激励作用，公司预算、核算体系完备。

(6) 系统的绩效管理需要公司具备较强的执行力，公司决策领导对绩效管理有一定的认识，注重绩效辅导和沟通环节。

(7) 绩效考核注重结果考核和过程控制的平衡，对过程控制有实质有效的办法，有相对科学的方法来设定组织的绩效目标，能得到员工的理解和接受。

(8) 绩效管理注重管理者和员工的互动和责任共担，建立有效的激励机制激发员工提高工作积极主动性，鼓励员工自我培养、开发、提高能力素质，进而提升个人和组织绩效。

(9) 体现“以人为本”的思想，体现对人的尊重，鼓励创新，保持组织活力，使员工和组织得到同步成长。

四、绩效管理的典型模式

1. “德能勤绩”式

“德能勤绩”等方面的考核具有非常悠久的历史，曾一度被国有企业和事业单位在年终考评中普遍采用，目前仍然有不少企业还在沿用这种思路。

“德能勤绩”式的本质特征是：业绩方面考核指标相对“德”“能”“勤”方面比较少，大多数情况下考核指标的核心要素并不齐备，没有评价标准，更谈不上设定绩效目标。本书借用“德能勤绩”的概念，就是因为这类考核实质是没有“明确定义、准确衡量、评价有效”的关键业绩考核指标。

“德能勤绩”式除了上述典型特征外，往往还具备如下特点。

(1) 很多企业是初始尝试绩效管理，绩效管理的重点往往放在绩效考核上。

(2) 没有部门考核的概念，对部门负责人的考核等同于对部门的考核，没有部门考核与部门负责人考核的明确区分。

(3) 考核内容更像是对工作要求的说明，这些内容一般来源于公司倡导的价值观、规章制度、岗位职责等。

(4) 绩效考核指标比较简单、粗放，大多数考核指标可以适用于同一级别岗位，甚至适用于所有岗位，缺少关键业绩考核指标。

（5）绩效考核不能实现绩效管理的战略目标导向。

对于刚刚起步发展的企业，通常基础管理水平不是很高，绩效管理工作没有太多经验，在这种情况下，“德能勤绩”式绩效管理是有积极作用的。这种方式对加强基础工作管理水平、增强员工责任意识、督促员工完成岗位工作有积极的促进作用。但“德能勤绩”式绩效管理是简单、粗放的绩效管理，对组织和个人绩效提升作用有限，虽然表面上看来易于操作，其实绩效考核过程随意性很大。企业发展后，随着公司基础管理水平的提高，公司绩效管理将对精细性、科学性提出更高要求，“德能勤绩”式绩效管理就不符合企业实际情况了。

2.“检查评比”式

国内目前绩效管理实践中“检查评比”式还是比较常见的，采用这种绩效管理模式的公司通常情况下基础管理水平相对较高，公司决策领导对绩效管理工作比较重视，对绩效管理已经进行了初步的探索实践，已经积累了一些经验教训，但对绩效管理的认识在某些方面还存在问题，绩效管理的公平目标、激励作用不能充分发挥，绩效管理战略导向作用不能得到实现。

“检查评比”式的典型特征是：按岗位职责和工作流程详细列出工作要求及标准，考核项目众多，单项指标所占权重很小；评价标准多为扣分项，很少有加分项；考核项目众多，考核信息来源是个重要问题，除个别定量指标外，绝大多数考核指标信息来自抽查检查；大多数情况下，公司组成考查组，对下属单位逐一进行监督检查，颇有检查评比的味道，不能体现对关键业绩方面的考核。

“检查评比”式考核对提高工作效率和质量有很大作用，通过定期、不定期的检查考核，员工会感受到压力，自然会在工作要求及标准方面尽力按着公司要求去做，对提高业务能力和管理水平有其积极意义。

这种模式的考核有两个重大缺陷：一是绩效考核结果没有效度，也就是说考核结果好的不一定就是对组织贡献大的，绩效水平低的不一定考核结果差，这样自然制约着公平目标和激励作用的实现；二是由于考核项目众多，缺乏重点，实现不了绩效管理的导向作用，员工会感到没有发展目标和方向，缺乏成就感。

3.“共同参与”式

在绩效管理实践中，“共同参与”式绩效管理在国有企业和事业单位中比较常见，这些组织的显著特征是崇尚团队精神，公司变革动力不足，公司领导往往从稳定发展角度看问题，不愿冒太大风险。“共同参与”式绩效管理有三个显著特征：一是绩效考核指标比较宽泛，缺少定量硬性指标，这给考核者留出很大余地；二是崇尚 360°考核，上级、下级、平级和自我都要进行评价，而且自我评价往往占有比较大的权重；三是绩效考核结果与薪酬发放联系不紧密，绩效考核工作不会得到大家的积极支持。

“共同参与”式绩效管理对提高工作质量、对团队精神的养成是有积极作用的，可

以维系组织稳定的协作关系，约束个人的不良行为，督促个人完成各自任务，以便团队整体工作的完成。在以绩效提升为主要目标、团队协作为主要特征的组织中是适用的。但这种绩效管理有其适用范围，如果采用不当会带来严重负面效果，主要表现为以下几点。

第一，大部分考核指标不需要过多的考核信息，一般被考核者根据自己的印象就能打分，考核随意性较大，人情分现象严重，容易出现“有意识的误差”和“无意识的误差”。

第二，在自我评价占有太大的分量的情况下，由人的本性决定，在涉及个人利益关系的情况下，个人对自己的评价不可能公正、客观，“吃亏”的往往是“实在”人。

第三，这种评价一般与薪酬联系不太紧密，薪酬的激励作用有限。

第四，表面氛围和谐，实则是对创新能力的扼杀，这对创新要求高的组织是非常致命的。往往最终结果是，最有思想、最有潜力的员工要么被迫离开组织，要么被组织同化不再富有创造力。

4.“自我管理”式

“自我管理”式是世界一流企业推崇的管理方式，这种管理理念的基础是对人性的假设坚持“Y”理论：认为员工视工作如休息、娱乐一般自然；如果员工对某些工作做出承诺，他们会进行自我指导和自我控制，以完成任务；一般而言，每个人不仅能够承担责任，而且会主动寻求承担责任；绝大多数人都具备做出正确决策的能力，而不仅是管理者才具备这一能力。

“自我管理”式的显著特征是：通过制订激励性的目标，让员工自己为目标的达成负责；上级赋予下属足够的权力，一般很少干预下属的工作；很少进行过程控制考核，大都注重最终结果；崇尚“能者多劳”的思想，充分重视对人的激励作用，绩效考核结果除了与薪酬挂钩外，绩效考核结果还决定着员工岗位升迁或降职。

“自我管理”式绩效管理激励效应较强，能充分调动人的主动积极性，能激发有关人员尽最大努力去完成个人目标和组织目标，对提高公司效益是有好处的。但这种模式应注意适用条件，如果适用条件不具备，可能会发生严重的问题和后果，不能保证个人目标和组织目标的实现。“自我管理”式绩效管理有如下特点。

(1) 由于“自我管理”推崇的是“Y”理论人性假设，在中国社会目前发展水平情况下，如果缺乏有效监督检查，期望员工通过自我管理来实现个人目标有时是不现实的。因为有的员工自制能力差，不能有效约束自己，如果不实行严格管理将不能达成其个人目标。

(2)“自我管理”式绩效管理缺乏过程控制环节，对目标达成情况不能及时监控，不能及时发现隐患和危险，等发现问题时可能已经太迟，没有挽回余地了，因此可能会给组织带来较大损失。

（3）绩效辅导实施环节工作比较薄弱，上级领导往往不能及时对被考核者进行绩效辅导，也不能及时给予下属资源上的支持，因此绩效管理提升空间有限。

（4）被考核者通常小集体意识严重，不能站在公司全局角度看问题，被考核者绩效目标与组织目标往往不一致，不能保证公司战略发展目标的实现。

参考文献

[1] 桂华明．零库存下的装配企业供应物流协同技术与管理［M］．北京：中国社会科学出版社，2014.

[2] 逄锦荣．基于服务模式创新的物流业与制造业协同联动体系研究［M］．北京邮电大学出版社，2012.

[3] 董宏达．生产企业物流［M］．北京：清华大学出版社，2009.

[4] 陆克斌，王丹丹．现代物流学基础［M］．北京：中国电力出版社，2014.

[5] 彭云飞，邓勤．现代物流管理［M］．北京：机械工业出版社，2012.

[6] 苏玉召，郑健．管理信息系统［M］．北京：中国电力出版社，2014.

[7] 何海军．企业物流管理［M］．北京：北京理工大学出版社，2009.

[8] 赵林度，王海燕．供应链与物流管理［M］．北京：科学出版社，2011.

[9] 冉文学，李严锋．物流质量管理［M］．北京：科学出版社，2014.

[10] 陈维政，余凯成，程文文．人力资源管理［M］．北京：高等教育出版社，2011.

[11] 王永贵．顾客资源管理［M］．北京：北京大学出版社，2005.

[12] 李志宏，王学东．客户关系管理［M］．广州：华南理工大学出版社，2005.

[13] 李艳．现代物流管理［M］．北京：北京交通大学出版社，2013.

[14] 陈思云．汽车制造业协同物流系统研究［D］．武汉：武汉理工大学，2008.

[15] 林晓伟．基于并购整合的物流企业资源系统协同研究［D］．江西：江西财经大学，2011.

[16] 黄芳．基于供应链的汽车制造业企业生产物流运作模式研究［D］．武汉：武汉理工大学，2010.

[17] 沈湘筠．企业物流成本控制研究［D］．大连：大连理工大学，2006.

[18] 叶国栋．制造业物流成本分析与控制研究［D］．福建：福建农林大学，2008.

[19] 沈燕．制造企业物流成本核算的研究［D］．上海：上海海事大学，2006.

[20] 蔡燕华．制造企业协同物流管理信息系统的研究与开发［D］．昆明：昆明理工大学，2008.

[21] 张大成．现代物流企业经营管理［M］．北京：中国物资出版社，2005.

[22] 王伟，全新顺．物流管理概论 [M]．北京：中国铁道出版社，2012.

[23] 汤齐，谢芳．物流运作管理 [M]．北京：中国铁道出版社，2011.

[24] 舒辉，何旭兰．集成化物流的协同管理模式研究 [M]．北京：机械工程出版社，2008.

[25] 吴涛．集成供应链运作与物流管理的研究 [D]．武汉：武汉理工大学博士论文，2003.

[26] 詹蓉，陈荣秋．逆向物流管理运作管理模型研究 [J]．华中科技大学学报，2005（10）．

[27] 杨韵，陈矩桦．电子商务环境下的协同化物流体系 [J]．商业研究，2005（15）．

[28] 闫秀霞，孙林岩．物流服务供应链模式特征及其绩效评价研究 [J]．中国机械工程，2005（15）．

[29] 刘瑜，但斌，周博．基于电子商务的大规模定制 [J]．工业工程与管理，2004（2）．